文化传统对教育现代化的作用机理研究

田　娟／著

重庆大学出版社

图书在版编目(CIP)数据

文化传统对教育现代化的作用机理研究／田娟著.
重庆：重庆大学出版社，2024.12. -- ISBN 978-7
-5689-4982-8

Ⅰ.G4

中国国家版本馆 CIP 数据核字第 2025AL4829 号

文化传统对教育现代化的作用机理研究
WENHUA CHUANTONG DUI JIAOYU XIANDAIHUA DE ZUOYONG JILI YANJIU

田 娟 著

责任编辑:唐启秀　　版式设计:唐启秀
责任校对:王 倩　　责任印制:张 策

*

重庆大学出版社出版发行
出版人:陈晓阳
社址:重庆市沙坪坝区大学城西路 21 号
邮编:401331
电话:(023) 88617190　88617185(中小学)
传真:(023) 88617186　88617166
网址:http://www.cqup.com.cn
邮箱:fxk@ cqup.com.cn(营销中心)
全国新华书店经销
重庆升光电力印务有限公司印刷

*

开本:720mm×1020mm　1/16　印张:19.75　字数:281 千
2024 年 12 月第 1 版　2024 年 12 月第 1 次印刷
ISBN 978-7-5689- 4982- 8　定价:66.00 元

序

　　教育现代化进程中传统与现代的张力,始终是制约教育改革深化的理论难题与实践困境。当教育实践者既困囿于文化传统的阻滞效应,又迷失于现代化进程的文化失语时,亟需建立植根中国土壤的理论分析框架。田娟同志的论著《文化传统对教育现代化的作用机理研究》,以马克思主义哲学为方法论基石,通过解构文化传统与教育现代化的本质关联,揭示了二者共同根植于生产方式的基础性规律。这项兼具理论深度与实践效度的研究,不仅为破解教育现代化的文化困境提供了新视角,更构建起具有普遍解释力的"物质基础—文化调适—教育创新"作用模型,彰显了马克思主义教育理论的时代生命力。

　　本书在概念重构层面取得突破性进展。将"文化传统"科学界定为"动态演化的精神观念体系",这一理论创新包含三重意涵:其一,在本质属性上,剥离了将传统等同于历史遗存的表象认知,直指其作为生活方式核心要素的实践品格;其二,在演进逻辑上,揭示了传统随生产方式变革持续重构的内在规律,确立"生产转型驱动文化扬弃"的动态机制;其三,在分析路径上,聚焦价值观念体系的核心地位,为文化传统作用机理研究提供了可操作化范式。与之形成理论呼应的"教育现代化"概念,被精准锚定为"科技要素渗透教育的质性变革进程",其根本特征体现为教育与先进生产劳动的深度结合程度。这种概念体系的创新性重构,彻底消解了传统与现代二元对立的认知窠臼,确证教育现代化本质上是生产方式变革的教育投射。

　　方法论层面的突破是本书的显著贡献。作者创造性运用社会存在决定社会意识的马克思主义基本原理,构建起三维分析框架:第一维度着力发生学考察,揭示文化传统与教育现代化同源于物质生产方式的共同根基;第二维度聚焦相互作用机理,解析二者作为社会意识现象的传导路径与耦合机制;第三维度注重发展性规制,阐明生产力水平对传统与现代关系的动态约束效应。在黔南三都水族的田野研究中,这一框架展现出强大的解释力:水族社会从传统农耕向现代生产方式的转型实践表明,当历史性文化传统适应现代生产体系时,传统劳动伦理可升华为产教融合的创新范式;而当民族性文化传统对接现代教育需求时,特有的社会组织文化则演化为特色教育治理模式。这种"同源异形"的作用模型,从认识论层面超越了文化决定论与教育工具论的片面性,为理解传统与现代的辩证关系提供了科学方法论。

对文化传统作用机理的深度解构构成理论突破的核心。本书严密论证了历史性传统与民族性传统对教育现代化的差异化影响路径:前者作为物质生产的文化镜像,直接规制教育现代化水平。当传统文化中的技术认知、劳动伦理与现代生产方式契合时,可催化教育内容革新与教学方式迭代;反之则导致教育系统与产业需求的结构性错位。后者作为民族生存智慧的结晶,通过价值观念深层塑造教育现代化形态,其作用规律呈现双重特性:在静态维度,文化要素距物质生产越远,对教育形态的形塑力越显著;在动态维度,随着教育现代化水平提升,民族性传统对教育特色的建构作用呈强化趋势。这些发现为后发民族教育跨越发展提供了理论密钥——正是通过生产方式的根本性变革,实现了传统文化资源的创造性转化。

在实践策略层面,本书构建了层次分明的推进体系。基础层强调生产方式改造的奠基作用,主张通过生产工具革新与劳动关系调整重塑文化生态,为教育现代化培植物质土壤。中间层注重科技创新的驱动效应,既要推进现代科技引发的教育形态质变,又要促进传统技艺的现代转化,使民族智慧焕发时代价值。特色层聚焦文化基因的创生功能,提出构建"历史性转化"与"民族性传承"的协同机制,在遵循现代化共性规律中培育教育个性。这种"三位一体"的策略体系,既坚守生产力标准的根本性原则,又尊重文化发展的特殊性规律,为区域教育现代化提供了兼顾效率与特色的实践范式。

本书的学术贡献体现在三重维度:理论维度,构建了文化传统与教育现代化的关系解释框架,填补了"教育与文化"研究的一方面空场;方法维度,开创了历史唯物主义在教育文化研究中的具体化应用范式,实现了方法论的本土创新;实践维度,形成了民族地区教育现代化的特色发展模型,破解了传统资源转化路径的实践迷思。黔南三都水族的实证研究不仅验证了理论模型的解释效力,更揭示了具有普遍意义的实践逻辑:当现代生产方式与民族文化基因实现创造性结合时,传统资源可转化为教育创新的内生动力,这种转化既非对文化传统的简单摒弃,亦非形式化的符号移植,而是通过生产方式的媒介作用实现的实质性超越。

当然,教育现代化的文化机理研究仍需持续深化。全球化进程中的文化交融张力、智能时代的教育形态革命、多元文化共生的制度创新等命题,都亟待理论界作出回应。但本书确立的"物质基础决定—文化传统调适—教育系统创新"分析模型,无疑为这些问题的破解提供了方法论基石。它深刻启示我们:唯有坚持历史唯物主义的根本立场,在教育现代化进程中把握文化传统的"变"与"常",方能超越非此即彼的二元对立,开辟传统教育资源创新性转化的新境界。

本书的出版标志着我国教育现代化理论研究取得重要突破。其价值不仅在于构建了本土化的理论解释体系,更在于彰显了马克思主义方法论在教育研究中的理论力量。面对全球化的教育变革浪潮,这项研究既为中国特色社会主义教育发展提供了理论支撑,也为人类教育文明多样性存续贡献了中国智慧。它确证:教育中的传统与现代之间从非对立两极,而是在生产方式变革基础上的辩证统一,这种统一为构建人类教育文明新形态开辟了现实可能。

孙振东

2025 年 3 月 5 日

前　言

　　加快推进教育现代化,成为现阶段我国教育改革与发展的主旋律。在推进教育现代化过程中,我们无时无刻不受到文化传统的影响。对于其促进作用,我们通常无感,但对其阻碍作用则感受颇深,由此产生对传统的排斥,进而导致教育中长期存在"传统"与"现代化"的矛盾。为此,需要厘清文化传统与教育现代化的关系。可是,相较"教育与政治""教育与经济"的关系研究,学界关于"教育与文化"关系的探讨明显不足。尤其是在我国推进教育现代化的实践中,文化传统对教育现代化内在规律的作用存疑,导致了诸多理论与实践问题。因此,有必要深入探讨文化传统对教育现代化的作用机理。

　　本书对"文化传统"和"教育现代化"概念的理解是动态的。其一,基于"文化是生活方式"的理解,笔者认为"文化传统"是指从过去一直传承到现在的影响人生活方式的精神观念体系,其核心是价值观念。它不是静态凝固的,而是随生产方式的变化而演变,具有传承、扬弃、现代转化等过程。文化传统具有历史性与民族性。由于受社会生产方式的制约,总会有一些基本的、本质的精神观念,能够适应人类历史发展某个阶段的生产方式,有利于人的生存与发展的基本生活方式,即历史性文化传统。但是,身处不同地域、不同种族的人们,在不断改造和利用其所处的自然条件过程中,形成了自己特有的获取和利用资源的方法,并在此基础上形成了不同的生产地位和社会关系,进而形成了特有的生活方式及其背后的精神观念体系,即民族性文化传统。历史性文化传统与民族性文化传统对教育现代化产生不同的作用。

　　其二,基于"现代化是科技化"的理解,笔者将"教育现代化"理解为教育不断适应社会现代化的发展过程,其实质是科技在教育中的广泛运用。教育现代化具有诸多特征,其中,"教育与生产劳动相结合"既是教育现代化的最基本特征,也是其实现途径。只有教育与先进的生产劳动相结合,才能将生产中先进的科学技术引入教育,实现教育的现代化。

　　本书探寻文化传统对教育现代化的作用机理,采用的是历史唯物主义的方法论。文化传统作为一种社会意识,它受社会存在的制约,由物质生产方式所决定。同时,教育现代化也由生产方式所决定。因而,研究的立足点在于认定文化传统与教育现代化是在生产方式这一共同根源作用下的"一因两果",两者是相关关系。有人认为文化传统阻碍了教育现代化的发展,但若忽视了落后的文化传统是由落后的生产方式所制约的,就成了"文化决定论",属于"社会意识决定社会存在"的历史唯心主义观念。因而,文化传统对教育现代化的作用,实质是其背后的生产方式对教育现代化的作用。

　　为鲜活地展示出"传统"与"现代化"之间的尖锐矛盾,本书选择了我国西南几个民族地区作为研究的对象,以期通过少数民族鲜明的文化来探讨文化传统与教育现代化的关系。经调查研究发现:一是历史性的文化传统影响教育现代化的水平。历史性的文化传统贴近物质生产,易随着物质生产的改变而改变。因为各个国家、民族的物质生产发展的不同步,历史性的文化传统具有先进与落后之分,如果一个国家或民族的历史性文化传统能够促进现代生产方式的发展,就会促进教育现代化水平的提升,若阻碍现代生产方式的发展,则阻碍教育现代化的发展水平。二是民族性的文化传统影响教育现代化的形态。民族性文化传统主要通过影响文化主体的教育需求而影响教育现代化的形态,作用于教育观念、制度、知识、器物层次的现代化形态。

　　本研究的最终的目的是为中国教育现代化的实现提供理论支持。一方面,教育现代化水平的提升,离不开文化传统的促进作用。要实现文化传统对教育现代化水平的提升作用,需要大力发展现代生产,以增加历史性文化传统的时代性与先导性因素,通过教育与最先进的生产劳动相结合,将生产中的先进科技引入并运用于教育,实现教育的现代化。另一方面,文化传统对教育现代化作用的内在机理表明,教育现代化水平不可盲目地"揠苗助长",教育现代化的水平与形态都必须与当地经济发展相适应。

虽然本书尝试基于少数民族的田野考察去理解"文化传统作用于教育现代化"的一般规律，但不可避免地存在视野的偏狭和内容的偏颇，也难以在"他文化"的状态下去真正把握他者文化中的核心价值观念。并且，从具体案例中凝练出文化传统对教育现代化作用的普遍规律，是一个颇有难度的事情，对研究者理论功底和田野资料把控能力的要求很高。所以本书难免存在材料堆砌导致的深度不足，以及思辨不够导致的理论空泛等问题，这也是本书的主要局限性和不足之处。笔者深知，减少理论研究空泛和内容偏狭的唯一路径是提升理论的实践关怀。为此，通过更加广泛、翔实、持续的田野调研，以及更为深入的理论思考，进一步厘清教育现代化发展与文化传统的动态依存关系，探索适合教育现代化发展的实践策略，将是后续研究不可回避的艰巨任务。

本书是在博士学位论文基础上修改完成的。探讨"文化传统对教育现代化的作用机理"，是一个具有难度的课题，在我进退维谷、举棋不定之时，是导师孙振东教授的鞭笞和指点，才使我更加坚定挑战自我的勇气。读博期间，孙老师广泛搜罗并赠予我与研究主题相关的书籍，亲自驾车带队领我走访了四川甘孜、黔东南、黔南、渝西等多地开展调研，为研究打下了理论与现实的基础。同时，感谢诸位专家教授在论文开题、预答辩期间提出的宝贵意见，给了我打开审视文化传统和教育现代化的视野。感谢陈荟老师以及范涌峰、吴南中、杨雄、张磊等同学，他们的点拨与启发给予我写作的灵感，借此机会向他们表达我最真诚的谢意。特别感谢卜永媛同学的大力支持，使我能在贵州三都水族自治县顺利完成调研。

本书在撰写过程中参考了大量相关文献，谨向有关专家作者表示衷心的感谢！

田　娟

目 录

导　论

正如人类学家斯宾格勒所说：一定社会特有的文化传统渗透于社会生活的各个方面，强烈地制约着教育过程的进行和人们养育子女的方式。确实，无所不在的文化传统会影响教育的方方面面，尤其是在当前推进教育现代化的过程中，文化传统的作用更加难以忽视。在实际工作与生活中，我们发现不但文化传统对教育现代化起作用，而且不同的文化传统对教育现代化有不同的作用，为此有人提出疑问：是否有标准可以判断什么样的文化传统会促进教育现代化，什么样的文化传统则阻碍教育现代化？要解决这个问题，就涉及对文化传统作用于教育现代化机理的探讨。

一、研究背景

2019年2月中共中央、国务院发布《中国教育现代化2035》，自上而下地计划推进教育现代化发展，开启了我国教育现代化的新征程，也标志着我国教育进入现代化变迁的关键时期。笔者不禁回想起费孝通先生曾经提出的一个看法，即在社会变迁过程中，民间社会力量的角色比"计划社会变迁"的角色更为重要。将此推及教育现代化进程，作为"民间社会力量"的文化传统，往往被认为是处于现代化过程对立面的社会因素，其对于教育现代化难道只有阻碍作用吗？是否存在促进教育现代化的作用？其促进和阻碍的作用是如何产生的？文化传统对教育现代化作用机理的探讨，有利于推动教育现代化的理论研究与实践问题的解决。

（一）基于教育传统与现代化的矛盾反思

我国的教育领域内，支持传统派与坚决推进现代化派之间存在长期的、激烈的博弈，体现在教育的理论和实践两个层面上。一方面，在教育理论中，基于传统与现代的二元对立立场，形成了不同的教育流派。一是以现代教育来否定传统教育的历史虚无主义立场，主要包括普适主义教育思潮、抽象人性论教育思潮、新教育救国论。他们把反传统作为教育现代化的价值导向，在教育现代化中摒弃文化传统,主张教育的全盘西化,使得中国的教育现代化在一开始就具有全面的"反传统"的强烈色彩。如钱玄同提出了彻底否定传统的观点,主张"废除汉字"以"废孔子"。他们主张文化的进化论,认为现代一定优于传统,持现代中心主义立场和观点。并指出到目前为止,中国在教育传统的转化上,除掉一些口号性的提法外,做出的实绩并不多。二是以复兴传统为名对抗或排斥现代西方教育的文化保守主义立场,包括狭隘民族主义教育思潮、文化相对主义教育思潮,提出要全面复兴中国文化传统,在教育现代化中过于崇尚文化传统。尤其是21世纪以来,随着海外新儒学、"中国传统文化热"的兴起,"中国经验"开始受到重视,学者们逐渐主张从中国文化传统中寻找教育现代化的动力。同时,由强调教育传统衍生到强调教育的民族性,乃至呈现忌谈西方科技以避免落入"西化"窠臼的极端局面。以上两种倾向各执一端,争执不休,导致一个多世纪以来中国教育发展都在这对矛盾的羁绊中艰难推进。

另一方面,理论上的概念冲突、流派对立必然将传统与现代的矛盾从教育理论延伸到实践领域,导致教育实践中的操作偏差和混乱现象。否定传统派的教育改革者给我国的课程改革树立"大破大立"的反传统大旗,试图打破传统的思想与框架,通过否认和抛弃传统以寻求所谓的创新之路。他们只看到传统教育中科举取士和经史子学对教育现代化的阻碍作用,看到传统教育中教学方法对人的现代化的限制,于是提出坚决反对考试、反对分科知识教育的主张,甚至走上了反理性、反科技的道路;相反地,崇尚传统派则从教育传统对教育现代化的促进角度,鼓励儒学国学、崇古复古,支持教育传统回潮。尤其是2017年,国家发布了《关于实施中华优秀传统文化传承发展工程的意见》,要求全面复兴中华优秀传统文化,提出要把中华优秀传统文化全方位融入教育各环节、贯穿教育各领域。为响应文件的号召,全国各地学校掀起了传承文化传统的热潮,但也呈现出不少乱象,导致一些陈词滥调沉渣泛起,如"女德""三纲五常"在所谓"传统文化"的包藏下卷土重来。

教育实践中的问题,往往源于在教育理论上存在认识误区和概念模糊的问题。因而,面对教育理论与实践中长期存在的传统与现代化的冲突,还有很多理论问题值得探讨,诸如,如何确定优秀文化传统的甄别标准? 为什么文化传统会对教育产生促进或阻碍作用? 如何调适文化传统与教育现代化的矛盾? 如何充分发挥文化传统对教育现代化的促进作用? 本书拟对上述问题进行解答。

(二)教育现代化同质化的文化探源需要

早期经典现代化理论是以西方为标准来追求世界先进水平的。随着 19 世纪西方工业社会的发展,早期现代化的理论者与实践者将西方工业的胜利归功于以科学、民主、理性精神等为代表的西方文明的胜利,并试图以此勾勒出一幅普适性的全球"现代化"目标蓝图。他们所谓的"现代化"实质就是"西化",是把西方的现代化作为一个标准模板,其他区域则来进行"现代化"的仿效,统一于这一蓝本之下。此种世界现代化单线论的观点,在不同国家和地区的现代化实践过程中出现了很多的问题。非西方国家在终结和摧毁自己的传统之后,一味学习和套用西方的模式,并不能实现现代化。于是现代化的一元单线论逐渐遭到世人的反对。当前,很多现代化理论研究者都普遍认识到,不同国家和地区的现代化特质可以相似,但实现现代化的道路并非只有一条,现代化的图景也不只有一种,不同国家和地区现代化的模式应该是多元化的,社会现代化的形态也是多样的。

此种一元多线的现代化观点也逐渐渗透到教育领域,影响教育现代化的发展。非西方国家的教育发展历史也证明,在学习和照搬西方教育现代化的过程中,摧毁本国的文化传统以接受西方以先进的科学技术为代表的教育现代化模式,并不能达到发展教育现代化的目的。相反,适应本土文化,借助文化传统、教育传统的中介,反而可以实现教育现代化发展。于是许多国家开始从学习西方之路毅然走上了反对西方中心论之路,逐步从观念、文化、价值、心理等其他社会意识层面寻求教育现代化模式的根基。人们开始意识到,虽然教育现代化的目标具有超越民族界限的某种普适性,但是追求并实现教育现代化目标的方式、途径却富有民族特色，应是不同的、多样的。也就是说，教育的现代化不是一个单数概念，而是一个复数的集合概念，虽然共有一个教育的现代性目标，但不妨碍实现教育现代化的道路是多种的、模式是多元的，教育现代化具有多姿多彩的面貌。基于此，人们普遍认识到，教育现代化模式的多元化，其源泉是文化传统的多样性。民族文化传统是教育现代化的基础、前提、立足点和出发点，只有基于多样化的民族文化传统，才能产生多元化的教育现代化。至此，人们开始习惯从文化传统中探索教育现代化多样化发展的源头。

然而，世界各地的教育现代化不仅是多线发展的，还是"一元"的，并且随着"世界历史过程"的演进，全世界的教育现代化越来越具有趋同性。世界各国的教育领域不断把最先进的科学技术引入课堂、教给学生，教育现代化发展呈现出趋同性、同质化的现象，表现出"教育现代性的全球化表征"：民主化、普及化、信息化、法治化、终身化……越来越多的现代化指标和特质作为衡量教育现代化的国际标准。对此，笔者不禁想问，教育现代化的全球化与同质化，是否也可以从文化中进行探源呢？文化传统对于教育现代化的世界趋同性产生了什么作用？这涉及在实现教育现代化的过程中，各个国家和地区应如何对待自己的文化传统以及吸收外来的文化传统的问题，值得进一步探讨。

（三）对文化传统作用于教育现代化机理的认识不足

自从马克斯·韦伯提出新教伦理是现代性起源的主导因素这一观点以来，越来越多的学者开始关注精神领域中的民族性格、民族心理以及民族精神等文化传统因素对现代化的作用，并将此延伸到教育现代化领域。

在我国，从1983年邓小平同志为北京景山学校题词"教育要面向现代化，面向世界，面向未来"开始，教育现代化问题成为我国教育研究领域的一个重大问题。在教育现代化的研究理论方面，学界对于教育现代化的理解也不断深化，从不同的理论出发对现代化有着不同的理解。传统思想、经典现代化理论、新现代化观点、后现代思潮等思想理论，分别对教育现代化的理论问题及现实困境做出了解释。同时，学界也开始避免一味地按照西方教育现代化理论的成见论定中国教育现代化,逐渐关注中华文化传统对教育现代化的影响,开始探讨文化传统对教育现代化的影响,此领域的研究逐渐显现出历史性反思的特征。这方面研究的代表人物是顾明远先生,他围绕民族文化传统与教育现代化的关系做了深入的探究,其很多观点明晰了一些概念,澄清了相关问题,奠定了研究的基础。

但不可否认,现阶段人们对文化传统是如何作用于教育现代化的了解还是十分有限。主要表现在:一是对于文化传统与教育现代化的概念、形成机制与发展过程的认识不足;二是关于文化传统对教育现代化的作用要素、作用过程、作用结果的认识还存在较大的争议。这主要是由于:一方面,已有研究未能从社会发展的整体视角去探讨文化传统与教育的关系,而是将两者看作平行的社会子系统来分析,因而停留在分析文化传统对教育现代化几个表面要素的影响上,未能深入内部的机理,尤其是没有从文化作为生活方式的理解角度,也没有从文化传统的产生、发展过程来通盘考虑文化、文化传统对教育现代化的影响。另一方面,已有研究多分析具体某一国家或民族的文化传统对教育现代化的影响,普适性的规律容易被具体的民族文化特质、教育差异所遮蔽,作用机理难以凝练出来。因此,文化传统与教育现代化到底是什么关系,文化传统如何作用于教育现代化,这些问题仍然有待进一步探讨。

二、相关理论研究回顾

"文化传统"和"教育现代化"的问题,一直都是教育学界关注的重要理论问题。在笔者目力所及的有关此问题的国内外研究中,其涉猎的领域、范畴、问题几乎无所不包,研究视角也各有千秋。为了更好地探究文化传统对教育现代化的作用机理,笔者对已有相关文献进行了回顾与梳理、批判与反思。

(一)国内外相关研究现状

主要围绕教育现代化、文化传统、文化与教育现代化关系、文化传统与教育现代化关系四个主题开展文献梳理。

1.关于教育现代化的研究

对"教育现代化"内涵、特质、动力、阶段、指标的研究,都是建立在对"现代化"内涵的理解基础之上的,因而,首先要对"现代化"的相关研究作简要的梳理。

(1)有关"现代化"内涵的研究

"现代"(modern)一词在英语里是表示时间概念的形容词,在韦氏词典中有两层意思,一是表示性质:现代的、新近的、时髦的。二是表示时间:指大约从1500年到当前这段历史的时间,时间只有上限,没有下限,"现代"是无限延长,永无止境的。"modern"这个词最先出现于文艺复兴时期,被一些人文主义者使用在其著作中,用以描述一个与中世纪截然对立的新观念。"现代"一词的内涵"现代性"(modernity)就来源于此。由于中英历史文化传统的迥然不同,在引进外来新词汇时,"modern"被译为中文的"摩登",后来才被译为"现代"。有学者认为"现代"一词至少有两个含义:"一是作为时间尺度,泛指中世纪结束以来一直延续到今天的一个'长时程';一是作为价值尺度,它指区别于中世纪的新时代精神与特征。"①

"现代化"(modernization)在英语里是一个动态名词,意思是"to make modern",译为"成为现代的",用来概括人类近期发展进程中社会急剧转变的总的动态过程。然而,究竟"现代化"一词表示了社会什么方面或什么内容的急剧转变,说法莫衷一是。对此,国外很多学者都发表了各自对"现代化"内涵的理解。学者 C.E.布莱克将现代化定义为:"反映着人控制环境的知识亘古未有的增长,伴随着科学革命的发生,从历史上发展而来的各种体制适应迅速变化的各种功能的过程。"②他认为现代并不像传统那样五花八门,就其特殊的功能而言,现代性的特征对于全人类来说大体上是相同的。从一般意义上,吉尔伯

① 罗荣渠.现代化理论与历史研究[J].历史研究,1986(3):19-32.
② C.E.布莱克.现代化的动力[M].段小光,译.成都:四川人民出版社,1988:1.

特·罗兹曼与托马斯·伯恩斯坦将现代化定义为"在科技革命影响下社会已经发生或正在发生变化的过程",提出现代化一定是综合性的,是经济、政治、文化、生活等社会各个领域的变革。巴尔克指出,现代化是一个后传统(post-tradition)、后中世纪(post-medieval)的历史时期,其标志是从封建制和农耕方式向资本主义、工业化、世俗化、理性化、民族国家及其相关的机构组织与监管形式的过渡。吉登斯认为现代化指的是传统社会向现代社会或工业社会的发展和进步。

国外学者关于"现代化"定义的各种说法基本包括以下几种:第一,"追赶说":"现代化是指近代资本主义兴起后的特定国际关系格局下,经济落后国家通过大搞技术革命,在经济和技术上赶上世界先进水平的历史过程。"第二,"工业说":"现代化实质上就是工业化,是经济落后国家实现工业化的进程。"但是这个"工业化"不是18世纪肇始于欧洲工业革命的那个工业化过程,而是用"工业化"概括现代社会变迁的动力、特征和进程,这一概念业已被经济史学界和社会史学界广泛接受。第三,"科技说":现代化是自科学革命以来人类急剧变动的过程的统称。这种观点的代表人物布莱克把现代说成是"在科学和技术革命影响下,社会已经发生和正在发生的转变过程",强调现代化是随着科学发展而产生的特殊的社会变动方式。第四,"文明说":这一说法的代表人物是马克斯·韦伯及其学生塔尔科特·帕森斯,认为"现代化主要是一种心理态度、价值观和生活方式的改变过程,即现代化是代表我们这个历史时代的一种'文明的形式'"。

综上,无论从哪个角度或立场定义"现代化"这一概念,多数现代化理论的拥护者都会认为,现代化过程必然产生与前现代完全不同的核心价值,主要表现为舍弃温情脉脉的人际关系和感情,而以批判的眼光评价一切的理性主义;拒斥否定个人利益、禁锢个人创造性的集体主义,而代之以强调个人福祉、平等权利和独立人格的个人主义;抛弃往后看和循环论的历史观,代之以向前看的价值取向和进步发展观。英格尔哈特和贝克修正了现代化理论的核心主张,指出经济发展所带来的变化方向是一致的,但变化的具体过程和途径则会受当地历史和文化方面的影响而各有不同。

国内学者对"现代化"的内涵也作了相应的界定,蒋廷黻认为现代化就是科学知识、科学技能、学科的思想方法之普遍化。费孝通先生在其《社会学概论》中认为,"现代化是一种人为的、有目的的、有计划的社会变迁过程"。厉以贤教授认为,"现代化,可以认为是指一种特殊的社会变革过程,这种变革可以改变社会的目标、体制、组织、准则以及改变人的信息、态度、价值观念和行为,现代化既带有一定的方向性,又是一个连续不断的过程,既是一种意识形态,又是一种社会关系结构"。顾明远先生认为:"所谓现代化,是指人类认识自然、利用自然和控制自然(包括人类自身)的能力空前提高的历史过程,以及由此而引发的政治、经济、文化等社会各领域广泛而深刻的变革,其目的是创造高度的物质文明和精神文明。"①潘懋元、张应强认为现代化乃是人类对人的价值的共同追求,是以民族传统文化为基础,以科学技术为重要推进力量而促使物质生产和精神生活不断提高的过程。② 叶赋桂认为现代化就是建立在主体性上的合理化和本土化,"主体性是现代化的基础和前提,合理化是现代化的实质和核心,本土化是现代化的方式和途径"③。何传启认为,现代化的基本词义是指成为现代的,适合现代需要的,大约1500年以来出现的新特点、新变化。现代化的理论含义是指工业革命以来人类社会所发生的深刻变化,这种变化包括从传统经济向现代经济、传统社会向现代社会、传统政治向现代政治、传统文明向现代文明等各个方面的转变。

可见,国内学者认为"现代化"主要具有以下几层意思:一是表示时间,从1500年起始,到永无止境的"当前"。二是表示性质和水平,是从全球角度看,代表人类先进水平的工业化、后工业化、信息化、城市化社会所具有的一些特

①　顾明远,高益民.现代化与中国文化传统教育[J].北京师范大学学报(社会科学版),1995(5):1-8.
②　潘懋元,张应强.传统文化与中国高等教育现代化[J].清华大学教育研究,1997(1):19-25.
③　叶赋桂.现代化:合理化与本土化[J].清华大学学报(哲学社会科学版),1998(1):16-21.

征。三是表示追赶的过程,"现代化"是发展中国家和地区追赶发达社会水平的一个过程;四是表示动态的发展变化,现代化在时间上只有起点,没有终点,因而不同时代的现代化就有不同的水平,现代化的指标水准不是固定不变的,是随着时间的推移而动态变化的。

(2)关于现代化特征的研究

罗荣渠总结了国内外学者提出的"现代化"的主要特征,包括:"民主化、法制化、工业化、都市化、均富化、福利化、社会阶层流动化、宗教世俗化、教育普及化、知识科学化、信息传播化和人口控制化等。"李秀林等从八个方面即经济、政治、组织、观念、活动、交往、生活、能源方面勾勒现代化的主要特征:其一,在经济方面,同传统的自然经济相比,现代化的经济是以商品经济为基础的,现代化经济的必由之路是发展商品经济。其二,在政治方面,政治上的现代化本质上是民主化,政治的现代化是由专制制度、过渡型制度向民主制度的转变。其三,在组织方面,现代化是社会组织管理、调节和控制的现代化,表现为单一性的、不分化的社会组织向结构多样化、功能专门化的转变,使得社会生活更加社会化和高效化。其四,在观念方面,现代化要从宿命论、宗教热忱的观念转变为理性化、世俗化的观念。其五,在活动方面,现代化是由压制人的创造性向解放、发挥人的创造力和潜能转变,是人的能力从片面发展到全面发展的转变。其六,在交往方面,现代化依靠交通、通信、大众传播媒介的发展,由封闭的、地域性的人际关系转变为开放的、全球性的人际关系。其七,在生活方面,现代化是由以农村为主体的生活转变为以城市为中心的生活。其八,在能源方面,现代化的能源是由以有生命动力为主转变为以无生命动力为主的过程。

张凤阳认为,现代性问题只有在一种复合型的理论框架中才能给出相对贴切的解释,现代性即世俗趣味的高涨、工具理性的蔓延、个性表现的放纵、大众文化的胜利。张虎生、陈映婕认为现代化的特征是一个不断发展的历史演进过程,表现在:首先,它体现为宗教的"世俗化"过程,即整个社会摆脱宗教的控制而趋向世俗性;其次,现代化体现为社会的"理性化",人们主动运用理智逐渐摆脱蒙昧,体现在道德伦理上的坚持绝对善恶的价值标准,在经济上投资与效益的精确化,在政治上的科层化与制度化,在法律上的法治化和程序化;最后,现代性呈现出人的"自由"精神的趋势。关于现代化的特征,有学者有不同的观点,认为给现代化以各种指标、特性的流水账式的研究,虽不乏一定的价值,但更易远离问题的核心,缺乏真正的启发意义,因为对现象的过分关注必然会冲淡对事物本质特征的把握,并提出现代化的本质就是"合理化"[1]。

(3)有关现代化动力的研究

《现代化的动力》一书中写道:现代化是历史形成的各种体制对迅速变化的各种功能的一个适应过程,这些功能因科学革命以来人类控制环境的知识空前激增而处于迅速变化之中。这是典型的社会功能学派的观点,突出强调科学革命、知识、技术在现代社会变革中的作用。何为现代化的动力?布莱克从理智、政治、经济、社会和心理五个方面进行探讨。其一,理智方面:所谓理智,是人通过知识的积累及其合理解释,使得人提高对环境的复杂性的理解力和控制力。作为人的思维方式,它是现代化过程的核心。理智革命最重要的特征是科学以技术的形式运用于实际事物,新知识为人的物质生活的改善提供了机会。同时也导致建立在早期有关世界之本质观念上的神学体系和宗教信念正面临重新估价的要求。其二,政治方面:现代化的政治内涵首先体现在公众和个人领域内的决策强化方面。决策的强化归功于政府和私人企业中推行现代化的领导人为了获得更大的控制力、效率和生产而表现出来的动员社会资源并使之合理化的要求。现代社会在很大程度上依赖其居民各种方式的承认和参与,现代性的特征就是为了公众利益对生产性资产实施公共管理。因而,国际法和外交原则方便于建立国际组织,运用专门化的功能影响各国。其三,经济方面:经济现代化过程主要依赖于理智和政治,即人的知识增长和政治领导动员资源的能力的提高。其四,社会方面:城市化进程推进了收入更平等的分配,文化教育扩

---

① 叶赋桂.现代化:合理化与本土化[J].清华大学学报(哲学社会科学版),1998(1):16-21.

大,人的健康状况改善。其五,心理方面:现代性的一个根本动力是现代条件下缺乏传统社会的相对稳定性,改变了传统社会中相对隔绝的状态,这种环境和关系有助于形成强烈的认同感和自信心,绝大多数成员从不会因遭遇规范和价值冲突而紧张。现代化社会带来的深刻的社会分裂,造成了个人的不安全感和焦虑感。

阿普特 1965 年在《现代化的政治》中关切的是建设现代化的各个社会中反映出来的促进变革的因素,如意识形态、动机、流动性。他运用独特的范畴,如"完美价值和工具价值""等级式、金字塔式和部门式政权类型""世俗自由主义和宗教集体主义政策模式"等进行了独创的分析。西奈在《现代性的挑战:西方对非西方世界的影响》一书中非常关切建设现代化社会中促进变革的因素,而且他把注意力集中在果敢的领导对于动员社会资源的需要上。他开始注意到现代化发生时的传统文化背景,并提出了那些在其文化遗产中见不到有目的的组织的社会,能否发展出将其体制适应于现代功能的能力问题。还有学者把现代化发展的动力归功于政治的发展。希尔斯在其著作中明确强调传统体制相互有别,因而变革有可能采取不同的政治形式,诸如"政治的民主与监护的民主""传统的寡头政治、集权的寡头政治和现代化的寡头政治",他把这些视为通向民主的形形色色的道路而不是目的本身。吉尔伯特·罗兹曼在《中国的现代化》一书中,以国际环境、政治结构、经济结构与经济增长、社会整合、知识与教育这几个因素作为归因,阐述中国现代化的深层动力根源。① 马克思、恩格斯将现代化的动力归于现代资本主义生产方式,认为大工业的兴起带来了现代资本主义生产方式,它引发了一系列社会革命所开辟的新时代,就是"现代"。

(4)关于教育现代化的内涵研究

关于教育现代化的内涵,不能绕过"教育现代化究竟是过程还是目标、是动

---

① 吉尔伯特·罗兹曼.中国的现代化[M].国家社会科学基金"比较现代化"课题组,译.南京:江苏人民出版社,1988:10-15.

态还是静态"等问题的讨论。顾明远先生认为"教育现代化是一个动态的过程"①。段作章则从动态和静态两方面来考察教育现代化,认为"动态的教育现代化既是与世界现代教育发展趋势相适应的发展和变化,也是与它所处社会的现代化进程相适应的发展和变化,而静态的教育现代化是指教育所具有的能够体现当代教育发展的高度或现代水平的形态,包括教育观念现代化、教育内容现代化、办学条件现代化、教师队伍现代化、教育管理现代化"②。关于教育现代化是过程还是目标,倪传荣明确认为教育现代化是社会发展的必然趋势,是教育的发展目标又是教育的发展过程。

另外,冯增俊从比较教育的视野出发,纵向和横向两方面对教育现代化作了界定,前者指"自产业革命以来人类教育从以适应小农经济和传统宗法社会的封建的旧教育转向以适应科技工业化民主社会的新教育的历史过程"。后者指"后进国家通过改革传统教育,推动教育发展,使之赶上先进国家教育水平的历史进程";并且认为"现代化以工业化为基础的本质特征也规定了教育现代化的本质特性是以推进现代经济增长这个工业化的核心目标为使命的,任何教育现代化的行为如果离开这个使命,就必然带来行动上的偏差而导致灾难性的后果"。鲍东明也有类似的表述,不过是从时间和价值两个维度来界定教育现代化,认为"从时间维度讲,教育现代化指从与传统的封闭的农业社会相适应的教育向与现代的开放的工业社会以及信息社会相适应的教育转化的过程;从价值维度讲,教育现代化指从传统教育向现代教育转变的过程中所获得的新的时代精神和特征"。

何传启认为教育现代化是追赶世界先进教育水平的过程,提出教育现代化是"18 世纪以来教育系统的一种前沿变化和国际竞争,它包括现代教育的形成、发展、转型和国际互动,教育要素的创新、选择、传播和退出,以及追赶、达到和保持世界教育先进水平的国际竞争、国际分化和国家分层等"。也有学者持

---

① 顾明远.关于教育现代化的几个问题[J].中国教育学刊,1997(3):10-15.
② 段作章.关于教育现代化的理论思考[J].煤炭高等教育,1997(2):23-26.

类似的观点,并加以补充,认为:"一是从过程看,教育现代化是发展中国家或地区追赶发达国家教育发展水平的一个过程;二是从结果或性质、水平看,教育现代化的标志或参照标准是能够代表当今世界教育发展趋势的中等及其以上发达国家普遍流行的教育发展水准;三是教育现代化是社会现代化的有机组成部分,教育现代化的核心是实现人的现代化。"①

还有人认为,教育现代化只是社会现代化在教育中的一种反映。比如郑金洲提出:"教育现代化是社会政治、经济结构的变革在教育中的反映,是教育整体上的深刻变革过程,是一种世界性的教育变迁,其结果是世界范围内教育的共性增加。"②褚宏启认为"教育现代化是指与教育形态的变迁相伴的教育现代性不断增加的历史过程,教育现代化是动态的、不断发展的历史过程,是整个经济、社会现代化的组成部分"③。邬志辉认为教育现代化有低级和高级两级内涵:"初级的教育现代化是以工具理性为最高原则,根据经济、科技和政治等不断变革所提出的要求,全方位变革不相适应的传统教育,使之向以功利性和效率性为特征的现代教育转变的过程。高级的教育现代化是以全面理性为最高原则,根据人的全面持续发展和社会的全面持续进步要求,全方位变革不相适应的教育传统,使之向合理性与效率性相统一的现代教育转变的过程。"并认为,教育现代化与社会现代化之间的正当关系应是"在超越中适应",而不是"在适应中超越"。赵同森、侯菊英从教育现代化的社会属性出发,认为"教育现代化是使教育与社会变迁相适应,充分发挥教育的整体功能,更好地使教育为社会变迁服务"。杨智强调教育传统对教育现代化的作用,认为教育现代化是基于教育传统,积极地吸收国外优秀教育成果,创造适应大工业生产和社会化生活方式的教育的现代化。汤书波试图从囊括了丰富的教育现代特质的角度,对

① 邬志辉.中国教育现代化新视野[M].长春:东北师范大学出版社,2000:5.
② 郑金洲.教育文化学[M].北京:人民教育出版社,2000:363.
③ 褚宏启.教育现代化的路径:现代教育导论[M].2版.北京:教育科学出版社,2013:31.

教育现代化进行定义："教育现代化的核心是提高教育质量——建立在过程基础上水平的实质性提升，即在时间、空间和要素'三维度'上现代性——人性、公平性、个性、民主性、生产性、终身性、创造性、法治性和专业性等的相对增长，以此促进现代人的全面自由发展。"

综上可以看出，关于教育现代化的定义有不同的视角，"过程论"者认为教育现代化是一个教育发展的历史过程，是指传统教育向现代教育转化的过程，是在传统优秀教育资源基础上逐步推动教育与现代社会相适应，并在持续现代化过程中完成各阶段不同的"化"的要求；"水平论"者认为教育现代化就是选择性吸收发达国家和地区优质教育资源补齐区域教育资源短板，即追赶先进教育水平和提升整体教育质量，为经济社会发展培育高质量的建设人才；"本质论"者指出教育现代化是与教育形态的变迁相伴的教育现代性不断增长和实现的过程，是有别于以往教育变迁引起的形态改变或数量叠加，赋予了时代内涵的实质性累加的现代性增长。

（5）关于教育现代化特征的研究

成有信教授认为教育现代化的目标是实现传统人向现代人的转化，现代人的特征可分为三个层次："一是对现代化物质文化如科学技术和现代生产过程这些比较直观的表层文化的掌握和理解；二是对现代制度文化如民主、遵纪守法、自律、时间观念、效率、责任感、集体主义和比较深层的文化的掌握和理解；三是对现代精神文化如个性独立和人格独立、个性自由和平等观念、创造性和开拓精神等最深层文化的掌握和理解。"[①]教育现代化就是培养现代人。

杨东平认为，"教育现代化的基本特征是不断改革和探索最能适应现代化要求的教育内容、方式、组织形式，寻求最能反映、指导教育现代化的理论，使教

---

① 成有信.现代教育的特点及其本质[J].中国社会科学,1984(6):109-128.

育更能适应现代化社会的需要";朱怡青认为,"教育现代化在教育变革观念的更新以及社会发展的推动中演进,呈现出普及性和民主化、科学性和信息化、多样性和终生化、开放性和国际化、超前性和素质化等五大基本特征和发展趋势"。

顾明远先生认为,教育现代化的基本特征就是现代教育的基本特征,并提出现代教育最基本的特征是"教育与生产劳动相结合,与社会生活紧密联系"①。传统教育中,学校教育与生产劳动是分离的状态,自从现代化工业中出现了机器生产,才对劳动者提出了具有一定科学文化知识和技能的要求,才逐渐建立起现代学校教育体系。

支持这一观点的学者并不少,白应东提出:教育与生产劳动相结合是马克思主义的教育原理,是现代生产和现代科学发展的客观要求,是社会发展和教育的必然规律,是现代教育的根本特征。史万兵认为:教育同生产劳动相结合,是现代教育重要的教育规律。通过教育同生产劳动的结合,实现并保证现代科学技术理论的传授及在实践中的应用与发展。钱汉勤、张占彪指出:世界许多国家都认为应把劳动视为教育中具有普遍价值的因素,联合国教科文组织第38届国际教育会议的建议书里强调"把理论知识应用于实践,以及学生参加生产劳动,是现代教育的重要组成部分"。黄济、王策三在《现代教育论》一书中明确指出:"我们反复学习、比较了众家定义,认为马克思关于教育与生产劳动相结合、培养全面发展个人的论点,其实就是对于现代教育本质的概括,今天看起来仍然是科学的准确的。现代教育就是致力于同生产劳动相结合、培养全面发展个人的教育。"②

顾明远先生还提出,到20世纪中叶,随着人类社会迈进信息时代,现代教育的基本特征有:①教育的普及化和高等教育的大众化;②教育的终身化;③教

---

① 顾明远.民族文化传统与教育现代化[M].北京:北京师范大学出版社,1998:16.

② 黄济,王策三.现代教育论[M].北京:人民教育出版社,1996:11.

育结构的多样化;④教育内容的现代化;⑤教育技术的广泛应用,教学方法的不断更新;⑥教育的国际化;⑦教育观念的现代化。

朱旭东认为:教育现代化包括教育的法制化和民主化、教育的国家化、教育结构的完善化、教育理论的科学化和分化、教育方法技术化、教育的终身化、教育的国际化和全球化。其实质也是指教育现代化的特征。

卢晓中认为:教育现代化具有标准化和特色化两大特征"标准化指的是一种从地域意义上具有普遍性、共同性和统一性的教育现代化,特色化指的是基于一定区域,认同其社会、文化、环境并与之相融合、相适应的教育现代化";冯增俊将教育现代化分为早发内生型和后发外生型,并分别指出了两种不同类型的教育现代化特征:前者具有自发性、渐进性,教育现代化过程自上而下开展,后者具有革命性、示范性,教育现代化则是自下而上地进行;并指出"教育现代化的本质特性是以推进现代经济增长这个工业化的核心目标为使命的"。曹青阳研究员总结了教育现代化七个方面的特性:时代性、综合性、国际性、开放性、规范性、民族性、动态性。褚宏启教授指出教育现代化具有八个共同特征:人道性、多样性、理性化、民主性、法制性、生产性、专业性、自主性。[①] 李政涛教授提出教育现代化包含生态化、个性化、信息化、专业化、开放化。

(6)关于教育现代化指标的研究

国际组织和国内的不少省市、学者都发布了侧重点不同的教育现代化指标体系,具体指标汇总与比较可参考表0.1。

---

① 褚宏启.教育现代化的路径:现代教育导论[M].2 版.北京:教育科学出版社,2013:38.

表 0.1 教育现代化指标体系研究综述表①

国内/国际	机构/学者	时间	一级指标	适用性
国际	OECD 组织	1997	教育人口、社会与经济背景；教育财政与人力投入；公民的教育参与和进步；学校环境与学校组织；教育的社会产出及个人产出；学生的学业成就；教育机构的毕业生输出	OECD成员国
		2000	人口背景、教育经费、受教育机会、参与进步、学校的学习环境和组织管理、个人产出、社会产出和劳动力市场产出、学生成绩	
		2003	教育成果（产出）和教育的影响；投入教育中的资源；教育机会、参与和发展；学校的学习环境和学校组织	
	联合国教科文组织（UNESCO）	2005	教育供给、教育需求、入学和参与、教育内部效率、教育产出	全球
	世界银行《世界发展报告》	每年	教育投入、受教育机会、教育效率、教育成果、性别与教育	全球
国内	杨明	2000	公共教育经费、公共教育经费占国民生产总值的比重、人均公共教育经费、留级生百分比、学前教育毛入学率、小学净入学率、中学净入学率、大学毛入学率、预期正规教育年数、每 10 万居民中大学生数、成人识字率	全国

---

① 国际指标参考文献：曾天山，吴景松，崔洁芳，等：《国际教育指标的选择、应用与借鉴》，《教育发展研究》2015 年第 1 期。

国内指标参考主要文献有：袁本涛：《教育现代化及其基本特征浅论》，《辽宁高等教育研究》1999 年第 2 期；谈松华、袁本涛：《教育现代化衡量指标问题的探讨》，《清华大学教育研究》2001 年第 1 期；罗云、武建鑫：《民族地区教育现代化评价指标体系研究》，《教育发展研究》2015 年第 1 期；谢绍熺、马晓燕、鲍银霞：《地方教育现代化监测评价指标体系及实践研究》，《教育发展研究》2015 年第 1 期；张旭：《15 个副省级城市教育现代化监测数据分析与反思》，《现代教育管理》2016 年第 1 期；张学敏、兰正彦：《民族学校办学水平测度指标研究：基于民族教育现代化视角》，《民族教育研究》2018 年第 6 期。

续表

国内/ 国际	机构/学者	时间	一级指标	适用性
国 内	谈松华、袁本涛	2001	15岁以上人口的识字率;平均预期受教育年限;中等教育的毛入学率;高等教育毛入学率;每万人大学在校生人数;公共教育经费占GDP的比例;人均公共教育经费;教育信息化水平	全国
	但昭彬、薛焕玉	2003	教育经费、毛入学率、人口素质、信息化国际化水平	全国
	邬志辉	2004	由资源、质量、公平、持续性、管理和生命活力	全国
	李健宁、潘苏东	2004	教育现代化动力系统、教育现代化质量系统、教育现代化公平系统	全国
	范远波	2009	教育的国家化、理性化、民主化、专业化、福利化、大众化、终身化、开放化	全国
	涂文涛、朱世宏	2014	普及与公平、结构与质量、条件与保障、服务与贡献	全国
	张莉	2014	全民教育、全面教育、高等普及教育、终身教育、个性化教育、优质教育、国际教育、开放教育、信息化教育、公平教育	全国
	张旭	2015	教育普及发展指数、教育公平推进指数、教育质量要素指数、教育条件保障指数	城市地区
	四川农村教育的历史发展与当代改革研究团队	2015	教育现代化保障水平、教育现代化资源配置水平、教育现代化事业发展水平、城乡公共教育一体化实现水平、教育现代化成就及其教育社会贡献水平	农村地区

续表

国内/ 国际	机构/学者	时间	一级指标	适用性
国内	罗云、武建鑫	2015	条件与保障、结构与过程、普及与公平、质量与贡献、民族教育特色	民族地区
	张学敏、兰正彦	2018	民族学校基础特征、民族教育经费管理、民族学校师资队伍建设、民族学校对民族学生发展的贡献、民族学校对民族文化发展的贡献、民族学校现代化管理水平	民族地区

综观以上关于教育现代化指标体系的研究成果,可以发现存在两方面的特点:一是利用定性指标和定量指标结合的方式去评估教育现代化的实现程度和水平。二是世界性指标和地域性指标研究同时进行,全球、全国、区域等不同层次的教育现代化指标研究成果众多,国内致力于研究区域教育现代化指标体系,如我国长江三角洲、珠江三角洲等地区从 21 世纪初就开始探讨教育现代化评价指标体系问题,也有学者针对城市地区、农村地区、民族地区提出教育现代化的指标,指标体系既体现国际统一趋势,又反映地域与民族的特色。

（7）关于教育现代化阶段的研究

顾明远先生认为,"教育发展经历了三个基本阶段:农业社会、工业社会和信息社会的教育,三种社会教育在人员、财物、结构和信息四个维度上有不同特征。教育现代化的过程就是获得和深化现代性的过程,具备工业社会教育的基本特征时,就获得了现代性;具备信息社会教育的基本特征时,就完成了现代性的深化。这两个过程没有空间的制约,只有时间的顺序。"周稽裘等认为教育现代化可以分为一次教育现代化和二次教育现代化。刘晖和熊明认为,"教育现代化从 18 世纪末至今经历了两个阶段,第一次是农业时代教育向工业时代教育的转变,此阶段实现了第一教育现代性:公共教育、科学教育、正规教育、普及初等义务教育等;第二次是工业时代教育向知识时代教育的转变,此阶段实现了第二教育现代性:终生教育、终生学习、网络教育、开放教育、普及高等教育等"。何传启基于教育事实,结合教育预测,把教育现代化划分为两大阶段和六次浪潮,分别是:第一阶段为 1763 年到 1970 年,特征为教育专业化、科学化、标准化、制度化,普及义务教育;第二阶段为 1970 年到 2100 年,特征为教育信息化、个性化、国际化,教育质量提升,普及高等教育、终身学习。后一阶段的教育浪潮都是一种预测。

从教育现代化发展阶段的划分可见,教育现代化本身就是一个动态概念,会经历不同的发展阶段,具有不同的时代性特征。

(8)关于教育现代化动力的研究

朱旭东认为,教育现代化的动力系统是一元多维的复杂系统。其中,一元动力系统是指"生产力和生产关系的变革",它与教育现代化之间并不一定构成直接的关系。相反,构成直接关系的反而是"多维动力系统",即由生产力变革而引发的社会各个领域包括经济、政治、文化的现代化。

郑金洲教授从文化变迁的角度来探讨教育现代化的动力,认为主要是以下五对矛盾决定教育现代化:一是传统与反传统的矛盾;二是本土化与国际化的矛盾;三是现代化与后现代化的矛盾;四是教育与其他社会系统的矛盾;五是教育内部要素间的矛盾。[①] 并指出在教育现代化动力系统的研究中,有一个不容忽视的问题就是中国传统文化在教育现代化进程中的位置和作用。

张权力等认为在每个不同的阶段,教育现代化的动力都不同,根据中国教育现代化和社会其他领域现代化之间的时间先后,分别有"在其中""在其先""在其后"三种关系模式。"在其后"模式关注教育资源等教育条件的汇聚,属于"最被动、代价最高、最不可持续"的模式;"在其中"模式关注教育的工具性功能,虽具有主动性,但同样没有关注到教育自身的发展规律;"在其先"模式主

---

① 郑金洲.教育文化学[M].北京:人民教育出版社,2000:366.

要由具有教育信仰的教育家群体探索、推进,这批教育家兼具中西文明的开放视野,并关注教育自身的发展规律,辅以必要的教育条件和教育体制的改革。

2.关于文化传统的相关研究

（1）有关文化传统内涵研究

什么是传统? 对于传统,无论中外都存在着各种各样不同的理解及诠释。究其产生,在西方语义中,"tradition"一词源于拉丁文的"traditum",意为从过去延续到现在的事物。在中国,"传"和"统"最初并不是复合词,而是作为两个单词分开使用的。"传统"作为合成词使用,大体最早见于《后汉书·东夷传》:"自汉武帝灭朝鲜,使驿通于汉者三十许国,国皆称王,世世传统。"这里,"传统"的意思是指世代传承发展着的名物制度以及精神系统。综合东西方的理解,"传统"即那些历代因循沿袭下来的具有根本性的模型、模式、准则、精神的总和。

有的学者重视传统的延续性,强调传统与现代性之间的内在联系,以此界定传统的内涵。如美国学者希尔斯认为,"传统是围绕人类的不同活动领域而形成的代代相传的行事方式,是一种对社会行为具有规范作用和道德感召力的文化力量,同时也是人类在历史长河中的创造性想象的沉淀"[①]。他认为,"传统是世代相传的东西",而这种世代相传的东西就是"文化遗传的总和"。既定的文化传统在时间的维度上从上一代延续至下一代,"在延传与承袭的相继阶段或历程中基本保持着同一性";同时,这种传统的延传不是僵硬不变的,而是"围绕被接受和相传的主题的一系列变体",是处于延传变体链之中的。吉登斯认为,传统不是凝固的、是流动的,传统会被从上一代继承文化遗产的每一新生代加以再创造。"传统与社会生活密不可分,它组建着人的基本生存方式,其本质是真实的现在;传统是流动于过去、现在、未来整个时间性中的一种过程,敞现出无限的超越性。"[②]

---

① E.希尔斯.论传统[M].傅铿,吕乐,译.上海:上海人民出版社,1991:15.
② 包也和.传统概念探析[J].哲学动态,1996(4):31-34.

在我国,朱维铮认为传统虽然是历史延传下来的,但与现代生活密不可分,"所谓传统,在中国的古典涵义就有历代相传,至今不绝的某种根本性的东西"。我国现代文化学者张立文认为,传统是"人类创造的不同形态的特质经由历史凝聚而沿传着、流变着的诸文化因素构成的有机系统"①。朱德生认为传统即存在于我们的生活方式中,甚至可以说传统就是我们生存的一种方式。

还有学者从传统的发展性与稳定性的角度对传统进行界定,尤其强调传统的现代性与未来性。正如甘阳所说:"我们认为,'传统'是流动于过去、现在、未来这整个时间性中的一种'过程',　　　　　　　　去就已经凝结成型的一种'实体',因此,传统真正的落脚点恰　　　　　　　　在过去,这就是说,传统乃是'尚未被定格的东西',它永　　　　　　　　造之中,永远向未来敞开着的无穷性,或说'可能世界'。

庞朴对传统曾有简洁的概括　　　　　是一种保守的力量,但同时,传统也是一切前进的基地;从前一　　　　　　　一个包袱,从后一个意义上说,传统又是一宗财富。这应　　　　　　　　基本观点。"顾明远先生认为:"民族文化传统是经过长期形　　　　　　成的对现实社会仍产生巨大影响的文化特质或文化模式。"

孙培青认为传统就是历史上延续、沿传下来的思想、文化、道德、风俗、艺术、制度以及行为方式,是历史发展继承性的一种表现,它对于人们的社会思想行为有无形的影响。③

为此,张传燧和周卓莹从各种传统的定义总结出"传统"包含五方面的内涵:①指人类创造物;②指贯通古今以至未来的某种流变着的根本性的东西;③指经由历史沿袭传承下来的具有一定特色的思想观念、心理态势、行为模式、思维方式、伦理道德、风俗习惯、宗教信仰、文学艺术、名物制度等"遗传因子",

① 张立文.传统学引论:中国传统文化的多维反思[M].北京:中国人民大学出版社,1989:5.
② 甘阳.传统、时间性与未来[J].读书,1986(2):3-10.
③ 孙培青.教育改革与优秀教育传统的继承[J].沈阳师范大学学报(社会科学版),2005(6):1-6.

以及由这些因素所构成的相对稳定、有机复合的整体结构;④具有强大生命力,它有一个生长、发展、变化的过程;⑤既体现在物质文化、制度文化和行为文化中,又体现在精神文化中,但更多的指精神文化方面的特质。这是因为,物质文化、制度文化和行为文化,从其本质上说,都是人类精神意识的物质化、制度化和行为化,是精神文化的载体及外在表现形式。

(2)关于文化传统要素的研究

关于"文化传统"的要素,张立文认为主要有:价值系统、心气系统、知识系统、语言符号系统;王元化认为是:在创造力上表现的特点,民族心理素质,思维方式、抒情方式和行为方式,价值观念。郑金洲认为传统包括:价值体系、知识经验、思维方式、语言符号。传统的四个部分存在三种交叉对立的关系:首先,是流动性与继承性的对立。其中,知识经验、语言符号不管在内容还是形式上,都表现出变动性,与此不同的是,价值观念和思维方式则表现为较强的稳定性与继承性,一直存在于民众的思想观念和行动之中。其次,是多样性与单纯性的对立。知识经验、语言符号从历时性上看,是一个从内容到形式日趋丰富多彩的过程;从共时性上看,每一种模式可以同时包含多种子模式,而在任何一种子模式中,其外延又都可做无限的延伸。价值规范、思维方式则不然,它总是具有较强的一致性,这种一致性就是单纯性的表现。再次,是确定性与随意性的对立。知识经验、语言符号一般都以严密的或不严密的逻辑作为其内在的规定性;而价值规范、思维方式则较少有这种逻辑特性,它们是在一种测不准的非逻辑特性的支配之下的。①

还有学者认为文化传统具有大传统与小传统的区分。自拉德菲尔德于1956年在其《农业社会与文化》一书中提出"文化大传统"(great tradition)与"文化小传统"(little tradition)之说后,便给文化史研究提供了新的富于实用价值的理论构架和方法上的启迪,因而广为流行。一般认为,"大传统"是指某种

---

① 郑金洲.教育文化学[M].北京:人民教育出版社,2000:106.

优势文明的文化形态,主要表现于哲学、宗教、文学、艺术等方面,显示出一种稳定、成熟、恢宏的气势,也不易被异质文化冲击,能够代代相传;"小传统"是指具有地域性特点的文化传统,容易受到别的文化冲击,导致文化结构的重组进而形成一种新的文化体系。

(3)关于文化传统特点的研究

余英时先生认为传统具有稳定性与恒常性:"今天的西方文化,希伯来文化、伊斯兰文化、日本文化、印度文化都经历了程度不同的现代变迁而依然保持着它们文化价值的中心系统。……各大文化都经过了多次变迁,但其价值系统的中心部分至今仍充满活力。"顾明远先生认为,民族文化传统具有下列特性:①民族性,文化传统是由人创造的,因而必定属于某个民族,由此认为"民族文化传统"与"文化传统"其实是等同概念。由于各民族所处的地域环境、历史时期不同,因此对自然界和社会各种现象的认识理解不同,进而创造出不同的文化。②变异性,民族文化传统是一个动态的概念,不断变革,离不开创造、发现、选择、传递四个环节。③稳定性,从变化不居的文化事相中提炼凝聚而成,在时间上表现出文化惯性,在空间上保持了文化的独特性。④统摄性,文化传统在一定范围内对人们具有普遍的、内在的约束力,对人们的内在思想和外在行为发挥规约和引导作用。⑤系统性,传统的各个层次、方面构成一个有机整体。

邬志辉认为传统中的"统",是指一种普遍性与整体性。传统虽然是通过个别体现出来的,但又必须是具有广泛性与普遍性的,否则就够不上文化传统,更够不上民族文化传统。持类似观点的学者还有丁钢,他认为传统的根本特性是普遍性与特殊性的统一、世界性与民族性的统一。传统在其存在形态上,除了具体的历史形态和意义以外,还包含着不为特定的历史时期和特定的表现形态所限定的普遍意义和世界价值。这种具有普遍意义的东西既可以表现为民族性,也可以表现为世界性,但是它不能仅表现为时代性,还要展现其永恒性。这种活力之所以能够长久不衰,就是因为这些文化系统都深刻地洞察并捕捉到了人类生命的本质的东西。个体生命活动是一种自觉的、有目的的意识活动,因而它的基本特性决定传统的人文性、动态性、现实性。

传统民族文化的沿袭性,取决于它的惯性和文化主体的惰性。一种传统民族文化在民族的生存发展过程中,往往潜移默化地积淀内化为民族成员的个人人格模式和习惯性存在,进而成为一种民族的群体无意识心理。由此产生一种强大的惯性,成为该民族借以生存发展的文化流,在没有外力的阻碍或推动下自然自发地向下一代流传,甚至冲破或绕过来自内外部的阻抗而传递。从更深层次看,传统民族文化对其使用主体来说,直接的继承成本往往要低于直接的创新成本,既定文化存在的稳定性也更重于创新文化的不确定性。沿袭性往往给传统民族文化蒙上一层神圣的光环,使其因世代相传而形成一种宗法式的权威性与保守性。

3.文化传统与教育现代化关系的相关研究

（1）文化传统对教育现代化作用的性质

当前关于文化传统对教育现代化作用的研究,主要分为两种:一是文化传统的某些内容阻碍现代化进程;二是文化传统促进教育现代化的作用。我国的学者在研究这一问题时,更加重视中国文化传统对教育现代化的正向功能。

（2）文化传统在教育现代化中的地位

不少学者肯定文化传统对于教育现代化具有基础与前提作用,也有学者认为教育现代化的过程与文化传统发展的过程是同一过程。裴娣娜认为"教育现代化的实质是文化传统的继承与改造"。我国教育现代化包含两个方面:一是对自身的能动的批判改造,在现实教育实践基础上主体能动地进行选择;二是对外的文化教育交流,以外来的异质教育理论体制为参照系,在冲突融合中相互借鉴吸收与改造。

李艳对此予以详细论述:文化是教育的本体,文化传统规定了教育发展的前提,是教育的一种前规定,教育必须以传统为前提,接受传统,承认历史和传统对人类的作用,根据民族的文化传统来采取特定的教育行动。文化传统并非已逝去的过去,也并非一成不变的,文化传统总是在特定时代中落入未来时代的期望中,通过教育人类把历史、现实和未来联系起来,形成一种特定的认知整合、文化价值整合,从而对文化传统做出选择、阐释并传递,帮助每一时代的人们建立与历史、与社会的最佳联系。所以,教育始终在热烈地吸收传统,作用于后代,不断发展人类自身。没有教育的作用,人就无法通过历史来认准未来,解释历史重负,进而从传统中获得新生,在学习中实现创造。①

冯增俊从后发型教育现代化的角度,强调文化传统的基础作用和作为教育现代化的精神动力的重要作用。后发型国家的教育现代化过程,主要是依靠外力引进他国先进的教育经验与成果以改造本国教育模式的过程。对于这些国家而言,由于其现代化的"后发性",不得不承受着早发型现代化国家的冲击和压力,面对发达国家操纵的不甚公平的国际政治、经济秩序。处于弱势地位的后发型国家,其教育现代化的关键是要在本土传统内在演进逻辑中断的背景下,使得新的教育整合能够符合时代发展要求。因而,民族文化传统在其现代化过程中的重要作用就在于培育民族自信心和自豪感,增强民族内聚力,振奋民族精神,以实现在不利条件下完成现代化建设。

高伟认为:"既定文化传统的精神气质和世界观,概括地说也就是价值观,无疑构成了一个国家或地区教育的'底色'。文化传统所形成的价值观之所以对教育如此重要,说到底是因为价值观是形成教育理念系统、价值系统和目标系统的决定性因素。"

(3)文化传统作用于教育现代化的中介或媒介

顾明远先生认为,民族文化传统对教育现代化的影响是通过"教育传统"进行的。他提出,中国教育传统的现代化转化的实现条件应该包括:首先,奠定物质基础,依靠建立社会主义市场经济体制,大力发展商品经济;其次,提供外部条件,必须依靠改革开放和国际交流以开拓眼界;最后,要生发内部动力,依靠国民素质的提升以实现教育观念的转化。他在著作《民族文化传统与教育现代

① 李艳.文化传统与教育现代化[J].理论导刊,2005(11):87-88.

化》中,采取比较教育学的研究方法,分别对中国、日本、美国、英国、德国、俄罗斯的文化传统与教育现代化的关系——作了剖析,从他的论述中可以发现,文化传统对教育现代化的作用,主要体现在文化价值观念对教育主体的教育价值观的影响、思维模式对教育的影响等方面。

黄济与王策三先生认为,文化传统影响社会对教育内容的选择。作为文化传统核心部分的价值观念,会极大地影响人们确定什么样的现代教育目的,如何认识教育地位及选择什么样的教育内容、手段和方法。

还有学者认为不同的文化传统要素,对于教育现代化的作用是不同的。郑金洲在其著作《教育文化学》中详细阐述了文化传统的价值体系、知识经验、思维方式、语言符号这四个组成部分对教育现代化的不同作用。具体而言:第一,价值体系这一因素调节和制约着教育现代化发展的轨迹和方式;第二,知识经验会影响人的思维方式;第三,教育作为传递和获得知识的活动,知识经验构成了教育的基础;第四,语言符号是文化载体,是文化传统传播、延续所必需的条件和工具。[①]

(二)对已有相关研究的评价

通过梳理已有文献可知,关于单独研究文化传统、教育现代化的文献范围很广泛,内容也很丰富;并且关于文化传统、教育现代化两者关系的研究,也有一定的理论论述,如论述传统与教育现代化的辩证统一关系、文化传统与教育现代化的地位即谁是"本体"的问题、文化传统对教育现代化的促进与阻碍作用、文化传统作用于教育现代化的中介和媒介等。总体上看,以往研究较多地对两者关系进行宏观和静态的理论研究,缺乏微观和行动研究视角,导致研究深度不足。

1.已有研究的成绩

关于教育现代化与文化传统的本体研究较为丰富。综观已有对教育现代

---

① 郑金洲.教育文化学[M].北京:人民教育出版社,2000:107-112.

化的本体研究,其研究的领域、范畴、问题几乎无所不包,并且其研究视角、维度、方法也各有所长。一是从纵向上看,已有研究对早期教育现代化以来的发展历程进行回顾与扫描,探索其产生与动力,分析其过程与特质,并对教育现代化研究进行前瞻,以获取有益启示。二是从横向上看,已有研究主要从教育现代化的整体研究板块中撷取某一切片、某一层次、某一维度加以重点呈现,着重研究某个或某些问题,如某一具体的教育现代化理论研究、某一层次的教育现代化研究、某一区域的教育现代化研究,以及教育现代化与某一问题的关系,诸如教育现代化与人的现代化研究、教育技术与教育现代化研究、教育现代化的元研究及其他,以此找寻教育现代化研究的生长点。对于文化传统的本体研究,也具有纵横交错的切入视角,多涉及文化传统的内涵、文化传统的精神实体与物质实体辩、文化传统与现代性的关系、文化传统的现代价值、中国文化传统研究等问题,明晰了文化传统的概念和特质,为分析文化传统对教育现代化的作用提供了理论基础。

2.已有研究的不足

（1）概念不清

关于"教育现代化"的概念,有的学者从时间（以文艺复兴或工业革命为起点）、从地域（追赶西方教育）或从水平进行界定,从这些角度观察教育现代化的观点,着眼于从外部因素,而不是从内部质的规定性和教育自身的矛盾发展去考虑问题,把教育现代化概念相对化了。还有学者从教育的层级（含教育物质、制度、观念）、教育的形态（学校教育、社会教育、家庭教育）对其进行界定,只是在教育的要素上作了简单的枚举和描述,也未能涉及教育现代化的质的规定性。另外,有的学者认为教育现代化是过程,有的学者认为它是状态,有的认为它是结果,因而在讨论教育现代化的特质时,有的学者讨论的是现代教育的特质,如普及性、国际性、民主性、生产性等,有的学者探讨的则是教育现代化这一历史性过程自身的发展特点,如认为过程具有自上而下或自下而上、整体性、全方位等特点。这类理论探讨因概念的含混,导致分析前提的不一致和切入角度的不同,难以抓住教育现代化的本质,无法给出一个教育现代化的准确定义,并且难以系统揭示出教育现代化的来龙去脉及其多方面联系和发展规律。

(2)作用机理探讨不足

已有研究主要集中在对教育现代化与文化传统两者关系的宏观层次的探讨,较少对文化传统作用于教育现代化的内在过程进行深入的剖析,尤其缺少关于文化传统作用于教育现代化的根源、要素、过程、中介、原则等内部机理的微观探究,尤其是关于"教育现代化主要受什么文化传统因素的影响""文化传统因素如何影响教育现代化""如何合理利用文化传统促进教育现代化"等问题的研究还不足,这些问题有待进一步关注和研究。

也有学者关注了文化传统对教育现代化的具体作用机理,但在其著作《民族文化传统与教育现代化》中,关于民族文化传统对教育现代化的具体作用的论述,零星散落于各个国家文化传统与教育现代化关系的不同章节中,如提到了"中国儒家文化传统影响教育主体的价值观""文化传统的思维模式影响教育""文化传统的价值取向影响教育""日本文化传统中的内核对外来教育具有重要的筛选作用"等。可见,该学者时而从文化传统的各因素,如思维模式、价值体系、精神内核来分析其对教育现代化的影响,时而又从教育现代化的要素,如教育主体、教育目标、教育内容等方面来探讨文化传统对教育现代化的影响,未能为读者呈现一个明晰的、系统的文化传统对教育现代化的作用机制。并且,因为其研究主要采用比较法与历史法,最终这些论述也未能脱离具体的某个国家的文化传统和教育现代化的事实,最终没能从各个国家具体的教育现代化事实中总结和抽离出一个普遍性的理论机制模型。

综上,目前关于教育现代化与文化传统之间关系的研究虽然已经取得了一些研究成果,但以往研究多是就文化传统对教育现代化影响的泛论,较少对文化传统对教育现代化的作用机理进行探讨,已有文献对此问题的研究明显不足;并且涉及文化传统对教育现代化作用的研究多是从外部、静态的视角,较少从微观个案、田野观察和动态分析的视角进行研究,这就为本书留下了较大的拓展空间。本书通过对甘孜藏族聚居区、黔东南苗族侗族地区、黔南水族地区等地的教育现代化与文化传统的关系的研究,探讨文化传统对教育现代化的作用机理,以期对我国教育现代化的理论与实践提供一些借鉴和启示。

三、研究思路和方法

本研究的问题"文化传统对教育现代化的作用机理"是教育基本理论的一个重要的问题,主要关涉教育与社会、教育与文化的关系问题。教育学原理尤其是教育基本理论方向的选题,在对象上选择某一或某几个民族的教育问题进行研究,为的是解决理论或实践上的一般性问题。之所以选择民族地区的教育问题作为研究对象,是因为民族地区的此类问题更加突出,其实质不过是用一个具体的案例来佐证一个教育学的基本理论问题,并非仅仅为了解决单一民族的具体问题,而是为了揭示教育理论中的一般问题和规律,这是教育基本理论研究中必须明确的研究目的和方法论原则。

本研究的主题之一"文化传统",某种程度上说与"民族文化传统"是等同概念,因为文化总是具有民族性,是某个民族所创造的,没有哪种文化传统不属于某个民族,脱离某一民族的一般文化传统是不存在的,但它不等同于"少数民族文化传统"。因而,本研究可以选择非民族地区作为研究对象,研究某一地域或人群的文化传统,如特定人群的客家文化,特定地域的齐鲁文化、巴蜀文化、岭南文化等,也可以选择民族地区以研究其民族的文化传统。

最终,在研究对象选择上,主要选取我国西南地区少数民族聚居区的教育现代化与文化传统的关系作为研究的对象,重点以四川甘孜藏族聚居区、贵州黔东南苗族侗族地区、黔南水族地区作为考察地点。本研究之所以选择民族地区作为研究的具体个案,主要是因为我国大部分民族地区由于地理条件偏僻、经济发展滞后,其文化传统保留得相对完整、体现得更为鲜明。当地的非经济因素对社会发展包括教育发展的影响甚至超过经济因素,可以更好地观察文化传统对社会、教育的影响,同时也可以瞥见物质生产方式带来的发展的界限。

并且,当地教育的现代化过程正处于传统与现代不断交锋作战的历程,更能窥见文化传统作用于教育现代化的过程"全貌",在民族地区的教育中文化传统与现代的矛盾比较突出,更有利于透过矛盾和问题看到两者作用的过程。

(一)研究思路

本书从历史唯物主义的视角,以宏观—中观—微观的逻辑进程和分析思路,从理论与实践相结合的角度,选择甘孜藏族聚居区、黔东南苗族侗族地区、黔南水族地区为田野调查点,以作为生活方式背后精神观念的文化传统为线索,观察文化传统对教育现代化的作用表征,剖析文化传统对教育现代化的作用机理。研究的基本思路包括:

首先,对学界已有的关于文化传统对教育现代化作用的观点进行梳理与反思,引出本书的理论意义与实践价值,勾勒本书的基本运思。其次,在唯物史观视域下,对"文化传统"与"教育现代化"的概念内涵进行梳理与重新界定。再次,通过对甘孜藏族聚居区、黔东南苗族侗族地区、黔南水族地区田野调查资料的分析,指出文化传统对教育现代化作用的内在机理。最后,探寻有效发挥文化传统对教育现代化促进作用的理路,针对我国教育现代化实践提出有益的启示。

(二)研究方法

根据研究需要,笔者综合运用了多种研究方法和技术手段,探寻教育现代化过程中文化传统产生的作用及其规律。本书使用的主要研究方法如下:

1.参与观察法

在研究中需要对四川甘孜、贵州黔东南和黔南等民族地区传统的生产生活方式与学校教育的现状进行深入了解,而这些了解必须建立在能够获得真实资料的基础之上。只有采取主位的研究立场,才能更好地融入特定的文化背景中,用局内人的视角细致地观察,获取更为客观和有效的信息,才能更透彻地理解当地人的思维习惯、情感表达方式和行为意义,以确保研究结论的真实性和有效性。

2.调查研究法

由于本研究需要对几个民族地区的文化传统、教育现代化发展情况进行调查,因此收集相关资料必不可少。笔者利用问卷、开放式访谈调查了不同主体(教师、学生、教育行政人员、学生家长、宗族首领、宗教首领、村民等)对文化传统与教育现代化的看法,为作用机理的论证提供现实依据。

3.比较研究法

一是通过比较传统与现代、中国与西方不同的教育理论与实践,分析不同文化传统对教育现代化的不同作用;二是比较所调研的几个不同少数民族如藏族、水族、苗族等民族文化传统对教育现代化的作用,透过各种独特的文化传统作用于教育现代化的过程和现象去探究背后的普遍规律。

第一章

1

文化传统与教育现代化的内涵

"文化传统"与"教育现代化"都是我们在日常生活中习以为常地在使用的词汇,却是我们难以加以描述并说明其所以然的东西。关于两者内涵的探讨争议颇多,同时这两个概念也常常与一些相似的概念相混淆。如果不厘清这两个概念,谈论两者的关系和作用就没有前提。正如黑格尔所说:"真正的思想和科学洞见,只有通过概念所做的劳动才能获得,只有概念才能产生知识的普遍性。"因而,首先从学理上弄清"文化传统"与"教育现代化"的概念非常重要。

关于"文化传统"的内涵,各学者从不同的学科、理论提出了自己的看法,但是缺乏对文化传统的形成机制和运行机制的唯物论视角的探寻,因而关于文化传统的定义、归属、来源和价值的问题还存在较大争议,难以从文化传统的社会历史制约性中揭示出文化传统的本质、根源。同时,学界关于"教育现代化"概念的界定也是莫衷一是,对教育现代化理解的多元化,为教育现代化理论研究提供了多元的研究视角和方法,但也说明仍存在教育现代化本质不明确的问题,未能确立教育现代化的原因和动力,导致对教育现代化的理解会在不同的观点中摇摆。综观关于两个概念的已有讨论,有些问题是由方法论上的问题导致的。因而,在"文化传统"与"教育现代化"两个概念的探讨问题上,反思已有的观点以纠正错误的方法论,坚持历史唯物主义方法论是非常有必要的。

一、关于文化传统内涵的争论

"文化传统"这个词,在日常生活中我们虽然经常使用,但是真正要对其做一个学理的界定却又是十分困难的事情。因为文化传统包含着丰富的、复杂的、多层次的内涵,而且不同学科以及不同学者看问题的角度不同,所以对它的定义性表述也就难以达成共识。

(一)有关文化传统属性的争议

关于文化传统内涵的争论,集中体现在对"文化"与"传统"两者的不同理解上。自18世纪欧洲启蒙运动时期提出"文化"这一科学概念至今,国际学术界对文化的理解莫衷一是,产生了近 200 种关于"文化"的定义。同时,细究"传统"的含义,也容易陷入混沌。因而,关于"文化传统"内涵的讨论可谓众说纷纭,笔者总结出如下几个主要的争论点。

1.文化传统的本质:是背后精神还是具体事相?

关于"文化传统"是实体还是其背后的精神力量的问题,学界一直争执不休,难有定论。有的学者认为,文化传统是包含思想观念、心理态势、思维方式、行为模式、伦理道德、风俗习惯、宗教信仰、文学艺术、名物制度等因素的文化事相,有的学者则认为文化传统是支配一个国家或一个民族思维和行为习惯背后的精神力量,是一种集体无意识或潜意识。例如,学者们在谈中国文化传统的时候,大多谈的也是"儒家精神"这一根本价值理念和整个中国文化的基本精神。

认为"文化传统"是一种精神力量的学者,主要是为了能够将"文化传统"与"传统文化"相区别。如庞朴先生就认为,"传统文化"的落脚点在"文化",是相对于"当代文化"与"外来文化"而言的,其内容为"历代存在过的种种物质的、制度的和精神的文化实体和文化意识",如那些供人凭吊古昔的废墟遗址、收藏家或图书馆的书库里深窖的孤本绝版,已流逝或正在流逝的风俗、礼仪、道德、艺术、宗教、制度等;而"文化传统"的落脚点在"传统",文化传统不具有有形的实体,看不见摸不着,似乎缥缈虚无,但实际上它却无所不在地潜伏于一切传统文化和现实文化之中。"文化传统是不死的民族魂、民族精神,它规范着人们的思维方法,支配着人们的行为习俗,控制着人们的情感抒发,左右着人们的审美趣味,规定着人们的价值取向,悬置着人们的终极关怀(灵魂归宿)。可以这样说:文化传统是形而上的道,传统文化是形而下的器;道在器中,器不离道。"①

还有学者认为,传统文化与文化传统其实是静态与动态的区别:"传统文化指历史上凝固了的文化的现实运动,是已经定型了的、过去的东西;文化传统则

---

① 庞朴.文化的民族性与时代性[M].北京:中国和平出版社,1988:159.

是联结过去、现在与将来的动的流程,它是处于不断制作和创造之中的尚未定型的东西。"① 人类学学者李亦园认为,文化包括可见部分和不可见部分,物质文化、社群文化(伦理文化)、精神文化都是"可观察文化",这些可观察文化背后还有一些不可观察的规律或法则存在,就像语言行为背后不可见的语法一样,这才是真正的文化,可观察的文化不是真正的文化,不过是文化的材料而已。②

　　还有学者认为"文化传统"既包括文化事相,也包括其背后的精神力量。日本哲学家务台理作认为文化传统分两个层次,即"低次元的传统"和"高次元的传统"。"低次元的传统"是指在社会现象中的民风民俗和日常习惯等具象存在,人们在日常生活中通常对此"用而不自知",缺乏对其的认知自觉和自审批判;"高次元的传统"则是隐藏在低次元传统后面的一种存在,它通常由学者和思想家创造出来,是自觉的、具有批判性的精神,具有打破传统、超越传统的作用。"低次元传统"和"高次元传统"相互依存、彼此渗透:如果缺少前者,该民族的生活就会缺乏根基而飘浮不定;如果缺少后者,民族的发展就会僵滞而丧失生命力。③ 我国学者何永华认为,"文化传统是指在人类的社会文化生活中逐渐形成,并在共同生活和文化交流中将那些比较适合人们需要的作为历史遗产一代代传递、积累保存下来,直到现在还在产生影响的文化特质、文化模式和文化要素的结合体"。文化传统指贯通古今以至未来的某种流变着的根本性的东西,具有强大生命力,它有一个生长、发展、变化的过程。它既体现在物质文化、制度文化和行为文化中,又体现在精神文化中,但更多的指精神文化方面的特质。这是因为,物质文化、制度文化和行为文化,从其本质上说,都是人类精神意识的物质化、制度化和行为化,是精神文化的载体及外在表现形式。④

　　国外关于文化的认识,也同样存在"是精神抑或是物质"的争论。一般来说,马克思主义以前的思想家,仅仅局限于精神活动领域去理解文化,他们排斥

---

① 　肖川.教育与文化[M].长沙:湖南教育出版社,1990:153.
② 　李亦园.人类的视野[M].上海:上海文艺出版社,1996:100-108.
③ 　徐复观.中国人的生命精神:徐复观自述[M].上海:华东师范大学出版社,2004:194.
④ 　张传燧,周卓莹.论教育传统与教育创新[J].大学教育科学,2007(3):14-19.

物质活动和社会劳动对于文化发展的意义。对此,"歌德就认为文化是一个民族的生活与思想的集体方式,即人类与自然的长期斗争的结果,此集体的思想、感觉、行为的方式所构成的一种特殊的气氛、特殊的美,即是文化"①。可见,他将文化定位为一种虚无缥缈的精神力量。康德认为,文化是促进人民更加自由地选择、确定并推动目的实现的力量,他把道德作为文化的核心。② 我国学者辜鸿铭、唐君毅也受康德的影响,具有类似的观点。辜氏在《春秋大义》中指出,"文化不是房子,不是道路,不是器具,不是制度,不是科学,不是艺术,而是人格,文化的实质就是道德"。唐氏有类似的看法,认为"人类一切文化活动,均统属于道德自我或精神自我、超越自我,而为其分殊之表现"③,并建立了道德的理想主义的文化哲学体系。按唐君毅先生的理解,文化创造活动的主体是人,是人的心灵精神,主要是道德的主体性。

同时,诠释学对于传统的论述也具有否定传统实体性的特点。诠释学将历史的主体定义成"理解者"或"解释者"。伽达默尔认为,所谓传统,"是在一切历史变化中主动的、有选择的保存。传统是理解者内在地置身于其中的历史"。传统作为影响理解者的重要因素,它并不是像自然一样的相对给定的东西,它始终是理解者的一部分。对于"解释者"与"传统"之间的关系,伽达默尔认为,解释者与他的文化遗产的关系绝不是纯粹的主客体关系,"主体不是一个绝对的自我;一切别的东西,包括他的语言和文化,也不是他单纯的认识客体;他也不是一个天生备有一些确定不变的直观形式和知性范畴的先验意识。他是一个具体的、历史的主体"。"我们始终处在传统中——这不是对象化的过程,即我们并不觉得传统所说的是别的、异己的东西,它始终是我们的一部分。"④总而言之,诠释学理论认为真正的历史对象根本不是一个客体,而是自身与他者的统一,是一种关系。基于对历史的独到理解,他们认为传统是主客观的交融和

---

① 郭齐勇.文化学概论[M].武汉:武汉大学出版社,2014:7.
② 康德.判断力批判(下卷):目的论判断力的批判[M].韦卓民,译.北京:商务印书馆,1985:95.
③ 唐君毅.文化意识与道德理性[M].台北:台湾学生书局,1986:5.
④ 张汝伦.意义的探究:当代西方释义学[M].沈阳:辽宁人民出版社,1986:174.

统一,它既不是主观的,也不是客观的,而是一种涵盖一切的过程和关系。

文化传统到底是文化的具体事相,还是仅仅指众多事相背后的"根"和"魂"?为更好地理解文化传统的内涵,需要从历史唯物主义的视角去探讨文化传统的形成机制与延传机制,这将在本章的第三节内容中进行详细论述。

2.文化传统的来源:是进化而来还是功能造就?

关于文化传统的来源问题,文化人类学中有不同的说法,其中争论突出的流派是进化论学派和功能论学派。19世纪60—80年代,进化论在西欧和美国成为一种重要的时代思潮,同时代的人类学家如德国的阿道夫·巴斯蒂安、英国的爱德华·泰勒、詹姆斯·弗雷泽及美国的路易斯·摩尔根等,他们以进化论的观点类比文化现象,根据进化论的尺度排列各民族的民族志资料。他们假定人类文化是从自然状态向文明状态进化并经历了若干相同的历史阶段,他们重视统一、重视历史发展的一贯性,忽视文化发展的差异性与多样性。阿道夫·巴斯蒂安将人类文化统一归因于人类的"原始观念",也即共同心理。各地区各民族的文化都由低到高、由简到繁、独立平行地发展起来,都经历相同的发展阶段。爱德华·泰勒作为文化进化论的创始人之一,他给文化的定义是:"文化或文明,是一个复合整体,包含了知识、信仰、艺术、道德、法律、习俗以及作为一个社会成员的人所习得的其他一切能力和习惯。"他提出了"文化遗俗"的概念,指一些礼仪、习俗、观念由于习惯的力量,已从他们所属的一个文化阶段移植到另一个较晚的文化阶段,是过去的活见证和纪念碑。他认为,这成为新文化由较古老的文化进化而来的证据和实例,比如握手、打喷嚏的时候说"上帝保佑"等,就是文化的"化石标本"。他认为文化史其实属于自然史中的一部分,从最落后到最文明的民族文化代表不同的阶段,联结成不可分割的按顺序排列的系列。路易斯·摩尔根从印第安人亲属称谓体系分析入手,提出亲属称谓的"说明式"与"类分式"之间的差异,标志着未开化与文明之间的区别。他认为,不同民族之所以所处不同的社会,是因为处于同一进化链条上的不同位置、不同阶段。

　　文化功能学派是反进化论的学派,代表人物有布罗尼斯拉夫·马林诺夫斯基和拉德克利夫·布朗。马氏批评泰勒的"遗俗"概念和进化学派把文化发展视为一串依着法则自动蜕化的过程,他认为,人类文化的产生源于人类要满足实际生活的需要,文化的变动是出于因功能的增加而引起的形式上的逐渐分化。基于此,他提出"文化需求理论",认为文化的产生与延续是个体为了满足其基本的生理、心理和社会需求;文化诸如物质器具和社会思想等,只有在具有满足人类的生物需要和社会需要时才能存留和传播,若失去这种功能,便会在历史上消失。他反对文化进化学派把社会文化现象割裂成碎片进行研究,主张整体有机地把握人类文化生活。另外,被称为结构—功能主义者的布朗,则更加重视研究社会结构来分析文化要素的功能。他认为的社会结构,是指人与人组合的各种群体间的关系。可见,虽然都属于文化功能学派,但马氏偏重人的生物需要的研究,而布朗则重视社会结构的研究。总之,功能学派认为,一个文化中的每一个特质和制度都行使着一个特别的任务,一个社会的结构是社会体系的凝合,由特质和制度实现的社会需要决定。功能学派对文化人类学发展做出了贡献,对我国也有很大的影响,费孝通、黄文山都受其影响。

　　费孝通先生师承了马林诺夫斯基的"朴实的文化论",即"人是体,文化是用,体用分明。这是个朴实的观点,所以我称之为朴实的文化论"①;后期他从"食色性也"的生物本能为文化的基本需要,逐步接受以个体和群体生存的必要条件作为"需要"的内涵,强调文化的社会性和历史性这两个重要特征。费孝通先生认为,文化是有生命的,和其他生命体一样,文化生命也有自我保护、自我调适和自我恢复机制。并且文化也面临生与死的问题,文化的"生"就是文化的传承,有的文化超越时空被历史积累、时代继承,成为文化传统;文化的"死"就是旧文化因不适应时代发展而死亡,但它也不像生物体一样会彻底消失,而是有些成分被吸收到新文化中,其实质是文化的变革与创新过程。

① 费孝通.文化的生与死[M].上海:上海人民出版社,2009:81.

在文化、文化传统的来源问题上，文化进化论学派和功能学派可谓观点相左，但都提出了自己的独特观点。总体来说，文化进化论学派存在这样一些缺点：一是单线进化假设，把文化发展看成单一性、直线性的，忽视了各民族文化发展的多样性，并且具有欧洲中心论倾向，把当时的西欧文化看作进化的顶点；二是以人的心理的共同性作为文化统一的根源，从个人的心理本质推导出社会文化现象的发展规律；三是忽视文化要素的传播及其功用，把文化要素与文化整体孤立、割裂开来。相应地，文化功能学派的弊端则在于：一是关注了文化是基于人的生物、社会需求而产生的，却未能解释人的生物、社会需求产生的根源，因而它强调人类基本需要的统一性所导致的文化的同一性，而难以说明不同民族在文化类型与方式上的复杂多样性。二是过于强调文化本身的社会任务与功能，关注的是文化超脱人的生死之外而存在的存亡兴废的历史规律，却未能从生物人的视角去挖掘功能产生的根源，难免有"只见社会不见人"的问题。可见，文化进化论学派和功能学派的两种观点都未能把握文化传统的本质，难以揭示出文化传统产生的最终根源。

3.文化传统的归属：是历史还是现实?

文化传统到底是过时的残余，还是指向现在与未来的基础？文化传统与现代是否构成对立的关系？这取决于人们对"传统"的理解。

《辞海》中关于"传统"的释义有两种：一是世代相传，有传承延续性质的社会因素，如风俗、道德、习惯、信仰、思想、方法等。二是属于旧式的。[1] 例如：她父母的观念十分传统，因此对她新潮的做法颇不以为意。此时，传统的反义词为：时尚、现代、前卫、摩登。可见，第二种释义是从时间维度上理解传统，把"传统"与"现代"放在两极对立的地位。鉴于此，不少人将"文化传统"理解成过去的文化，将传统归属为过去或历史。这一理解还通常体现在区别"文化传统"与"传统文化"之上。"文化"与"传统"两个词的前后组合，分别对应了"传统"的

---

① 辞海编辑委员会.辞海[M].上海:上海辞书出版社,1989:561.

两层释义。人们倾向于在谈"传统文化"的时候,将"传统"理解成"旧时的、过去的",将传统文化理解为过去的文化,即只要是曾经存在过的文化,不管是否流传至今,都是"传统文化";而在谈"文化传统"的时候,就将"传统"理解成"世代相传的",文化传统就是从过去一直延传至今的文化。依此得出,"文化传统"是"传统文化"的一部分,"传统文化"包括未流传至今的"历史文化"与流传至今的"文化传统"。

当然,国内外大多学者都认同"传统是世代相传的",承认文化传统的延续性,强调传统与现在之间的内在联系。学者希尔斯认为,"传统是生活在一定区域内的人们世代相传的、具有一定稳定性与连续性的文化遗产,如价值系统、社会习俗以及日常行为方式等"。可见,希尔斯界定的传统具有以下特点:一是世代相传性;二是变化性,他认为传统的延传不是僵硬不变的,而是"处于延传变体链之中的"[①]。三是时间的连续性,联结着历史与当下,承认传统与现在的联系。吉登斯也认为,传统不是静态凝固的,而是流动的,经历代传承、流变、积淀下来的文化的有机系统。传统的本质就是真实的现在人的基本生存方式。[②]因而,传统的归属就是现在、当下。

国内有学者认为文化传统虽然是历史延传下来的,但与现代生活密不可分,认为:"所谓传统,在中国的古典涵义就有历代相传,至今不绝的某种根本性的东西。"[③]我国现代文化学者张立文认为,传统是"人类创造的不同形态的特质经由历史凝聚而沿传着、流变着的诸文化因素构成的有机系统"[④]。还有学者认为,传统不是什么历史,而是现在,它就存在于我们的生活方式中。[⑤]

还有学者认为文化传统是凝聚着生命智慧的文化精神的集中体现,不论在哪个时代都具有普遍性,历久弥新。余英时认为传统与现代人的生产和生活并

① E.希尔斯.论传统[M].傅铿,吕乐,译.上海:上海人民出版社,1991:17.
② 包也和.传统概念探析[J].哲学动态,1996(4):31-34.
③ 朱维铮.传统文化与文化传统[J].哲学动态,1987(5):35.
④ 张立文.传统学引论:中国传统文化的多维反思[M].北京:中国人民大学出版社,1989:5.
⑤ 朱德生.传统辨[J].北京大学学报(哲学社会科学版),1996(5):4-11.

非截然对立、格格不入,对于中国而言,这一点显得尤为重要。世界各大文化当然都经过了多次变迁,但其价值系统的中心部分至今仍充满着活力。正如梁漱溟先生所指出的,"此刻问题直截了当的,就是东方文化可否翻身成为一种世界文化?如果不能成为世界文化则根本不能存在;若仍可以存在,当然不能仅只使用于中国而须成为世界文化"①。

还有学者强调文化传统的未来性。正如甘阳所说的,传统不是在过去就已经凝结成型的一种"实体",而是一种流动于过去、现在、未来这整个时间性中的"过程",它是一直处于创造中的"尚未被定格的东西"。因此,他认为传统真正的落脚点不是过去,也不是现在,而是"未来",传统具有向未来敞开着的无穷性与可能性。② 庞朴对"传统"曾有简洁的概括:"传统固然是一种保守的力量,但同时,传统也是一切前进的基地;从前一个意义上说,传统是一个包袱,从后一个意义上说,传统又是一宗财富。"③

4.文化传统的价值:文化传统有无好坏?

关于文化传统是否有好坏的问题,有的人从多元价值观的视角,认为文化的优劣是不可比的,因为不同民族主体是具有差异性的,必须承认文化的多元性,即多元文化传统具有存在的合理性,得出文化没有先进落后之分的结论。随着后现代主义思潮的兴起,其反对一元论,宣扬多元的价值观,提倡文化样态的多样性。他们认为:"你有你的道德,我有我的道德;你有你的文化,我有我的文化;你有你的价值追求,我有我的价值追求;你有你的审美观,我有我的审美观。这都没有好与坏,没有先进与落后,没有积极与消极。"应该说,后现代主义的多元价值观,有利于主体间的跨文化理解与宽容,有助于各民族的平等与团结。但文化传统是否就不分好坏,这值得进一步讨论。

还有人从辩证的角度提出文化传统是集精华与糟粕为一体的,它的优点可

① 丁钢.历史与现实之间:中国教育传统的理论探索[M].北京:教育科学出版社,2002:5.
② 甘阳.传统、时间性与未来[J].读书,1986(2):3-10.
③ 庞朴.文化的民族性与时代性[M].北京:中国和平出版社,1988:19-20.

能正是它的缺点,它的精华可能正是它的糟粕,一体两面,相互涵摄。因而强调不要强分文化的好坏,要看到它们之间的转化,要看到任何文明都具有多方面的价值。有一些过去很辉煌而现在看来恰恰是有弊病的,例如在历史上起过正面作用但后来衰亡、变质,走向反面的所谓"九品中正制""科举制"等,还有很多要素在今天看来是不合时宜的,在将来很可能又会受到重视;或者在此民族失去效力,但传至彼民族却又产生了奇迹。

以上两种观点承认文化传统是价值现象,而价值是客体满足主体需要的程度,具有主体性;并在文化主体的多元性基础上得出文化传统的多元存在的合理性。但是,也有学者强调在承认文化多元存在的同时,切不能陷入文化相对主义泥淖,最终沦落到唯心主义和历史虚无主义的境地。实际上,承认文化多元不等于要承认存在的正确性和积极性。文化相对主义的错误在于它以"多"消解了"主",它在着重"两点论"的时候忽略了"重点论",用"差异性"取代了"共同性",未能看到社会历史条件对人类的共同规定性。

事实上,无论哪个民族的人,不管他信仰什么,总是需要生存和发展的。正如马克思所说:"自然规律是根本不能取消的,在不同的历史条件下能够发生变化的,只是这些规律借以实现的形式。"[①]人都要满足基本的生存生活需要,要提升发展,这是一种客观的事实。一旦有的习俗不利于族群的生存和发展,就会被族群所抛弃。因而,文化传统虽然是价值问题,但也有其共同的价值判断标准——是否有利于人的存在和发展,这成为被任何族群所接受的共识标准。

(二)"文化传统"与"传统文化"

关于"文化传统"与"传统文化"两个概念内涵的区别,总结已有研究,主要存在如下几种认识:

(1)现在式与过去式的区别

将"传统文化"理解为以前存在过而现在不存在的文化,是过去式;认为"文

---

① 马克思恩格斯文集:第 10 卷[M].中共中央马克思恩格斯列宁斯大林著作编译局,译.北京:人民出版社,2009:289.

化传统"是从过去延续到现在的、贯穿历史的文化,是现在式。庞朴先生曾写道:"这实是说,传统文化是死的文化,而文化传统是活的文化。"①实际就是说传统文化指过去的"死的"东西,而文化传统是现实的"活的"东西。国学泰斗汤一介先生也持同样的观点,他认为文化传统是一个动态的流向,是"活"在现实中的文化,而传统文化是一个静态的凝固体,是现实中已经不存在的过去的文化。朱维铮先生曾从语法形式上区分了"传统文化"和"文化传统"的语义,也得出了类似的结论。他认为"传统文化"和"文化传统"两个术语均由相同的两个复合词构成,都属于偏正结构一类,变化的只是词序。但是"传统文化"一词中,"传统"作定语,用以界定所指的"文化"范畴;"文化传统"一词中,"传统"却成为被"文化"界定的对象,表示其并非指别的传统,只特指"文化传统"。他认为:"传统文化属于历史,而历史属于过去。过去种种,都已是既成事实,决不因逻辑上尚有各种可能而改变,也决不因理论上会有各种解释而改变……在历史上存在过、兴旺过,但在现代社会文化生活中已消逝了的传统,自然失去存在的依据。体现这种传统的文化形态,无疑都属于死文化……相反,先辈曾经认定是合宜的行为规范,以后继续被认为是合宜的,被认为是往古社会所累积的最佳经验,体现这种传统的文化形态,属于历史的遗存,却在现代社会文化生活中依然存在,尽管已经变了位并且变了形,那就是活文化。后者就是人们习称的文化传统。"②

笔者认为,上述说法的最大问题在于,在谈"文化传统"和"传统文化"这两个概念的时候,对"传统"一词的理解不是一贯的。在谈"文化传统"的时候,将里面的"传统"定义为过去传承到现在的东西,注意到了"传统"这一概念的"历时性";而在谈"传统文化"的时候,就将里面的"传统"理解为"过去的",只是将传统定义为"历史性",难免有前后矛盾之嫌,当然也会将两个概念理解出不一样的性质来。

---

① 庞朴.文化结构与近代中国[J].中国社会科学,1986(5):81-98.
② 朱维铮.传统文化与文化传统[J].哲学动态,1987(5):35.

（2）民族性与融合性的区别

此种区别的说法认为"传统文化"通常是本民族内部产生的文化,而"文化传统"则注重文化的流变,是在吸收外来文化、现代文化基础上不断统合而成的文化。为此,有学者认为,传统文化的全称是"传统的文化",其对应的是外来文化,创成于民族祖先,带有民族色彩,他们主张把外来文化排除于传统文化之外。笔者认为,这种对传统文化的理解带有狭隘的民族主义观点。在他们的辞典里,对传统的理解是极其偏狭的,传统只能是"纯而又纯"的,如何保持传统的纯洁呢? 只能保持纯正的民族性了。因而,他们谈及中国传统文化,就是中国的儒家传统。而实际上,各民族的发展,除了极为原始的状态以外,每个民族不论是文化传统还是传统文化,都是在与其他民族的相互作用中发展起来的,不可能完全避免同外部的文化交流,即使掺杂了其他民族的异质文化,只要能够为本民族主体所用,融入民族传统文化之中,理应成为本族传统文化的有机组成部分。

（3）优秀与中性的区别

有的学者从文化的性质做出判断,认为"传统文化"可以是优秀的,也可能是有糟粕的,而"文化传统"通常是指好的、优秀的,一直流传到今天仍有现实价值的文化。这种说法也有一定的代表性。很多人都认为"传统文化"是繁杂的,先进和落后的文化都包含在里面,而文化传统能够流传至今,必定是优秀的、符合历史发展潮流的,没有价值的文化是不可能传承下来的。这种说法还是暗含着将传统文化定义为过去的、历史的东西,未将文化传统视为一种流变体,与第一种说法有共同之处。但是它多了一层价值判断在里面,不过这一价值判断却过于理想化了。虽然从根本上说,文化传统是受生产方式制约的,随着社会生产方式的发展而发展,但是文化传统也具有一定的惰性,它与生产方式不是如影随形的、亦步亦趋的关系,不适合生产方式的文化传统因素也不会立即消亡,一些不适应历史潮流的传统因子仍然会暂时继续流传下来,它是落后的,但是它仍然在延传。

（4）精神与实体的区别

这一对立的说法认为"传统文化"是具象的实体、事相，表现为器物、行为、制度、思想等，而"文化传统"则是这些文化实体背后的精神和内在力量，表现为精神与价值。关于两者区别最为经典的表述来自庞朴先生："文化传统是形而上的道，传统文化是形而下的器。道在器中，器不离道。"①有学者认为："传统文化一般表现为精神的或制度的文化，而物质层面的文化往往因其时代性强，不易传承而难以构成传统文化；作为文化传统的文化一般属观念形态的文化，而非物质的或制度的文化。"②总的来说，认为"传统文化是实体、文化传统是精神"的说法，就是说传统文化的范围宽泛，具有复杂的形态和实体，而文化传统则稳定、恒久单一，它代表民族精神，没有具体的形态和实体。这一观点是笔者认同的观点。传统文化是具体的文化事相，而文化传统则是文化事相背后的精神力量。文化传统会决定传统文化，通过传统文化外显出来，并需要通过一代代具体的传统文化传承下去。

（三）文化传统内涵之争的本质

从以上关于文化传统的本质、来源、归属、价值几方面的争论观点可以看出，当前对于"文化""传统文化""文化传统"的内涵、形成机制、运行机制还未能形成正确的认识，因而难以揭示出文化传统的本质、根源。主要存在的问题有：

第一，未能把握文化传统的本质是社会意识，因而仍然纠结于文化传统是否包括体现了某种精神的物质实体。有的人重视物质事相，认为是众多的物质事相凝炼出了文化传统的精神；有的人则重视背后精神，把文化传统的物质形态排除在外，只认同其精神层面。前者属于历史唯心主义，直接把社会意识中具有物质外壳及物质附属物的思想和思想关系归结为物质，这是对社会意识与社会存在认识不清导致的。虽然文化中有一些"物"的内容，比如用具、器物，但

---

① 庞朴.文化的民族性与时代性[M].北京:中国和平出版社,1988:159.
② 宋银桂.文化·传统文化·文化传统[J].文史博览,2005(12):16-18.

是不能被这些物质附属物遮住了眼睛,看不见它们背后的思想关系实质。文化自然是要有一系列器物如服饰、建筑、乐器等物质手段和物质附属物的,但文化之所以为文化主要不在于它拥有的物质附属物,而在于这些物质附属物归哪个民族所有,体现了什么精神,代表着什么内涵。后者把握了文化的本质,但是又抛弃了物质附件。实际上,在唯物史观视域下,文化传统属于社会意识形态,文化传统是由社会存在决定的,但同时,在社会意识形态内部,整个文化传统是由思想观点及其物质附件构成的,精神层面起决定作用,但也不能抛弃物质附件。

第二,未能理解文化传统的形成机制。过去关于文化传统内涵的探讨,倾向于将文化传统理解为历久弥新、始终不变的精神,认为这才是真正从过去传承到现在的"传统"。好似一个民族,正是由于这一背后精神的一脉相承,才能够将其作为一个民族从历史中保存下来;反之,若该民族的精神发生了改变,民族的传统则断裂了。这实际上是一种"意识决定物质"的唯心主义观点。持此观点的人将文化传统束之高阁,把其作为一种抽象的概念,脱离并横亘于社会存在之上。他们不是从社会存在出发去探寻作为社会意识的文化传统形成和流传的根源,而是把从一个民族的发展历史中归结、抽象提炼出来的某种意识,作为其文化传统形成和发展的根源。究其原因,是未能理解文化传统的形成机制,也未能看到文化传统的社会历史制约性。实际上,文化传统是从各种生活方式的具体事相中生发出的"根"和"魂",各种具体的事相在变,背后的"根"和"魂"也在变。它们都是受社会生产方式制约的,都是变动不居的,虽然精神层面的变化慢一点,但也不是不变的,因而需要从历史唯物主义的视角去探讨文化传统的形成机制。

第三,在文化传统的价值判断上存在问题,把文化的多元性误解为文化相对主义。受后现代主义思潮的影响,在文化传统的价值判断上,具有主观主义、相对主义、历史虚无主义的倾向。特别是相对主义的观点在文化领域得到了很多人的赞同,导致了文化多元主义,也引发了文化领域中反本质、否定规律、拒绝标准等问题。越来越多的人开始接受"文化传统没有什么进步和落后之分"

"每种文化都有价值"等文化相对主义的观点。而后现代思潮中否定历史、否定传统的历史虚无主义观点,则否定社会决定论,导致了文化不受社会制约、不承认社会发展规律的错误认识。其实,文化传统是有价值判断的,文化传统是否有利于人的存在和发展,是衡量文化积极与消极的客观标准,已成为任何族群的共识。这是由文化传统的主体性所决定的,而主体间需要的共性与差异,最终是社会存在尤其是物质生产水平的产物。因而,对文化传统的价值认识与判断,应该采用历史唯物主义视角去超越相对主义与历史虚无主义的观点。

二、关于教育现代化概念的不同认识

对于教育现代化概念的讨论是十分有必要的,一方面关于教育现代化的界说、教育现代化与其他几个相关概念的区别的探讨仍然存在很大的争议,未有定论;另一方面是在教育现代化概念的讨论中仍存在一些方法论上的误区,需要重新确立历史唯物主义的方法论。

(一)关于教育现代化的代表性观点

对"教育现代化"概念的界定众说纷纭,多元化的理解虽然使得教育现代化的理论研究呈现出百花齐放的态势,但也形成了不少对立的观点,提出了不少实质性的问题。具体来说,存在以下几种代表性的观点。

1."过程说"与"状态说"

关于教育现代化的内涵,不能绕过"教育现代化究竟是过程还是目标?""是动态还是静态?"等问题的讨论。关于教育现代化的"过程说",顾明远先生的界定得到了很多人的认同:教育现代化是"传统教育向现代教育转化的过程"①。这个界定指出,教育现代化是一种过程而不是状态,是"传统"到"现代"的转换而不是完全西化,其目标指向现代教育。过程论者认为教育现代化是一个教育发展的历史过程,重视的是教育现代化的"化"这一过程本身,是促进教育与现

---

① 顾明远.教育现代化的基本特征及实施策略[J].人民教育,2007(22):8-11.

代社会相适应的过程。"过程说"把"教育现代化"中的"化"作为概念的核心点,认为教育现代化是一种动态的过程,这个过程设定了一个教育发展的目标,通过选择、改造、发展和继承教育传统等环节和步骤,实现教育的现代特质的增长以及教育形态的变迁。

不过,"过程说"也存在一些不足,比如,把"教育现代化"视为一段发展过程,那么这一过程的起点在哪里? 也就是说,在这一过程中,必然涉及现代化教育和非现代化教育的界限问题。并且,教育现代化这一变迁的过程是否有终点? 对于这些问题,"过程说"没有作进一步解释。

与"过程说"将教育视为一个发展过程不同,"状态说"论者认为,教育现代化是一个国家的教育适应现代社会发展要求所达到的一种新的教育形态①,他们将教育现代化视作一种新的状态和面貌。这种新的状态以教育发展的各个方面趋向和逼近"现代化"为终极目标,建立起现代化的教育体系。可见,"状态说"将教育现代化从发展过程中剥离出来,赋予了教育现代化以最终的理想状态和水平,认为教育现代化是一个有始有终的过程,为教育现代化设立了终点,即教育现代化体系的建立。不过,"状态说"所谓教育现代化的理想状态,实质上是建立在发达国家的现实教育发展水平基础上的蓝本。②

教育现代化的"过程说"和"状态说"都有其优点与问题,为此,也有学者综合了以上两种观点,从动态和静态两方面考察教育现代化,认为教育现代化是社会发展的必然趋势,是教育的发展目标,又是教育的发展过程。③ 动态的教育现代化是一个发展过程,是教育与它所处的社会现代化进程相适应的发展过程,也是教育与世界现代教育发展趋势相适应的过程;静态的教育现代化是一种状态,是教育能够体现当代教育发展水平的形态④。

① 鲍东明.实现教育现代化 我们怎样把舵扬帆[N].中国教育报,2002-8-4(4).
② 李继业.关于教育现代化定义的研究综述[J].常熟理工学院学报,2007(6):121-124.
③ 倪传荣.教育现代化的思考[J].北京教育学院学报,1998(1):1-6.
④ 段作章.关于教育现代化的理论思考[J].煤炭高等教育,1997(2):23-26.

2."转变说"与"追赶说"

不少学者都认同教育现代化是一个转变、转型、变迁过程,至于是由什么转变成什么,则有不同的观点。有的学者认为,教育现代化是指"旧教育"转变为"新教育"的过程,其中,所谓的"旧教育"是指"适应小农经济和传统宗法社会的封建教育","新教育"是指"适应科技工业化民主社会的教育"。也有学者认为,教育现代化是指从农业社会的教育向工业社会的教育转化的过程。还有学者认为,教育现代化是教育整体的变革过程,是社会政治、经济结构的变革在教育中的反映。① 总而言之,"转变说"寄予教育现代化以美好的理想,认为教育现代化会实现落后教育向先进教育的转变。这类界定教育现代化的观点拥有一种纵向比较视野,持"转变说"的人都相信,随着时间的推移、伴随社会现代化的发展,教育现代化会实现教育由弱变强的转型,教育将不断朝着高水平、高质量的方向循序上升,这个目标可能是新教育、现代教育,也可能是理想教育。

"追赶说"是早期现代化理论在教育现代化领域中的应用。早期西方现代化理论认为,现代化就是"西化"或"欧化",中心内容就是效仿西方。在教育中,就是以西方先进国家的教育作为教育发展的参考标准,以西方教育现代化的发展过程作为"普世性"的标杆。例如有学者进行了横向对比,为教育现代化设立了参照系,并借此对教育现代化进行界定,认为教育现代化就是教育落后国家和地区通过吸收发达国家和地区优质教育资源,实现追赶先进教育水平和提升整体教育质量的过程。比如,有人认为:从定量维度讲,教育现代化就是追赶发达国家的过程。② 还有人认为:"教育现代化是 18 世纪以来教育系统的一种前沿变化和国际竞争,它包括现代教育的形成、发展、转型和国际互动,教育要素的创新、选择、传播和退出,以及追赶、达到和保持世界教育先进水平的国际竞争、国际分化和国家分层等。"③也有学者持类似的观点,并加以补充,认为

---

① 郑金洲.教育文化学[M].北京:人民教育出版社,2000:105.
② 刘学东,黄正平.新时代我国教育现代化建设的困境与突破:首届"南京·长江教育论坛"综述[J].江苏第二师范学院学报,2019(1):48-51.
③ 何传启.现代化科学:国家发达的科学原理[M].北京:科学出版社,2010:373.

发展中国家的教育现代化就是追赶发达国家教育发展水平的一个过程,发展中国家教育的参照标准是发达国家教育发展水平,因为它代表了当今世界教育发展趋势的中等及其以上水平①。

"追赶说"的理论根源,实质是单线论历史发展观在教育中的反映。而实际上,世界历史是一元多线的发展过程,从宏观历史来看,世界不同地区、不同民族、不同社会的发展不是整齐划一的,也不是同步的。因为每种社会经济形态不是只有一种生产方式,同一性质与水平的生产力可能有几种不同的生产关系与之相适应。在教育中也一样,在相同的教育发展水平上,会呈现不同的教育发展形态和道路模式,绝不能以追赶、照搬他人模式作为目标,一味学习现代化的先行国家或地区,会带来自身教育与社会结构的急剧变革,破坏以往协调的教育与社会关系。因而,教育现代化的过程,不仅是教育在水平上"追赶"前人的过程,也是教育在发展模式上,与当地的经济、社会发展水平相适应的过程。

3."时间说"与"价值说"

"时间说"认为,教育现代化的过程,就是伴随着社会发展各阶段而出现的教育发展过程,也即是说教育现代化是与它所处社会的现代化进程相适应的一个发展和变化过程。随着人类从传统农业社会到现代工业社会,再到信息社会,教育现代化也相应地呈现不同的阶段。为此,持"时间说"的学者热衷于追溯教育现代化起始的时间节点,有的以现代社会的开端如工业革命或者文艺复兴作为教育现代化的起点,有的则以教育史上标志性的历史事件作为教育现代化的开端。

有的学者则从价值维度来阐述教育现代化。褚宏启在其著作《教育现代化的路径》中提到:现代性是指与现代社会相联系的精神气质、思想态度与行为方式。它集中体现了现代社会不同于古代社会、传统社会的一组特征。它不是一个时间概念,而是一个价值概念。即便是当代社会存在的一些特征也不一定就

---

① 邬志辉.中国教育现代化新视野[M].长春:东北师范大学出版社,2000:5.

体现了现代性,甚至有可能是前现代的。① 持"价值说"的学者,喜欢将教育中的"现代"与"传统"作对比,以示教育现代化在性质上的特点,认为现代教育具有传统教育无法比拟的重要作用,并从现代教育与传统教育的功能、价值、作用的区别来阐释教育现代化的内涵。

实际上,"现代"一词本身就有时间尺度与价值尺度的双重含义。一层是时间尺度,它泛指从中世纪结束以来一直延续到今天的一个"长时程";一层是价值尺度,它指区别于中世纪的新时代精神与特征。② 到底"教育现代化"中的"现代"一词,是作为时间概念还是作为价值概念理解? 一般地,在现代化的理论研究中,"现代"一词兼具上述两层意思,因而,在教育现代化的界定中,时间尺度与价值尺度均不能忽视,不能分开理解。

4."内容说"与"特质说"

"内容说"就是从教育现代化的组成部分去界定其内涵。有的学者从教育包含的阶段来界定教育现代化:"教育现代化就是基础教育、职业教育、高等教育、继续教育的现代化";有的学者则从教育的类型来界定教育现代化,认为教育现代化就是学校教育、家庭教育、社会教育的现代化;也有的学者从教育的流程内容来界定教育现代化,认为教育现代化就是教育投入、教育过程、教育结果的现代化;还有的学者从教育的层次划分来界定教育现代化,认为教育现代化就是教育观念、教育内容、教育管理、办学条件等的现代化,其中颇具代表性的是"八范畴论"③。

综观之,以上概念是把"教育"分别做了阶段、类型、范畴、层次、过程、要素的分解,从教育这一系统包括的内容进一步分解了教育现代化。这类观点是对静态意义上的教育现代化的延伸和具体化,表述方式直观性强,易为社会理解、接受和操作,对教育现代化的实践具有较强的指导性。但是这类定义的实践意

---

①　褚宏启.教育现代化的路径:现代教育导论[M].2版.北京:教育科学出版社,2013:41.
②　罗荣渠.现代化新论:世界与中国的现代化进程[M].北京:北京大学出版社,1993:6.
③　陶晓东.教育现代化及教育现代化体系[J].新学术,2007(6):212-214.

义远大于学术意义,因而有学者将这种教育现代化的界定称为"伪界定",因为它们在本质上只是进一步解释了"教育",丝毫没有深化对教育的"现代化"的认识,其学术基础是比较脆弱的。

为此,有学者认为应从教育现代化的本质特点对其进行界定,提出"教育现代化是指与教育形态的变迁相伴的教育现代性不断增长和实现的过程"①。强调不能通过教育表面形态的改变来界定教育现代化,而是要通过教育的时代内涵与实质精神来界定教育现代化。于是,有学者试图从囊括了丰富的教育现代性本质特点的角度,将教育现代化定义为:教育现代化是教育在时间、空间和要素"三维度"上现代性——人性、公平性、个性、民主性、生产性、终身性、创造性、法治性和专业性等的相对增长,以此促进现代人的全面自由发展。②

然而,关于教育"现代性"的内涵,也存在很大的争议,一是教育理论研究者内部存在争辩,"五特质论""六特质论""八特质论"……层出不穷,到底什么才是教育的核心现代性特质,众说纷纭;二是教育理论研究者与教育实践工作者也存在很大的不同。已有研究表明,教育理论研究学者和教育实践工作者对教育的"国际化""创新性"的关注程度大致相当,但教育理论研究者更加关注"公平""质量""持续性""多样性""全局性""开放性"等特质,它们基本都属于教育现代化的理念层面,主要涉及教育发展的整体布局与方向;而教育实践工作者则更加关注"人的现代化""信息化""治理现代化""条件现代化"等相对比较具体的一些特质。③

"特质说"的问题在于:一是虽然教育的现代化具有一定的共性,但也呈现不同民族、地域的多元个性与特色,其特质是不可能穷尽的。对此,我们可以发现,当前教育现代化的评价指标体系比比皆是,不同的国家、地区、民族,不同类型的教育均有不同的教育现代化评价指标、目次,想用丰富变化的教育现代性

① 褚宏启.教育现代化的路径:现代教育导论[M].2 版.北京:教育科学出版社,2013:31.
② 汤书波.教育现代化 2035:民族教育的理性思考与实践路径[J].现代远距离教育,2019(4):56-67.
③ 张萌.教育现代化:共识、冲突与推进[J].上海教育科研,2017(11):10-14,9.

去准确、完整地规定教育现代化，是难以做到的。二是教育现代性的特质是随着社会发展而变化的，现代性本身具有阶段性、时代性、动态性的特征，每个阶段的教育现代化具有每个阶段的特点，这个阶段规定要达到的教育现代性特质，可能下一阶段就过时了。比如"电气化"曾经作为现代化的发展目标，但是在当前的社会发展时期这一教育目标显然已经不够"现代化"了。正如吉尔伯特·罗兹曼所质疑的："究竟有多少因素应该涵盖进去？各种指标的相对比率又应当定在什么水平上？从长远来看，我们可以预见相应于现代化发展，各种指标发生了多大变化吗？"不能解决以上问题，教育现代性特质的探讨就无法真正聚焦到现代化的核心。三是我国对于教育现代化特质的研究往往从价值观的角度与西方现代教育中的特质进行对话，而不是将这些特质所涉及的各种教育实事看作是历史性的社会文化结构的运作结果。因此，难免会陷入到教育现代化的"价值预设"和"价值定位"的理路上去。可见，教育现代化的特质说定义，仍是一个描述性定义，教育现代性的列举是可以无限添加的，教育表现出来的各种现代性特质与指标难以表征教育现代化的内涵，也无法给出教育现代化一个合理的界定。

（二）教育现代化概念辨析

"教育现代化"与"教育的现代性""现代教育"等相关概念，经常一同出现，似乎有区别，但又经常被混用，有必要对此进行辨析。

1."教育现代化"与"教育的现代性"

要辨析"教育现代化"与"教育的现代性"两个概念，首先要对"现代性"与"现代化"两个概念的来源与内涵进行说明。

（1）"现代性"与"教育的现代性"

"现代性"这一概念，是一个内涵繁复、褒贬不一的西方概念，并且具有其历史性，是一个不断形成发展的概念。迄今为止，它的词义在不同的时期，经历了从贬义、褒义再到贬义的转变。① 大体而言，"现代性"的意识可以追溯到中世纪的基督教，"现代性"意味着世界末日结束，幸福的新的世界的来临。不过受宗教教义的限制，当时的"现代性"不是指向将来，而是指向代表光明和幸福的已逝的古典时期。此时，现代性所蕴含的是对现世的不满。文艺复兴时期，"现代性"被理解为"理性"；后来，黑格尔将主体性作为现代社会的时代精神，使得现代性与个体生命的解放联系起来；马克斯·韦伯则将"现代性"诊断为理性。这一时期，"现代性"的概念具有个体解放和生命提升的积极意义。而后，"现代性"准备走向自己的反面——极端的理性，变成异己的力量摧残和压抑人性，"现代性"一词被理解为贬义的，遭到后现代的猛烈攻击。实际上，"现代性"在马克思的理论中是自带贬义的，这是由资本自带的无法克服的消极后果所引发的。马克思当时所处的现代社会，就是以资本主义生产方式为基础的社会，因此在马克思的理论立场中，"现代社会"与"资本主义社会"是同义词，对现代社会的批判就是对资本主义的批判。马克思批判现代性，实质是批判资本关系，这是马克思理论的核心。在马克思看来，现代社会的弊端是资本关系发展的必然结果，这是资本自身无法克服的消极后果。现代性危机，根本上是由于资本主义存在的弊病，即资本原有存在形态和积累方式的危机。要消除现代性的危机，只有消灭资本主义制度、消灭资本关系才能实现。② 但是，自20世纪后半叶以来，在西方现代性批判理论的话语体系，尤其是后现代化批判理论中，对"现代性"的批判，开始从马克思的社会关系的批判，蔓延到对整个现代社会自然关系的批判。"现代性"这个词开始走向贬义。西方理论界对现代性的批判是基于"理性走向极端"，变成负面的唯科技主义、唯物质主义、唯功利主义，导致生活世界完全被技术化和模型化这一现状而提出的。由此警醒世人要警惕对技术化、物质化和标准化的绝对依赖，避免自己在人格上演变为纯粹物化的机器

---

① 岳龙.现代性境域中的传统：二十世纪二、三十年代中国教育变革中的文化精神[D].上海：华东师范大学，2001：24.

② 庄友刚.在唯物史观中批判现代性意味着什么？[J].马克思主义与现实，2015(6)：15-21.

和工具。在此基础上,后现代主义强调差异化、多样化,以应对现代性的危机。但是,后现代这一差异化、多样化理念,实质是在资本的单一积累方式遭遇瓶颈之后,企图通过寻找多样灵活的积累方式来解决资本的危机,其仍然未能解决资本积累弊端的本质,因而也就不可能解决现代性的危机。相反,后现代不能有效地区分技术本身与技术权力,批判现代科技,拒斥生产力发展,反而站到历史退步论的错误立场之上。当然,这是对后现代理论的一种反思与批判,属于后话了。以上是对"现代性"意义历史理解的发展概观。

而具体到"现代性"这个词语,它的出现则相对晚一点,并且逐渐呈现了中性的理解。当前我们在使用"现代性"一词时,普遍地、习惯地将"现代性"作为一种超越民族界限的某种普适性的现代社会特点。从这一理解来看,"现代性"是基于"现代"一词的词性和词义的延伸。1863 年,文学家波德莱尔在《费加罗报》上发表文章时使用了"现代性"一词,他称寻觅一种"我们可以称为现代性的东西"。据说,这是"现代性"一词的最早出处。当时"现代性"用于表示人所具有的某种品格或事物所具有的某种性质和状态。并且,从英文"现代性"(modernity)的词缀构成来看,它以"现代"(modern)一词为词根加上拉丁名词后缀"-ity"构成,这一词缀通常表示"性质""状态"或"事实"等。如果说"现代"一词是表示一个时间段的概念,那么,"现代性"则更多的是一个表达该时间段的社会生活所应具有的品质或状态的概念。① 也即是说,目前学者们普遍接受了"现代性"一词的中性认识,对于"现代性"一词本身,既不褒扬,也不贬抑,而是把"现代性"理解为现代社会所表现出来的特征、状态、趋势和原则,是人的特定生存状态所具有的基本特质。基于这一中性含义理解的"现代性",已经被世人普遍接受并形成日常的用法。

也就是说,中性的"现代性"一词,既包含褒义,即现代社会的优秀品质;也包含贬义,即现代社会的危机与后果。今天我们所说的"现代性"包含的具体的

---

① 张凤阳.现代性的谱系[M].南京:江苏人民出版社,2012:4.

品质或状态,则是从文艺复兴以来,西方历史与文化中蕴含的独特的文化精神,其主要包括理性,即人类通过理性获得科学知识,以合理性实现控制自然、改造社会的目的。具体而言,现代性品质代表着理性、自由、科学、契约、主体性、创造性、社会参与意识、批判精神等,这些品质被认为是推动人类社会运行的主要支撑力和前进的动力。

基于此,人们对"教育现代性"做出一种界定,认为教育现代性就是现代教育所具有的时代精神与品质状态,是现代教育这一普遍现象的共同特点的概括。在相当程度上,教育的现代性是与传统教育的特性相对立的。

然而,由于后现代主义理论入侵教育领域,"教育的现代性"也难免开始呈现带有贬义的批判倾向。后现代将现代教育中呈现的一些问题,均归为教育的现代性弊病。把教育的问题称作教育的现代性异化,具体表现在:教育异化为盲目追求客观性的自然科学与技术,将具有主体性的人抽象为"物化的客体",导致教育所应该蕴含的人类伦理道德精神被工具理性遮蔽了,使得教育在目的、课程、教学、主体间关系上都发生了异化,导致学生个性的缺失、道德的沦丧、人格的摧残,最终成为技术性的、单向度的工具人。可见,后现代将教育用科学技术武装人才以促进生产力的发展与工具理性对人的主体性的压抑等同起来,它忽视了人类其实是工具性与诗意性的矛盾结合体,最终批判科学技术教育,认为正是教育过于重视科学技术而导致了人的片面发展,阻碍了人的全面发展。

后现代这种排斥科学技术教育,牺牲生产力为代价来实现学生的所谓全面、和谐的发展,是一种教育的"虚假繁荣",以此作为发展中国家的教育指导纲领,则后患无穷。相反,摆脱后现代理论的遮蔽,重新坚持现代主义理论的指导,重视现代科技的教育,坚持教劳结合,充分发展生产力,才能为人的全面发展提供充分的条件。一旦生产力发展到一定高度,人的物质生活资料得到充分的满足,生产力的发展就表现为人类能力的发展。因此,现代性的教育仍然是我国实现现代化的重要手段,也是现阶段实现人全面发展的重要手段。

（2）"现代化"与"教育现代化"

相较于"现代性"而言，"现代化"（modernization）是一个更为晚近的学术概念，但它于20世纪中叶一经提出，随即在风行一时的"现代化理论"中得到了广泛的运用。"现代化"自诞生起就具有"动态"的含义，用来描述从前现代社会向现代社会的历史变迁过程。关于"现代性"与"现代化"的区别，大多数学者认为"现代性"是名词，是指现代社会的某些特质，是"现代化"要达成的目标；而"现代化"是动词，表示的是"现代性"特征积累、实现、展示的过程，尤其是在后发型的国家，现代化是依照发达国家的现代性品质为标准而开展的追逐过程。正如大多数人所认可的，"现代性是现代化的理念，现代化则是现代性的现实"①。

不过，也有学者的观点恰恰相反，认为"现代化"是原因，"现代性"是结果。"现代化"属于实证的，是事实范畴；"现代性"属于规范的，是价值范畴。也即是说，现代化这一过程是一个普遍性的、世界性的历史过程，一个国家或地区是否实现现代化，可以用一些权威的指标来加以衡量。但无法从量的角度来判断一个国家或地区的现代性状态如何，因为"现代性"属于价值问题，涉及目的取向、内在原则、行为方式等合理性如何的问题。因而，即使同样达到了现代化指标的国家，它们在"现代性"方面却可能有所差别，乃至天壤之别，因为它们可以奉行不同的价值理念与行为方式。②

尽管世人对于"现代性"的认识多种多样，但在"现代化"的理解上还是比较一致。所谓"现代化"，是一个世界性的历史过程，"是指人类社会从工业革命以来所经历的一场急剧变革，这一变革以工业化为推动力，导致传统的农业社会向现代工业社会的全球性大转变，它使工业主义渗透到经济、政治、文化、思想各个领域，引起深刻的变化"③。现代化更多涉及的是范围广阔的社会变革，

---

① 汪行福.走出时代的困境：哈贝马斯对现代性的反思[M].上海：上海社会科学院出版社，2000：7.
② 陈嘉明.现代性与后现代性十五讲[M].北京：北京大学出版社，2006：36.
③ 罗荣渠.现代化新论：世界与中国的现代化进程[M].北京：北京大学出版社，1993：17.

包括以工业化为基础的科学技术、经济结构、社会组织、政治运作等一系列领域中的深刻转换。现代性涉及现代化进程所体现的人的生存状态的属性、特征、趋向和原则,而现代化是指社会不同领域及层面的历史变迁过程。

由此可以导出"教育现代化"的概念,"教育现代化"是与社会现代化相伴的一个世界性的历史变迁过程,是古典教育到现代教育的一个转变过程。教育现代化的实质是现代科技在教育中的广泛运用。教育现代化虽然是一个世界性、普适性的发展过程,但是不同的国家、地区、民族具有多样化的发展模式。

2."现代教育"与"教育现代化"

关于"现代教育"与"教育现代化"这两个概念,因为它们具有一些共性,所以常常被混用,其实两者有区别也有联系。

首先,两者表征的教育形态不同。教育现代化,指教育的一个不断发展的过程,强调的是教育的动态性。现代教育,是一个教育的状态,强调的是教育的静态性。为此,有学者将教育现代化定义为"传统教育向现代教育转化的过程"①,把现代教育作为教育现代化的一个理想的目标状态,指出教育现代化与现代教育都有相同的基本特征。然而,也有学者认为,"现代教育"不是与"传统教育"相对的概念,两者不构成矛盾,"现代教育"应该是与"古代教育""近代教育""当代教育"相对的概念。因而,他们根据时间的发展对现代教育进行了定义:"现代教育就是从资本主义大工业生产和商品经济发展起来到共产主义社会完全实现这一历史时期的致力于与生产劳动相结合、培养全面发展个人的教育。"②总体来说,人们普遍能够认同教育现代化是一个历史过程,而现代教育是一个教育的特定状态。

其次,两者的联系在于现代教育是教育现代化这一过程的临界点。正如马克思所言:"正如我们在罗伯特·欧文那里可以详细看到的那样,从工厂制度中萌发出来未来教育的幼芽,未来教育对所有已满一定年龄的儿童来说,就是生

---

① 顾明远.试论教育现代化的基本特征[J].教育研究,2012,33(9):4-10,26.
② 黄济,王策三.现代教育论[M].北京:人民教育出版社,1996:165.

产劳动同智育与体育相结合,它不仅是提高社会生产的一种方法,而且是造就全面发展的人的唯一方法。"①他认为,现代教育是未来教育的较低级形式,是未来教育的幼芽。现代教育是教育现代化的起点,只有教育具备了现代教育的基本特质,教育现代化的过程才算启动。

(三)教育现代化概念再认识

当前教育现代化概念的探讨中,由于方法论存在的问题,导致认识上的某些局限,因而,要以历史唯物主义作为教育现代化研究的方法论。

1.教育现代化概念探讨中存在的局限

应该说,以上关于教育现代化概念的界定都从不同的角度对教育现代化问题做了有益的探索,提出了很多有价值的看法,但是,这些观点又都不同程度地存在局限。

第一,这些观点尽管有某些独到之处,但未正确说明教育现代化的原因和动力是什么。这就导致"内容说"和"特质说"均无法触及教育现代化的实质;也导致教育现代化概念的理解会在"时间说"与"价值说"之间摇摆。

第二,在教育现代化概念的讨论中仍一定程度上存在"线性发展观"的缺陷,如"转型说""追赶说"的观点,就把全世界的教育现代化过程看作绝对化的、一元化的单线发展过程。实际上,各地的教育现代化过程不是绝对向上的,也存在相对停滞和倒退的时期,这在历史上是不乏先例的。当然,也有的国家、地区、民族的教育现代化过程是跨越式的,如我国傣族、藏族等"直过民族"的教育,就未经过传统的封建社会阶段的教育,直接向适应现代工业社会的教育进行跨越式的转变。

第三,在教育现代化特质、特性的讨论上,无论是西方教育的民主性、理性,还是我国教育的儒家精神、道德性,都可以成为教育现代化中的有益特质,教育现代化的具体特质是受社会的政治经济文化结构制约的。以往的关于教育现

---

① 马克思恩格斯全集:第23卷[M].中共中央马克思恩格斯列宁斯大林著作编译局,译.北京:人民出版社,1972:530.

代化的定义中,总是将一些教育理论的或西方的特性简单移植,似乎我国教育的现代化靠理论家的特点灌输和堆砌就能实现。实际上,预设理想特质是不可能为教育现代化指出现实的道路的,因为它们所强调的教育的"现代性"特质都不是现实的社会条件下的教育,而是抽象的教育现代化、西方的教育现代化。

2.以历史唯物主义作为教育现代化研究的方法论

在研究教育现代化之前,纠正错误的历史过程观,坚持正确的历史唯物主义方法论是非常有必要的。马克思主义的唯物史观是把一切问题都提到具体的历史条件下进行具体分析。现代化作为一个理论研究的范畴和对象虽然只有几十年的历史,但现代化作为一个客观的世界历史运动却已经进行了一二百年之久。其中,教育现代化是现代化的一个部分,也是一个历史过程,其概念就是一个世界性的历史范畴。因而,对教育现代化这一历史范畴的理解,要建立在对这一社会现象的宏观历史理解的基础之上。从唯物史观看教育现代化,更有助于真实地把握其内涵。

(1)将教育现代化视为历史的发展过程

在研究教育现代化的过程中,要坚持历史唯物主义的物质性观点。即要坚持"社会存在决定社会意识"的观点,认识到教育作为社会意识,社会存在对其具有决定作用。社会历史总是表现为过程,是人民活动的过程和结果。人的活动会对事变进程产生不同的影响,但人的活动又是与一定的物质条件相联系的。这就要求在观察研究教育活动时,坚持决定论的原则。教育是人的活动,在人的活动中形成,但是又不依人的活动而转移,决定这一活动的最基本的活动是社会物质生产活动。

为此,反对为教育现代化预先设置某些诸如"开放性""民主性""国际性"等特性,继而把教育现代化归结为为教育注入这些特性的过程。而是要强调教育的历史发展不是由单纯的某一或某些"特性"造成的,发觉其特性的背后存在着"看不见的手"即人的需要,尤其是满足人的生存和发展的需要在人的历史发展中起着相当大的作用,这才是教育发展的最终动因。否则,教育现代化会成为摆脱一切历史情境和社会关系,甚至摆脱任何内在规定性的孤零零、空洞洞的"教育自我发展"。以往的教育现代化的设计,遵循的是经验主义的归纳原则,其基本研究方法是用"一小部分成熟的人"去推断"所有的人"。应该承认,西方的教育现代化水平走在前列,学习和借鉴其经验是必需的。不过,完全以此作为模板发展我们的教育现代化是不可能的,也是不应该的。

因而,研究教育现代化首要的是将教育现代化视为现实历史的发展过程。一是坚持物质的分析,在教育现代化研究中应坚持历史唯物论的物质性观点,从物质关系入手作经济的分析,从物质生产的根源中探讨教育现代化的动因,才能不被纷繁复杂的教育现代化表象所迷惑,避免误入歧途。二是坚持动态的分析,虽然主体的活动与一定的物质条件相联系,但是人的活动会对教育现代化进程产生不同的影响,这就要求在观察研究社会生活时,既要坚持决定论的原则,又要考虑到人的主体能动性,正确估计人的活动对事变进程的作用和影响。三是坚持历史的分析,教育现代化这一社会现象是在一定的社会历史条件下发生的,要正确了解这些现象,就要具体地、历史地分析其形成和变化的条件。没有历史感,就谈不上在社会历史领域中坚持唯物主义和辩证法。

(2)教育现代化的研究要坚持社会整体性原则

总体看来,西方现代化理论和发展理论大多是分学科的理论,对现代化问题缺乏整体的概念。马克思对现代社会发展的研究,虽然也包含不同的学科视角,但又在总体上超出这种分学科的研究方法。历史唯物主义研究方法突出表现在其整体性的研究思路上,其中又集中表现为利用"社会有机体"理论武装头脑,在考察现代社会发展时,不能把社会看作"坚实的结晶体",而是要认识到社会是"一个能够变化并且经常处于变化过程的有机体"。①

马克思关于现代社会整体性发展的方法论原则具体包括:第一,现代社会发展需要一定的前提。其实整个社会机体的各个部分是相互制约的,新的社会

---

① 马克思恩格斯全集:第23卷[M].中共中央马克思恩格斯列宁斯大林著作编译局,译.北京:人民出版社,1972:12.

结构和组织形式不能离开原有的基础随意升级、冒进,现代社会的发展必须从现有社会条件出发,利用和创设各种有利条件来为发展铺平道路。第二,现代社会发展是一个"内生"过程。社会中的一切要素要起作用,包括社会遗留下来的和外来的要素,都必须经过机体消化吸收,必须使这些因素"从属于自己"。第三,现代社会发展是一个自组织过程。即社会机体像其他生物机体一样,一开始不是非常健全的,需要经历不断发育的过程,其本身是一个自我修复、自我完善的过程,不断产生新的"器官"。社会自组织能力越强,社会有机体程度越高。在现代社会,大工业控制了生产,分工协作和商品经济使得整个社会成为名副其实的有机体。①

这一整体性的分析方法对教育现代化研究的启示是:教育作为社会有机体的一部分,教育现代化的发展必须与当地的社会整体发展相适应。第一,重视教育现代化的发展前提。马克思在关于社会进化的看法上,把社会物质生产方式看作是社会进化或社会变迁的基础,认为社会进步虽是社会有机体众多因素相互作用的结果,但归根结底取决于社会生产方式的变化。教育是社会的一部分,教育现代化发展的前提必须是现代生产方式,尤其是社会生产力的飞速发展。具体而言,经济社会是教育现代化的前提,教育现代化的发展必须要与当地经济发展相适应。第二,文化传统因素或外来影响因素要对教育现代化发挥作用,就必须符合当地的实际情况,注重增强教育的消化吸收能力,才能成就教育的内生发展,推进教育现代化。第三,教育现代化的发展,离不开社会现代化的发展。

(3)用一元多线的教育发展观代替教育现代化的单线论

教育现代化研究框架主要来源于现代化的研究范式,难免带有现代化研究范式的烙印,而在现代化的分析框架中,单线论的观点仍占有一席之地。

自 18 世纪西方启蒙运动开始,思想家们就提出了现代化的单线论,把全世

---

① 丰子义.现代化的理论基础:马克思现代社会发展理论研究[M].北京:北京师范大学出版社,2017:108.

界不同民族的发展过程纳入一个统一的从低级到高级发展的轨道。20 世纪
50—60 年代盛行于西方学界的现代化理论，清一色是明显的具有西方中心主义
倾向的理论，所持的正是社会单线演进论。西方学者将"现代化"定义为"西欧
和北美产生的制度和价值观念从 17 世纪以后向欧洲其他地区传播的过程，18
世纪至 20 世纪向世界其他地区传播的过程"①。社会单线演进论的代表之一是
美国经济学家罗斯托的"经济成长阶段论"。他以经济发展阶段解释社会历史
的发展过程，把世界各国的社会发展分成了六个阶段，依次为：传统社会阶段、
起飞准备阶段、自我持续增长阶段、成熟阶段、高额群众消费阶段、追求生活质
量阶段，并把不同民族的社会发展都纳入此六阶段依次发展的轨道。因此，六
阶段经济成长理论作为现代化的普适性法则，试图代替马克思的人类社会历史
发展阶段划分。虽然马克思对人类社会历史发展也有五种关于生产方式演进
的阶段式划分，然而，马克思的历史发展观是多线式的而不是单线式的。他在
《资本论》中历史地分析了西欧资本主义的起源与进程，他曾郑重声明："我明确
地把这一运动的'历史必然性'限于西欧各国。"②他认为世界不同地区、不同民
族、不同社会的发展不是整齐划一的同步发展，而是具有不同的发展道路与
模式。

　　单线演进论的核心问题在于机械理解马克思主义"生产力决定生产关系"
的理论，在历史过程中把一种生产关系仅仅适配于一种生产力水平，并将一种
生产关系适应于生产力水平的过程看作一次性的、纯粹的。虽然马克思认为相
应的生产力水平会形成相应的、主要的生产关系，不过，由于每一种新形态的生
产力都具有巨大的能动性、发展弹性和适应性，因而可以有不同的生产关系与
同一生产力水平相适宜。也即是说，有"主要的"生产关系，必然就会有"次要
的"生产关系与同一生产力水平相适应。实际上，每种社会形态都不是单向度

---

① 西里尔·E.布莱克.比较现代化[M].杨豫,陈祖洲,译.上海：上海译文出版社,1996:1.
② 马克思恩格斯全集：第 19 卷[M].中共中央马克思恩格斯列宁斯大林著作编译局,译.北京：人民出版
社,1972:430.

的,而是具有多向度的:首先,它具有特定的环境向度,是特定历史环境中的特殊发展结果;其次,它具有特定的历史向度,是在特定的历史形成过程中所处的一定阶段;再次,它具有特定的空间向度,在同时代世界环境中占有特定的位置。可见,对于任何社会形态的历史性分析,都应该是多维度的、立体交叉的分析。为此,应摆脱社会形态史观的单线发展图式,用一元多线的、辩证的思维方式来重新认识现代化及教育现代化的过程。

一元多线的历史发展观运用在教育现代化的理解中,具体包括:第一,由于每个国家、地区、民族的教育主体所处的自然地理环境不同,诞生了特定的物质生产方式,因而导致教育现代化的发展具有特殊性,呈现不同的发展模式与形态;第二,每个国家、地区、民族的教育现代化不能脱离同时代的世界环境。在当今世界历史发展的过程中,随着交往的频繁,现代科技穿越国家、地域、民族的壁垒,某一教育现代化的过程也受到其他国家教育的影响,通过相互学习与借鉴,教育呈现发展水平趋同的现象,但绝不是教育发展形态的统一。

三、历史唯物主义视域下的文化传统和教育现代化

为什么要在历史唯物主义视角下去理解文化传统和教育现代化的概念?一是因为文化、教育都是社会的有机组成部分,应放在整个社会范围的系统中来分析。用"社会存在决定社会意识""经济基础决定上层建筑"等历史唯物论的基本观点,作为重新阐释文化传统、教育现代化内涵的核心理念前提和基本理论经纬。二是文化传统和教育现代化不是一般的社会范畴,而是一种历史范畴,因而要结合一定的历史形式来考察,文化与教育在不同的历史发展阶段具有不同的作用与地位。历史唯物主义为正确理解文化传统和教育现代化概念提供科学探究的方法。可见,从唯物史观的视角一方面可以更好地理解文化传统与教育现代化的概念,同时能够观察和理解文化传统、教育现代化变化发展的过程及其物质基础和客观原因。

（一）文化传统是生活方式的精神观念体系

从历史唯物主义的角度来理解文化传统，其实是从人的本质即劳动活动去理解文化传统。应充分重视文化传统"由人类创造而又创造人类"的特点，充分重视"现实的个人"和"他们的物质生产活动"是文化的前提，进而科学地揭示文化传统的产生及其发展规律。

1.作为生活方式的文化

据文化学家克罗伯和克拉克洪统计，西方关于文化的定义近170种，他们将其收集到了合著《文化：概念和定义的批评考察》中。在丛林般的文化定义之中，英国杰出的人类学家爱德华·伯内特·泰勒对文化所作的界定被学界誉为经典："文化或文明，就其最广泛的民族学意义来讲，是一个复合的整体，其中包括知识、信仰、艺术、道德、法律、风俗以及人作为社会成员而获得的任何其他的能力和习惯。"①这个定义是一个"大文化"定义，基本等同于人化的自然，实际是将"文化"与"社会"视为同义。在这一概念理解下，无法探讨文化与社会子系统如政治、经济、教育的关系与作用。为此，要探讨文化与教育之间的作用，首先需要对文化的概念做一个界定。

（1）文化是生活方式的总和

笔者认为，文化就是生活方式的总和。这不是原创，早在18世纪，思想家赫尔德就认为每个民族都有自己特殊的文化，其在著作中将"文化"作复数名词使用，被理解为某一特定社会的生活方式总和。19世纪中后期，历史学教授卡尔·兰普莱希特把文化理解为"人类生活的总体"。历史学家恩斯特·伯恩海姆也把文化定义为"社会生活的形式和程序的总和"②。20世纪中叶，人类学家C.恩伯和M.恩伯在《文化的变异》中提出："文化指的是任何社会的全部生活方式。"③费雷德·英格利斯在《文化》中也写道："在今天，'文化'这一用法指的是

---

① 赵文静.马克思主义的文化理论［M］.长春：吉林出版集团股份有限公司,2014:8.
② 何平.中国和西方思想中的"文化"概念［J］.史学理论研究,1999（2）:68-79+159.
③ C.恩伯,M.恩伯.文化的变异：现代文化人类学通论［M］.杜杉杉,译.沈阳：辽宁人民出版社,1988:29.

人们具体的生活方式。"①汤因比在《历史研究》中也提出:文化是一个社会成员的内在或外在行为的规则。② 阿雷恩·鲍尔德温与布莱恩·朗赫斯特认为:"一个群体或阶级的'文化'是该群体或阶级独特的'生活方式',是体现在制度、社会关系、信仰系统、道德和风俗以及对客体和物质生活的运用中的意义、价值和思想。"③文化唯物主义学者雷蒙德·威廉斯把文化看成"包括物质、智性、精神等各个层面的整体生活方式"④。除了国外学者,学者梁漱溟在其《东西文化与哲学》里指出:"文化并非别的,乃是人类生活的样法。"⑤胡适也说:"文化是一种文明所形成的生活方式。"⑥张立文认为:"所谓文化,就是人们在长期的社会生活中聚集起来的生活方式之总体。"⑦有学者认为:"在人的生活世界中,历史地凝结成的、自发地左右人的各种活动的稳定的生存方式,就是文化。"⑧可见,有关"文化"的概念很多,但国内外不少学者仍能达成一致,将"文化"定义为一种生活方式。

马克思、恩格斯也阐发了文化是人们"实际生活过程"的理论,并在《德意志意识形态》中把"生活方式"的概念提了出来,书中提道:"人们用以生产自己必需的生活资料的方式,首先取决于他们得到的现成的和需要再生产的生活资料本身的特性。这种生产方式不仅应当从它是个人肉体存在的再生产这方面来加以考察,它在更大程度上是这些个人的一定的活动方式、表现他们生活的一定形式、他们一定的生活方式。"⑨可见,生活方式作为历史唯物主义的重要概念之一,是指在一定生产方式和全部客观条件制约下的有关物质生活和精神生活

---

① 英格利斯.文化[M].韩启群,张鲁宁,樊淑英,译.南京:南京大学出版社,2008:3.
② 汤因比.历史研究:上卷[M].郭小凌,王皖强,杜宽广,等译.上海:上海人民出版社,2010:19.
③ 鲍尔德温,朗赫斯特,麦克拉肯,等.文化研究导论[M].陶东风,译.北京:高等教育出版社,2004:337.
④ 威廉斯.文化与社会:1780—1950[M].高晓玲,译.长春:吉林出版集团,2011:4.
⑤ 梁漱溟.梁漱溟全集:第1卷[M].济南:山东人民出版社,1989:380.
⑥ 葛懋春,李兴芝.胡适哲学思想资料选[M].上海:华东师范大学出版社,1981:306.
⑦ 张立文,王俊义,许启贤,等.传统文化与现代化[M].北京:中国人民大学出版社,1987:105.
⑧ 衣俊卿.现代化与文化阻滞力[M].北京:人民出版社,2005:2.
⑨ 马克思恩格斯全集:第3卷[M].马克思恩格斯列宁斯大林著作编译局,译.北京:人民出版社,1960:24.

的典型形式和总体特征。它包括人们对衣食住行、劳动工作、休息娱乐、社会交往、待人接物等物质生活和精神生活的价值观、道德观、消费观、审美观以及与这些观念相适应的行为模式和生活习惯。

具体地说,从历史唯物主义视角理解"文化作为生活方式"这一概念,需要明确的是生活方式不限于某一生活领域的活动,它包括人们参与社会生活各领域的全部生活活动,是由社会生产方式和全部客观条件所决定的。因而,作为生活方式的文化,涵盖了人类各民族如何进行生产生活,包括其所有的器具、技术及相关的社会制度、宗教信仰、道德习惯、教育设施,以及语言、衣食住行、家庭生活等。

需要指出的是,文化作为生活方式,不等同于精神生活方式。在日常话语中,经常将"文化生活"与"精神生活"混用,把文化等同于精神层面,尤其是高级的、优雅的精神,人们一谈及"文化"想到的就是在剧场听音乐,或是在画展漫步欣赏名画作品。实际上,文化作为生活方式,其含义很广。生活是与生产相对应的概念,相应地,生产方式与生活方式是一对概念。生产分为物质生产和精神生产,生活则分为物质生活和精神生活,生活方式对应着分为物质生活方式和精神生活方式。

(2)区分"作为生活方式的文化"与"作为知识的文化"

我们在此讨论的文化与教育的关系,是作为生活方式的文化与教育之间的关系,而不是作为知识的文化与教育之间的关系。为此,有必要区分作为"生活方式"的文化与作为"知识"的文化,两者是不同的。我们常说"学校教育要传承文化",这里说的"文化",其实是指"文化知识"。"知识"是人类在实践中认识客观世界的成果,是主体与其环境相互作用而获得的信息及其组织。相应地,"文化知识"是指认识某个民族、群体的生活方式而形成的成果。因为学校时空的有限性、一定程度上与生产生活相脱离等特点,决定了学校教育主要是在课堂中传承作为知识的文化,而不是在课堂中传承作为生活方式的文化。学校传承文化的优势,在于将有关自己民族或其他民族的生活方式的内容组织成系统的知识,通过教师传授给学生,目的是让学生了解并认同本民族的文化,尊重他民族的文化。如在外语的学习中,常常要学生额外增加对外国的文化知识的学习;在留学生教育中,也要引入对中国文化知识的学习。而真正的作为生活方式的文化,只能在生活中传承。

以上两种文化的教育差异,类似于项贤明教授提出的"发生在两个世界的教育"①,即"日常生活世界的教育"与"科学世界的教育"的区别。我们这里所说的文化,是日常生活世界的文化,是活态的生活方式,因而这种文化的教育与传承,是在生活世界的教育,主要是自发的、率性而为的教育,有助于人的社会化发展。而作为知识的文化的教育,则是科学世界的教育,这里所教育的文化,超越了生活世界中常识的层次,是将日常生活世界中的文化进行凝练,变成可供普遍意义上使用的理性的概念体系和抽象符号体系,用以传授和教育的文化知识。因而,对于作为知识的文化来说,其与教育的关系是文化知识是教育的内容,是教育的重要组成部分,是由教育目的所决定的;而作为生活方式的文化,其与教育的关系是教育是文化的组成部分,生活方式对教育的影响是全方位、渗透性的。

(3)作为生活方式的文化不包括生产方式

关于文化与社会其他要素的关系,有的学者认为,文化作为个体的生存方式,从根本上不是与政治、经济等相并列的领域或附属现象,而是人的一切活动领域和社会存在领域中内在的、机理性的东西。因而,在他看来,文化与经济的关系也由二元分立的外在并列关系转变为一种机理和图式水乳交融、血脉相通的内在依存关系,当然不会再有"谁决定谁"的问题了。② 这一观点虽然肯定了文化作为一种行为模式对于人的规制作用,但是却难以阐释文化的来源,相反,这一说法还有将文化这一社会意识作为决定人实践活动力量的历史唯心主义之嫌。在此问题上,笔者坚持马克思主义的观点。马克思认为,物质生产是一

---

① 项贤明.泛教育论:广义教育学的初步探索[M].太原:山西教育出版社,2000:233-243.
② 衣俊卿.文化哲学十五讲[M].2版.北京:北京大学出版社,2015:38.

切历史活动的基本前提和物质基础,生产方式是人们保证自己生活的方式。因而,作为生活方式的文化,不仅不包括生产方式,反而是由生产方式所决定的。

"生活方式"与"生产方式"的主要区别在于:第一,两者所属的范畴不同。生产方式是指人们在获取物质资料过程中结成的人与自然界之间的关系和人与人之间的关系的统一体,即生产力与生产关系的统一体。生产方式说明的是人们生活所必需的生产资料和消费品的生产已经达到的水平,属于客体范畴。而生活方式则说明人们是如何凭借一定的生产方式和全部社会条件,进行满足自身需求的生活活动的,意在表述人的"活动方式",因而属于主体范畴。第二,两者的外延不同。生产方式涉及的是物质生产领域,生活方式作为满足人们需要的生活活动,包括了生产领域的劳动活动,也包括了消费、闲暇等更广泛的领域,具有更广阔的外延。第三,两者的概念层次不同。生产方式是与社会形态处于同一层次的概念,它从社会宏观的角度表述社会形态的运动形式及规律,因此只能从社会形态的层次上研究人类社会出现的几种生产方式;而生活方式既可以是某一阶级的生活方式,又可以是某个家庭、个人的生活方式,因而是个多层次的概念。

(4)生产方式决定生活方式

马克思、恩格斯是从唯物史观探讨文化的产生过程的。在《德意志意识形态》中,他们从直接生活资料的物质生产出发阐述现实的生产过程,把同这种生产方式相联系的、它所产生的交往形式理解为整个历史的基础,由此追溯社会意识产生的过程。马克思、恩格斯把文化作为一种社会意识,认为它是由社会存在所决定的。

文化作为一种具体的现实的生活方式,要受社会存在各因素的影响和制约,主要包括自然地理环境、人口因素和物质生产方式。并且,人们的生活方式也受人的一定的主观因素的制约,不同的愿望、意志、目的,不同的价值观念等也直接与人们选择、接受以及创造怎样的生活方式相关。不过,在这些影响因素中,生产方式对生活方式起着最终的决定作用。

生产方式制约和决定生活方式,一是生产力的发展为人们生活提供了客观条件。生产力的发展对生活方式变革起着决定作用。马克思说:"近年来,任何一种机械发明都不像珍妮纺纱机和精梳纺纱机的创造,在生产方式上,并且归根到底,在工人的生活方式上,引起那样大的改变。"①这段话揭示了生产力作为社会变革的原动力,引发了社会生活各个领域的改变,首先是生产工具的改变,接着引起生产关系的改变,再是社会关系的改变,最后是生活方式的改变。生产方式决定生活方式,是因为生产力的发展为人们生活提供了一定数量的物质和精神生活条件,决定了生活方式量的规定性。生产方式提供一定的产品和劳务消费水平,构成了生活方式的数量的规定,一般地,这种数量的占有量越大,人们的生活方式越丰富多彩。生活方式数量方面的规定性可用生活水平指标加以衡量。社会生产力发展水平越高,社会越是富裕,社会成员就越有机会发展其个性,反过来,社会发展程度越低、越是贫困,社会成员可选择的生存方式也就越有限。

二是生产关系影响生活方式。不同的生产关系决定了人们不同的社会地位,并决定了人们分配和掌握生活资料的多寡,进而造成生活方式的差异。这就是马克思提出的,生产方式中不同的社会分工,产生了不同的阶级,从而产生不同的生活方式。恩格斯指出:"当18世纪的农民和手工工场工人被吸引到大工业中以后,他们改变了自己的整个生活方式而完全成为另一种人。"②这句话表明了不同阶级成员的生活方式往往会带有本阶级的鲜明特点。

并且,政治法律制度等社会制度和上层建筑,是形成特定历史条件下的生活方式的重要社会条件。一种生活方式的形成和演变,在很大程度上是社会政治体制战略转变和政治权力机构决策的直接结果。生活方式不仅同社会关系、社会制度相联系,而且同人们的世界观、价值观、审美观等社会意识相联系。政

① 马克思恩格斯全集:第47卷[M].中共中央马克思恩格斯列宁斯大林著作编译局,译.北京:人民出版社,1972:501.
② 马克思恩格斯全集:第4卷[M].中共中央马克思恩格斯列宁斯大林著作编译局,译.北京:人民出版社,1974:370.

治上层建筑也往往通过占统治地位的社会意识影响人们的生活方式。

2.作为生活方式精神观念的文化传统

正如有学者认为:"传统处于现实存在着的人们的精神之中。"①文化传统属于生活方式的一部分,但它不是外显的生活方式本身,而是隐藏在生活方式背后的一种精神观念体系。

(1)"文化传统"与"传统文化"的区别与联系

首先,两者是有区别的:传统文化是过去传承至今的生活方式。文化作为生活方式,从根本上说是由生产方式制约、决定的。我们根据生活方式产生时的生产方式及其延续的时代,可以将其分为"历史文化""传统文化""现代文化"。那些基于旧的生产方式产生,但现在已经失去了生命力甚至消失的生活方式,可能只被记载在书里或博物馆里的文化,是"历史文化";完全基于现代生产方式而产生的生活方式,就是"现代文化"。只有产生于过去旧的生产方式并且一直流传到现在仍存在的生活方式,才是"传统文化"。文化传统则不同,文化传统是从历史生活方式、传统生活方式、现代生活方式中凝结出来的精神观念体系。文化传统不是具象的生活方式本身,它从多种多样的生活器物、风俗习惯、宗教信仰中积淀出来,但这些多样的生活样式本身不是文化传统,文化传统是影响人具体生活样式的精神观念,尤其指其中核心的价值观念。

其次,两者具有联系:一是文化传统是在传统的生活方式中凝练出来的结果,即文化传统是从传统文化中凝结出来的关于生活方式的价值观念。二是凝结之后的文化传统会影响人的行为,通过外显的生活方式表现出来,呈现为传统文化。文化传统作为精神观念,影响人的精神心理、思维模式,并自发或自觉地去建立相应的文化制度、采取相应的器物。对此,有人会质疑,文化的精神层面支配、决定制度和器物层面,这是否违背了历史唯物主义"社会物质条件决定社会精神生活"的原则? 是不是历史唯心主义的观点? 因此,我们有必要分析

---

① 李鹏程.当代文化哲学沉思[M].北京:人民出版社,2008:371.

文化的运行机制。文化的精神层面对器物、制度所起的决定与支配作用,并不与历史唯物主义相矛盾。这是因为,文化的器物层面的东西,虽然是物质的,却不是社会存在。文化本质上属于社会意识,所谓"社会意识",是指政治、法律、宗教、文学、艺术等思想观点及其物质附件。文化中的"物质"的器物层面,是社会意识的物质外壳和物质附件,本质上仍然是社会意识,可以被称为"实体的社会意识",它不是决定社会意识的社会存在。这些事相、器物是文化这一社会意识的物质表现、物质依托,文化精神必须依托物质外壳和手段,才能传播、传承并发挥作用。"实体的社会意识"是以一定的"观念的社会意识"为转移的,文化的器物层面也是随着观念层面的变化而变化的。因而,要理解一个民族的文化传统,往往要从其精神层面入手,特别是从宗教信仰和价值观入手。例如要了解藏族的文化传统,不可能绕开藏传佛教,作为文化传统精神层面的内容,它是藏族群众对于人的生命本质的洞察,也是我们考察藏族文化传统的起点。三是文化传统要通过传统文化传承下去,下一代人模仿上一代人的生活方式,自觉或不自觉地传承生活方式背后的价值观念。例如,藏传佛教信仰作为一种价值观统摄了藏族群众整体的生活方式,外化形成了相应的制度、器物等独特的、有形的文化生活样态,藏族群众正是在一代一代地模仿和传承中,将这一无形的精神传统传承下去。

(2)文化传统的特点

文化传统具有基本的特质,如群体性、延传性、惯性、整合性、开放性等,具体表现如下:

一是群体性。"民族文化传统"与"文化传统"其实是同义概念,因为文化传统总是具有群体性,是一群人集体共享、认同的观念体系。这是由文化的主体性所决定的。值得一提的是,文化传统群体性的"群",并不是一种生物层面的"群",而是社会层面的"群",它不局限于人的种族,而是指人为了生存而会聚为群体,他们在实践中形成、传承、共享独特的生活方式。文化传统并非孤立独存的实体,无法也不能脱离文化主体的现实生活而独立存在,它是特定群体价值适应或选择的结果。人作为社会历史的现实存在,是"现实生活中的人",文化也因此必定是"活的文化"。所以,谈及文化必是某一特定群体的文化,不存在抽象、孤立、脱离主体的文化及其价值。概言之,人是文化的人,文化也是人的文化。文化本身就是实践的产物,脱离了实践,离开了实践主体的生活,文化就成为无源之水、无本之木,同时也失去了生命的滋养。

二是延传性。文化传统是一个动态的概念,这是因为:首先,"传统"是一个动态的概念。希尔斯认为传统是一个"延传变体链";吉登斯也认为,传统不是凝固的,是流动的。传统具有过程性,传统的动态性表现在其永远处在生成之中。传统是无限的进程,既是自我完善的过程,又是自我否定的过程,传统内部的诸因子不断地在"破坏—冲突—完善"过程中螺旋式前进,这是传统延传的必然逻辑。可见,文化传统是从过去延续到现在,并将流向未来的文化,它像一条大河,具有变化不居的特性。其次,文化传统的动态性,来自文化传统的实质——主客体关系。传统是主客体相互作用的产物,是在人类改造自然和社会的实践活动进程中的产品。传统是"主体客体化""客体主体化"相互作用的变化发展结果。具体来说,人作为有意识的类存在物,将自然草木栽培、修剪成盆景,将木材改造、加工成楼台亭榭,这些盆景、房屋中体现的一种精神、风格、神韵,便构成了文化传统的因素。这种传统的凝聚,是主体意向的"物化"过程,体现了传统是"主体客体化"的结果。另外,这些包含了传统因子的艺术品、建筑等物质产品,其内部的文化精神,又对人改造世界的行为产生影响,进一步内化成人的行为模式,这便是"客体主体化"的过程,文化传统便是如此不断地世代延传下来。再次,文化传统的流变,是说文化传统的变化如同静水深流,是缓慢地变化着。文化传统是随着生产方式的改变而不断改变的,其中有的内容贴近物质生产,在较短的时间内失效而又有新的内容替代它,不过,新的内容会同仍然存在的那些时效较长的旧内容整合,成为一种变化了的传统;而那些离物质生产较远的内容,常常是文化传统中时效较长的旧内容,因为它们不影响物质生产,所以尚且留存着。因为流传的时间久远,它是文化传统中的主体部分、代表部分,但总有一天也要随着生产方式的改变而先后失效,同时又有新的内容在它们失效之时替代它们……传统就是这样,不会大刀阔斧地变化,而是始终保持着新旧整合地变化着,从而支持着表现文化持续存在的文化传统外观。

三是惯性。文化传统虽然是不断变化的,但是又有相对的稳定性,是从变化不居的文化事相中提炼凝聚而成的,在时间上表现出文化惯性。吉登斯提出文化传统能够"在延传与承袭的相继阶段或历程中基本保持着同一性",使得生活在一定区域内的人们能够将共性的文化遗产世代相传。这种文化传统的稳定性在一定程度上表现为凝固性和保守性。文化传统的惯性,也被称为文化的惰性。这是因为,文化传统作为内化在文化主体的价值观念和心理惯习,是该民族成员生存发展的重要依据,自然自发地从上一代延传到下一代。对文化的使用主体来说,直接继承文化传统的成本往往要低于直接创新文化的成本,因而,既定文化传统的稳定性得到了进一步的强化,在没有外力的阻碍下则更倾向于世代沿袭下去。

四是整合性。我们可以在理论和思维领域把文化传统做剖析和切割,但在现实生活中,文化传统作为一个整体是不可分的,它统领了整个族群生活。文化传统其实是一种一贯的文化模式,具有文化的内吸力,具有吸收异质行为的同化作用,对文化内部的组成因素起整合作用。正是文化模式所产生的文化内吸力,使得各种异质的行为呈现出融贯统一的形态,被吸收到一种整合完好的文化传统中去。可见,文化传统是文化内部保持其连续性、一致性、整合性的内吸力,这种内吸力能对文化内部的组成因素进行调适,使得文化内部的组成因素能够连贯一致并保持稳定。

五是开放性。首先,传统与现代是相互交织的。某些人所理解的那种"纯而又纯"的传统,实际上是不存在的。在时间上,传统与现代是交织的、共时的,人们无法用一个分界点来确定之前是传统之后是现代。传统作为一种流变体,它不属于历史,而属于现实,过去、现在和未来以共时态的功能性联系呈现在传统中。其次,传统与现代是相互包含的。传统与现代之间不仅相互联系,而且更重要的是互相包含、互相轮替,呈现出一种动态的循环相接关系。正如希尔斯所言,现代性迟早也会变成传统。文化传统是现代的基础,现代是未来的传统,循环往复,生生不息。文化传统与现代的循环往复的包含关系,更加肯定了传统和现代之间无法割裂的联系。

3.文化传统的核心是价值观念

文化传统的核心属性是价值倾向性,它具有主体性,带有主体的需要,是主体实践的价值尺度,本质上是一种价值评价体系。如图 1.1 所示,文化传统作为生活方式的精神观念体系,包括群体心理、群体思维、群体审美、群体情趣、群体价值、群体信念、群体意志等精神各方面,其中的核心是价值观,价值观是文化传统的灵魂,决定了精神的各方面。

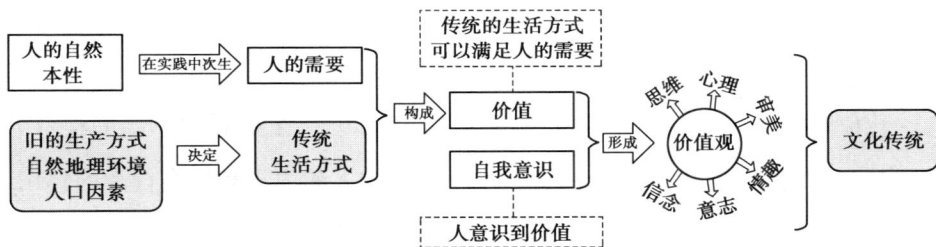

图 1.1　文化传统的形成过程

要说明文化传统的实质是价值观,要从"价值"说起。价值是主客体的客观关系,是客体满足主体需要的程度,由主体需要与客体特性所决定。客体能够满足主体的需要,价值关系就形成了。那"价值观"如何形成呢? 价值观,顾名思义,是关于价值的总观点、总看法。它是人们关于客观对象能否满足主体需要的看法,因而价值观念不回答客观对象的本来面目是什么,也不具体解释主体需要是什么,而是反映某类客观事物对于人和人类的意义或价值,它表现出主体的一种价值追求。为此,价值观有两部分构成:一是客观的价值关系,二是人对价值关系的意识,即人能够意识到这一价值关系,进而形成观点和看法。

由此我们来看作为群体生活方式的价值观——文化传统的形成过程。马克思认为,人与动物是不同的,人的生物学本能(包括食欲、性欲等在内)不是人的需要,只是人的需要的自然前提,被称为"人的一般本性"。"需要"这个词是具有社会性、历史性和实践性的,是人在通过实践改造自然本性的基础上形成和发展起来的。自然地理环境、生产方式使得聚集生活在一起的人群产生了特定的群体需要,进而产生了满足特定群体需要的生活方式,这一生活方式作为满足群体需要的手段,构成了客观的价值关系。这一价值关系构成了价值观的一面,经过反复的生活实践,人们意识到了这一价值关系之后形成了群体意识,因而群体关于生活方式的价值观念即文化传统就形成了。正因为文化传统是生活方式的价值观念体系,所以主体的需要在其中发挥了重要的作用。主体的需要、生活方式不同,文化传统就不同;主体的需要、生活方式是多层次的,文化传统也是多层次的,如大传统和小传统、主流传统和民间传统、雅传统和俗传统等;主体需要的社会历史性,决定了生活方式的社会历史性,文化传统也具有社会历史性。

价值观念是人们基于生存和发展需要,是对于什么是好或不好的根本看法,表示主体对客体的一种态度,具有规范和制约人的内在和外在行为的作用。因为文化传统是生产方式的价值观,必然也规范和制约人的生活方式,它能够将文化主体的日常行为引导到一定的模式中。文化群体当中每一个人的每一个行为都是在一定价值观念指导下形成的,其背后都受到文化传统的掌控。文化传统作为价值观,常常使人自发地、无意识地实施某种行为,它是控制行为的工具,而不是行为的结果,因而不易被觉察到,犹如我们能够看到外界的东西而不能看到用来看东西的眼睛一样。

4.文化传统的评价尺度在于历史作用

文化传统是生活方式的价值观念体系,它是评价生活方式的尺度,同时,文化传统自身也有评价的尺度。

文化传统的评价内容是主体实践。价值观不是认识,因而不能像认识一样以是否符合客观规律作为评价标准,价值观是价值追求,能制约人的行为,是主体实践的价值尺度,因而它的评价要以主体的历史实践为内容。由于人们的行为总是在一定的价值观指导下进行,一定的价值观产生一定的历史行动,所以我们可以根据价值观的历史作用来对价值观做出合理性评价。能够体现历史发展方向、促进历史前进的行为是进步的行为,其背后制约人行为的价值观就是进步的、合理的;相反,背离历史发展方向、阻滞历史前进的行为是退步的行为,这一行为背后的价值观则是落后的、不合理的。

价值观是有先进落后之分的,文化传统也有先进落后之分。我们说民族文化传统没有先进落后之分是不对的,可以说不同民族的文化传统难以用同一标准进行衡量,但不代表它在本民族的发展历史过程中没法衡量,是否满足主体生存与发展的需要,就是衡量标准。评价文化传统的价值尺度在于历史作用。也即是说,文化传统在过去有促进作用,不代表在现在有促进作用,在过去有阻碍作用,不代表在现在有阻碍作用。

（二）教育现代化是教育不断适应社会现代化的发展过程

教育作为社会的一个有机组成部分,教育发展受到社会发展的制约,同时教育要服务于社会发展。因此,教育现代化是教育不断适应社会现代化的发展过程。

1.教育现代化的概念

要弄清"教育现代化"的含义,就必须先弄清"现代化"的含义。之前不少学者对现代化进行了定义,但是存在各种问题,从历史唯物主义视角寻找现代化的起源和实质,更能贴近现代化的本质内涵。

（1）现代化的实质是科技社会化

首先,现代化起源于现代生产。

关于现代化的起源,很多思想家提出不同的看法,大部分从观念、文化、价值、心理层面来解释现代化及其起源,这其中的典型代表是马克斯·韦伯。韦伯与马克思共享两个一致前提:一是都把现代社会的基本特征理解为资本主义,将现代社会的起源问题理解为资本主义的起源问题;二是都承认资本主义现代性的起源是多重历史因素综合作用的特定结果,从现代生产的起源来理解现代社会的起源。但两者的最终差异在于,作用于现代生产的多元因素中最为根本、最为重要的是哪一种。韦伯更加强调宗教观念、经济伦理等"精神气质"的历史作用,认为资本主义的主导因素在于基督教精神的内部变迁即新教伦理的勃兴。而在马克思看来,现代物质资料生产的形成和确立,是现代社会起源的决定因素。

虽然"现代化"一词未出现在马克思、恩格斯的著作表述中,但在其唯物史观形成过程中一直存在关于现代化的思想。关于现代化的起源,马克思和恩格斯通过生产方式的变化划出了人类历史的"现代社会"。对此,我们可以通过《德意志意识形态》《共产党宣言》的论述看到,马克思和恩格斯明确揭示了由蒸汽机引起的工业生产革命开辟的世界历史发展的新时期——现代时期。他们认为,大工业生产是现代化的本质特征。当然,历史唯物主义是多因综合决定论,不是一元技术决定论,现代生产是现代性起源的"最终"根源,并非唯一根源。现代生产的主要内容是物质生活的生产,在物质生产的制约下,现代的精神生产同样也参与、推动着现代社会的起源,从而构成了现代性一个较为次要的根源。

正是现代生产的起源与勃兴,从根基处启动了现代的物质生活、精神生活乃至整个社会生活的发展。从这一历史唯物主义视角出发,我们才能更好地理解马克斯·韦伯提出的新教伦理的社会基础。如果没有现代生产方式的迫切需要和实际推动,很难想象在抽象领域中演化的复杂教义和思辨概念能够迅速被广大民众所接受、所践行,并产生如此重大而深远的社会影响。如果没有现代生产方式的暗中"呼唤"和操纵,也很难理解为何宗教信仰的根基会逐渐枯萎、为何作为"天职"的工作会普遍地退化为赤裸裸的牟利活动。①

马克思研究现代化的根源,是通过现代生产来进行的,现代生产便构成了历史唯物主义审视现代化根源问题的一个基本观点:对现代社会的起源起决定

①　郗戈.现代性的矛盾与超越:马克思现代性思想与当代社会发展[M].北京:中国人民大学出版社,2014:103-105.

作用的是现代生产的形成和确立。从现代生产的角度,马克思把握住了现代化这一历史现象的必然性和普遍性。他从现代大工业和现代科技这两个现代化的基本支柱入手,既把握住了现代化的本质,又把握住了现代化的历史起源问题。现代化这一历史现象是人类社会的必然现象,因而具有普遍性。

其次,现代化的驱动力是科学技术。

现代化的动力问题是社会科学家和历史学家都十分困惑的问题。学者布莱克在《现代化的动力》一书中写道:"如果必须给'现代化'下一个定义,那么可以这样说,它是历史形成的各种体制对迅速变化的各种功能的一个适应过程,这些功能因科学革命依赖的人类控制的知识空前激增而处于迅速变化之中。"①这个定义突出强调了科学技术在现代化过程所起的重要作用。对此,马克思也早已肯定了科学技术作为第一生产力对历史的伟大推动作用:"科学是一种在历史上起推动作用的、革命的力量。"②这些精辟的论述阐述了现代科学技术对于社会的发展具有巨大的推动作用。

现代社会是以现代科学技术为基础支撑的社会,现代化目标的实现,必须要依靠科学技术。现代科技与现代生产相互促进,一方面,现代生产的需要促使现代科技呈现指数级增长。为此,恩格斯认为社会发展本身的技术需要比十所大学更能推进科学的发展。另一方面,现代科技促进社会生产的现代化。邓小平在1978年谈"四个现代化"的时候,也重申"关键是科学技术的现代化"。科技观念的确立、科技内容的优化、科技制度的改良、科技结构的优化以及科技成果的普及,就是社会的现代化发展的助推力。

现代化的中心任务,即是运用科学技术不断提高社会生产力到先进水平。为此,也有学者分析了近两百多年来的世界历史,认为现代化的过程是世界各国先后进入技术社会的历史,于是提出现代化的概念即"技术的社会化"③。现

---

① C.E.布莱克.现代化的动力[M].段小光,译.成都:四川人民出版社,1988:7.
② 马克思恩格斯文集:第3卷[M].中共中央马克思恩格斯列宁斯大林著作编译局,译.北京:人民出版社,2009:602.
③ 谢遐龄.中国文化传统对现代化有无促进作用[J].传统文化与现代化,1994(5):17-23.

代社会是科技化社会,科学技术的运用与发展水平,从一定意义上标志着社会现代化程度。① 因此,笔者拟提出"现代化"的定义:所谓"现代化",就是把当前最先进的科学技术应用于生产生活中,以不断地达到世界先进生产力水平及其支撑的社会先进文明状态的过程。

科学技术的运用和发展水平,从一定意义上标志着社会现代化的程度。现代化的过程,就是科学化的过程,将科学技术广泛运用于现代生活,可以推动整个社会的现代化过程。现代化过程是一个世界性的历史过程,不过,对于落后国家而言,它又不是一个自然的社会演变过程。对于后发型现代化国家来说,马克思和恩格斯指出了其从事现代化建设的一个重要内容,即借鉴和汲取先发型现代化国家的有益内容。正如其在《资本论》第 1 卷序言中写道:"工业较发达的国家向工业较不发达国家所显示的,只是后者未来的景象。"②因而,作为后发型国家的中国,我们的现代化过程,必须是学习西方国家的先进科学技术,以不断提升自身生产力水平的过程。

(2)教育现代化的内涵

在历史唯物主义视角下,教育本质上属于上层建筑,并随着社会存在的变化而变化。现代生产方式取代了传统生产方式,传统教育也要实现向现代教育转变的现代化过程。因而,教育与它所处的社会的现代化进程相适应的发展过程,就是教育现代化的过程。从社会制约教育的角度来看,科技在社会生产生活中的运用,实现了社会的现代化,因而教育要不断适应社会现代化的发展,生发出符合现代社会发展的特征与品质。

教育现代化本质是一个历史的发展过程。在这一过程中,教育现代化会在不同的发展阶段呈现不同的状态,它是由不同的状态递进形成的一个过程。具体而言,一方面,教育现代化是一个历史过程,是长程性的动态发展过程。教育

---

① 黄济,王策三.现代教育论[M].北京:人民教育出版社,1996:9.

② 马克思恩格斯选集:第 2 卷[M].中共中央马克思恩格斯列宁斯大林著作编译局,译.北京:人民出版社,2012:82.

现代化是一个永无止境的历史发展过程,这与我们理解"人的全面发展"的过程是类似的。作为一个理想的价值目标,教育现代化在当前还不能全部实现。不过,教育现代化发展具有不同的阶段,社会发展的不同阶段会对该阶段的教育现代化提出不同要求,使得每个阶段具有不同的教育形态、教育特质,教育现代化的发展就是不同教育形态递进、生成、超越的过程。可以说,教育现代化的发展是没有终点的。

不过,也有人会有疑问,既然教育现代化是无终点、无止境的发展过程,那么为什么我们常常说"实现教育现代化"呢? 这可不是日常不严谨的话语,在我国的权威政策文件中也出现过,如《中国教育现代化 2035》提道:"到 2035 年,总体实现教育现代化,迈入教育强国行列,推动我国成为学习强国、人力资源强国和人才强国。"我们说的"实现教育现代化",到底是实现什么呢? 这是因为,教育现代化不仅是一个长程性的发展过程;另一方面,它也是一个具有不同标志性的发展状态的过程。教育现代化过程有起点,有其产生的标志,也有发展的状态。类似我们以 18 周岁作为成人的标志,人只要年满 18 周岁,就步入了成人的阶段,18 周岁只作为一个成人的标志,成人的过程并没有终结。虽然教育现代化是一个形成性范畴,但是教育现代化也不仅仅是一种理想,而是有现实起点的,也有其现实条件的。教育现代化的起点和开端是现代教育,是对古代教育的超越性变革。古代教育与现代教育的划界点和临界点,就是教育现代化的现实起点。

我们可以根据现代教育的特征,来判定一个国家是否步入了教育现代化的行列,其教育现代化的现实过程是否已经开始。关于现代教育的特质,很多学者都有阐述,在此引用顾明远先生梳理的现代教育的八个特征,即"教育的民主性和公平性、教育的终身性和全时空性、教育的生产性和社会性、教育的个性和创造性、教育的多样性和差异性、教育的信息化和创新性、教育的国际性和开放性、教育的科学性和法制性"。对照以上特质,我国教育的现代性特质虽不完满,但我们也可以发现,我国教育实践中的义务教育普及性已基本实现、教育科学化增加、教育民主化增强……这些教育的现代性特征的增强过程,就是教育现代化的发展过程。不过,值得注意的是,虽然这几个特质是现代教育的特质,也是教育现代化过程的起点和标志,但以上每一个特质都是一个过程或形成着的未完成的过程,到处存在又不完全存在,并且会不断地被赋予新的历史内容,是教育现代化的奋斗目标。因而,我们才说教育现代化是一个有起点但又无终点的、无限发展的过程。

(3)教育现代化的驱动力是现代科技

教育现代化的本质内容揭示,教育现代化的实现是科技运用于教育的结果,科技是教育现代化的外在驱动力,教育现代化的本质是现代科技在教育中的运用。社会现代化的目标,是达到世界先进文明的水平,必须将最先进的科学技术应用于生产生活,教育现代化必须为整个社会现代化的目标服务。教育现代化必须同最先进的科学技术相结合,要了解现代化建设中科学技术应用的新情况、新问题。可以说,教育现代化的目标是通过科学技术在教育中的运用,不断增加教育的现代特质,创造出适应并促进社会现代化的教育。教育现代化的过程,是最先进的科学技术在教育中的运用过程,包括传授最先进的科学技术(教育内容、教育观念的现代化),运用最先进的教育手段(教育物质、教育制度、教育方式现代化),开展最前沿的教育研究(教育思想、教育理论科学化),以实现培养人的现代化(教育目标的现代化)。为此,早有学者提出教育的现代化是指在教育内容、方法、组织形式、教学手段、学制、管理等方面的科学化。① 从教育现代化的各种特质来看,教育的科技化才是基本,其他的特质都是教育的科技化带来的。例如教育的民主化特质,就是科技在教育中的应用带来的结果。由于科技可以带来生产力的提升,能够穿透各阶级、各利益群体的壁垒,因而像传统教育那样实施教育内部的封锁、专制不再适应科技的广泛传播与运用,科技要通过教育的民主化更好地实现普及化;再比如教育的终身性,也是因

---

① 李应远.论转变教育思想的关键:正确处理传统教育与现代教育的关系[J].延边大学学报(社会科学版),1986(4):69-76.

为作为教育内容的现代科技,其更新与传播速度大大提升,使得教育不再有年龄限制,人需要时时学习。

科技广泛运用于教育,具有重要的作用。第一,有助于培养适应现代生产的劳动者。培养人的活动,是教育的质的规定性,也是教育现代化的规定性。教育现代化也要坚持"育人为本",按照社会、时代的要求和育人者的价值取向,培养社会、时代所需要的人才。现代生产所需要的劳动者必须是掌握现代科技的人才。现代生产离不开现代科技,现代科技运用于教育,最直接的就是将科技转化为教育资源,教育传授现代科学技术,用科学技术武装受教育者,培养适应现代生产的人才。第二,有助于提高教育的效率与质量。先进的科技设备与手段、科学的管理体制机制、科学开展教育研究的成果等现代科技运用于教育产生的结果,有助于提高教育培养人才的效率与质量。例如,随着现代自然科学与社会科学的飞速发展,心理学、脑科学、管理科学、信息技术、人工智能等新兴科技成果运用于现代教育中,有效地提升了教育培养人这一活动的成效。

综上所述,教育现代化的内涵包含两个重要的方面:一是,教育现代化的本质是教育整体科技化的过程,教育现代化的问题实质就是教育与现代科学技术结合的问题。教育现代化是以科学技术为基础,以促进人的现代化为任务,适应社会现代化发展的过程。教育必须以最现代的文化、科学为内容,以最先进的设备和技术为手段,以广阔的生活方式(劳动方式、消费方式)为基础,以人的现代化为目标,对青年一代进行教育,否则就不能适应现代社会发展的需要。二是,教育现代化有其社会根源,现代教育是在现代社会上生发出的教育,社会生产的发展才是制约教育现代化的根本因素。即使教育现代化的实质是科技运用于教育的结果,但作为教育现代化驱动力的科技必须来自于教育所属的社会,来源于社会现代化中生产劳动里所蕴藏的现代科技。

2.教育现代化的四层次及其关系

广义上说,教育属于文化的一部分,也属于人的一种生活方式,具有与文化相一致的同心圆结构。为此,我们根据教育体系的组成部分,将教育现代化的主要内容分为四个层次:教育观念层的现代化(包括教育理论、教育思想等现代化)、教育制度层的现代化(包括教育体制、教育治理等现代化)、教育知识层的现代化(包括课程、内容、教法等现代化)、教育器物层的现代化(包括教育设施、仪器、图书、媒体等现代化)。相应地,教育四个层次的现代化过程也遵循文化的形成机制与运行规律。

首先,教育现代化四个层次的地位是不同的。教育观念层的现代化对整体的教育现代化起决定作用。教育作为一种社会意识,其核心是思想观点,而后才是附属的物质附件,也就是在教育现代化中,先有反映生产方式的教育思想和教育规则的形成,然后这些思想观念和内在的行为规则又支配着人们外在的教育行为,包括教育制度的设立、教育知识的选取、教育器物的运用。因而,从教育发展的一般过程来看,不是先有教育的器物、制度,然后才产生教育的精神、思想,而是在一定的经济基础上形成一定的教育观念与思想,然后根据这些观念自觉地去建立教育的制度和器物。正如人们常说的,"人的现代化"是教育现代化的核心,不仅是说教育活动是人的活动,人的素质的提升能够促进教育的现代化,更重要的是,把"人的现代化"作为教育的目的,教育目的的现代化属于教育现代化四个层次中的最高层级,即教育观念层面的现代化,它是教育现代化的深层核心,直接制约着其他几个层面的发展水平。

其次,教育现代化四个层次的实现速度是不同的。一般而言,教育器物层的现代化是最易达到的,教育外部的现代化最容易实现,但是教育内部的现代化(制度、知识、观念层面的教育现代化)通常难以实现。这是因为,从文化的同心圆层次来看,器物、制度层面的实体文化,并不是完全由思想文化所决定的,它们也是一定经济基础上的必然产物,尤其是与生产方式接近的器物、制度文化,它们更加容易随着经济基础的变化而变化。器物、制度文化一旦形成,又必然会和思想文化发生相互作用,它们也可能成为文化观念、精神的认识对象和重要来源之一。为此,教育的器物层面容易受到科技的影响,这是因为科技在器物层次的渗透与应用速度是最快的,教育的器物层面容易随着经济基础的变化而变化,能够最先实现现代化。

3.教育现代化的三要素

有人将教育现代化的要素理解为"教育要素的现代化",他们认为,从教育的要素看,构成教育活动的基本要素是:教育者、受教育者、教育中介系统。相应地,教育现代化的要素就是教育者的现代化、受教育者的现代化、教育中介系统的现代化。笔者认为,这些教育活动的组成因素的现代化,只能算是教育现代化的构成部分或构成因素。把教育的组成因素作为教育现代化的要素,是一种机械的思维模式,是不得要领的,没能抓住教育现代化的内在矛盾,无法弄清教育现代化的核心要素和本质特征。实际上,教育现代化的过程,不等同于教育的各要素现代化的分解,而是需要明确教育现代化过程中的内在动力,从教育现代化的内部矛盾寻找其核心要素。

(1)明确教育现代化的内部矛盾

唯物主义辩证法认为,矛盾存在于一切事物中,事物的运动始终是矛盾的运动,矛盾是事物发展的动力。教育的矛盾是教育存在的根据,是教育发展的动力,解决教育矛盾就是推动教育更好地发展。关于教育内部矛盾的探讨,是一件经典又艰难的事情,学者们对此的观点也莫衷一是,众说纷纭。在此举几个经典的论述,诸如:教育所面临的根本矛盾是人类无社会生活经验和有社会生活经验的矛盾;是社会要求与个体心理水平之间的矛盾;是社会需要和人的发展的矛盾;是社会的客观要求与新生个体成长之间的矛盾,是教育者的思想与受教育者能动作用之间的矛盾;是教与学的矛盾等。[①]

同样,要讨论教育现代化的内部矛盾,也是一件不容易的事情。当前关于我国教育现代化矛盾的讨论较多,并且观点较为一致,可归纳为"传统与现代的矛盾""中方与西方的矛盾""本土与国际的矛盾"等,这些可以归为我国教育现代化的特有矛盾或者外部矛盾之列。但是关于何为教育现代化的内部矛盾的

---

① 瞿葆奎,郑金洲.教育基本理论之研究:1978—1995[M].福州:福建教育出版社,1998:205.

研究却鲜见。谈及现代教育的矛盾问题,黄济和王策三先生认为:"现代社会发展决定性的东西是大工业生产,而大工业生产必需生产者个人全面发展,有之则存,无之则亡。教育要适应于这个规律的正常实现,现代教育的矛盾在于此。"①

笔者在此尝试提出关于教育现代化的内部矛盾的拙见。考察教育现代化的内部矛盾,不能孤立地就教育论教育,而是要把教育现代化置于一个普遍联系的社会背景之下,置于一定的关系域当中。从教育现代化发展所依托的现代社会来看,教育现代化的内部矛盾是社会现代化发展所提出的教育需求与教育发展水平现状之间的矛盾。进一步说,从教育是培养人的活动这一根本任务看,现代社会对教育提出了新的要求——培养适应现代生产的劳动者,即培养掌握现代科学技术发展先进生产力、会改革政治经济制度以适应先进生产力的人。教育现代化的内部矛盾可以说是:社会现代化发展所提出的人才目标要求引发的人的发展需求与受教育者的发展水平现状之间的矛盾。

当今世界,随着经济的飞速发展,现代社会的产品、商品中的文化含量、科技含量越来越高,在经济发展中的作用越来越大;加之科学技术迅猛发展,在生产中应用周期也缩短,生产出现世界性潮流,即科技穿越国家、地域、民族的限制,以商品的形式流通、交换;社会生产中的劳动变换、职业流动空前加速;而且,科技已经渗透到人类的所有活动中,不仅仅是国民经济,还渗透到工作、休闲、社会机构、通信、环境等多方面的现实生活中……这些都是我国教育面临的新形势和新问题,对当前教育目标提出新的要求:受教育者应掌握多种基本的科技知识和技能,同时着重培养人全面的素质,淡化专业,强化素养,培养"厚基础、宽口径、素质强"的人才。但是,由于整体经济发展水平落后、用人体制等问题,"学非所用""用非所学"的现象在我国尤其突出,我国人才培养还存在很多问题,诸如教育与生产劳动结合还不足,培养的人才难以满足社会现代化建设

---

① 黄济,王策三.现代教育论[M].北京:人民教育出版社,1996:174.

需要,受教育者的发展水平与社会现代化的人才目标要求之间的差距仍然较大,两者之间存在的水平差距,就是我国教育现代化发展的内部动力。

(2)确立教育现代化的核心要素

基于教育现代化的内部矛盾和动力,教育现代化的核心要素如下:

首先,以实现人的现代化为根本目的。

教育现代化的首要特质在于,其将人的现代化即人的全面发展作为教育目的。教育现代化不是抽象地设定一个教育发展的状态,而是实现人的现代化的培养过程,也即实现人的全面发展的过程,教育现代化的根本目的是培养全面发展的人。全面发展的人的理想,早已有之,但只有现代化社会,才为全面发展的人的培养提供了主客观条件。马克思关于全面发展的理论有两个鲜明特点:第一,它不是简单地从量上去规定全面发展的,而是赋予它深刻的历史与阶级内容,主要谋求最广大的人民群众即人类绝大多数并且是数千年被剥削被压迫的直接生产者在智力方面的发展;第二,全面发展主要是指个人自由、充分、独创地发展,谋求每个人提高自身的精神境界和知识能力等力量去更好地创造新世界,逐步摆脱屈从和被动以及各种身体上和精神上被奴役的地位。①

现代生产对劳动者的素质要求越来越高。现代科技广泛运用于现代生产,提高了生产社会化和管理科学化的水平,引发了生产力要素的质的变化,对劳动者的素质也提出了新的要求。现代生产的水平和方式,决定了劳动力的规格,也决定了教育所培养的人的规格。生产力是由生产过程所使用的生产资料和具有一定生产经验、劳动技能并使用生产资料实现物质生产的劳动者构成的,生产力是在劳动过程中结合在一起的、共同起作用的物质因素和人的因素的总体能力。在现代化大生产中,计算机、互联网控制的自动化的、庞大的物质技术设备,对现在从事生产的劳动者的生产经验、劳动技能以及运用生产工具的本领提出了新的高要求。教育现代化水平的提升,主要任务在于探索现代化

---

① 黄济,王策三.现代教育论[M].北京:人民教育出版社,1996:175.

的生产向劳动者提出的智力的、体力的新要求,进而设计人才规格,以符合现代化生产对新的劳动力素质的要求。

其次,以现代科技为教育内容与手段。

在现代社会,生产力的演进速度比农业社会要快,科技的作用更大,这就是现代教育所处的历史背景。现代生产中科学技术是强大的生产力,现代生产对科学技术的依赖,加强了科学技术在现代教育中的地位,现代教育的核心是培养掌握现代科技的生产者。①提出教育内容科技化的要求。要求受教育者系统地学习科学知识与综合技术。②提出教育活动科技化要求。将最科学、最先进的教育手段、方法引入到现代教育中,充分发展教育技术,利用现代化的设施与手段,改变教育信息的传递方式,促进教育的普及;采用科学的教育方法,提高教育效率,保证教育质量。③提出教育发展科学化的要求。必须发展教育科学,丰富现代教育的概念,使得现代教育理论的自觉性或理论水平向着更高阶段发展,为教育能够高效地培养现代生产人才提供科学基础。

最后,以教劳结合为实现途径。

教育与生产劳动相结合既是教育现代化的实现途径,也是教育现代化最基本的特征。不与生产劳动相结合的教育,不能被认为是现代教育。由于科学技术在社会生产和社会生活中的重要性越来越大,而它本身又不断发生新变革,教育为了适应这一变革的必然发展趋势必须与生产劳动相结合,这是现代社会生产对教育的新要求。

现代大工业生产使得社会生产发生大变革,由经验变成科学,由手工操作变成机器加工,社会生产方式的变革促使体力劳动和脑力劳动彻底分离。同时,社会大生产逐步走向科学化,必须运用科学的原理和方法不停地变革。这就直接导致了对劳动力要求的变革,使得劳动者要参加生产或适应社会生活,就必须具备基本的科学原理知识,同时有读、写、算的基本知识技能和一般文化做基础。因而,要求劳动者在劳动过程之外必须参与专门的教育,这一教育要与生产劳动结合,以使得劳动者学习和掌握一般文化知识、科学原理和生产技术,教劳结合是教育的大生产性这一本质特点和根本职能的实现手段。

　　值得一提的是,随着现代社会生活的各个领域与社会生产的联系愈加密切,生产劳动的概念也相应地扩大,比如当前社会的第三产业几乎囊括了整个社会活动。因此,教育与生产劳动相结合呈现出新的特点,教育结合的生产劳动范围更为广阔,已逐步发展成为教育与社会经济、政治乃至整个社会生活相结合。

2

文化传统作用于教育现代化的机理认知及其隐忧

　　关于文化传统对教育现代化的作用,学界已形成一些共识,如大多数人都认同文化传统能在一定程度上或决定、或促进、或阻碍教育现代化的发展。至于文化传统对教育现代化产生各种作用的原理,不同的认识则有不同的说法。如有的从"体用关系"、文化对教育的"包含关系"去分析文化传统对教育的决定作用,有的分析了文化传统对教育现代化的适应性、激励性、超越性的促进作用,有的则从文化传统的反现代性、教育的先导性去分析文化传统的阻碍作用。总体而言,已有的研究仍有一些问题:一是在探讨中过于关注文化传统对教育现代化的作用结果,沉溺于作用效果的争论,而导致对内部机理的忽视;二是已有的研究主要以具体的案例为分析对象,特别是以中华文化传统对教育现代化的作用为案例,导致过于关注文化传统本身的民族性和教育现代化的特殊性,反而忽略了对普适性的作用规律的凝练;三是文化传统对教育现代化作用的弥散性与渗透性,以及文化传统与教育现代化两方各要素之间错综复杂的关系,加大了揭示作用机理的难度。因而,当前已有研究并未能说明清楚文化传统作用于教育现代化的内部规律,作用机理仍然悬置。

　　由于文化传统作用于教育现代化的内在机理仍然不明晰,导致了教育理论上的混乱与实践中的乱象。为此,有必要深入去分析文化传统对教育现代化的作用机理,以更好地发挥文化传统的作用,促进我国教育现代化的发展。

一、关于文化传统对教育现代化作用的认识概观

　　从 20 世纪初我国现代化起步之时,学界就开始了对文化传统与现代化关系的讨论。教育现代化作为社会现代化的重要组成部分,一直也是现代化探讨的焦点问题。关于文化传统对教育现代化的作用,主要存在"决定作用""促进作用""阻碍作用"三种主要的观点。

（一）决定作用观

　　关于文化传统对教育现代化的作用,有学者从"体用关系""包含关系"分

析,得出文化传统决定着教育现代化的结论。

1.体用关系观点:文化传统是教育现代化的本体

在文化传统与教育现代化关系的探讨中,有一种观点认为:文化传统是教育现代化的本体。这一观点其实是清末洋务派"中体西用"教育宗旨的延续。他们将文化传统作为"中体",将教育现代化等同于教育的西化,作为"西用"。当时张之洞在《劝学篇》中的系统论述主要强调教育以中国的纲常为本,取西方的科技,他认为"故为学首先应明先圣先师之教,涉猎子集,考识治乱,精通国学文章,然后方可择西学之可以补吾阙者用之,西政之可以起吾疾者取之"①。他主张的中学是传统的儒家经史之学,西学则是西艺、西文或西政,因而,洋务派设新学、改科举、聘洋人、派留学等教育举措,当时也是惊天动地的改革举措。不过,张之洞的思想具有鲜明的时代烙印,表面为接受西学,实际为反对维新变法改革中国体制,仍是在维护和保存中国的纲常名教,使得当时的教育改革实践有"戴着铁链跳舞"的遗憾。

现在的"体用"观念已不同于张之洞的"中体西用"思想,但对于教育现代化与文化传统两者的顺序,"中学保本、西学管通"的本质仍然是不变的。随着体用思想的发展,何为"体"与"用"?后来的学者与思想家有不同的观点,概括来说主要有两种含义:第一,是本体与现象的关系。在中国传统哲学中,"体"是事物本质的、内在的方面,即主要方面;"用"则是"体"的派生物,泛指事物的表象、支脉,即次要方面。二是本体与其作用、功能、属性的关系。在这里,"体"代表的是"文化的民族主体性",指的是文化的"运作主体、生命主体、创造主体和接受主体","用"则是指文化的作用、功能、属性。②

具体到文化传统与教育现代化两者的关系,一方面是指文化传统是本体,教育现代化是现象或派生,教育现代化必须要在文化传统的土壤中生发和成长。对此,梁漱溟先生就是持这一观点的代表,因而在新式教育试行时期,他对

---

① 张之洞.戊戌前后的痛与梦:劝学篇[M].桂林:广西师范大学出版社,2008:44.

② 方克立.评"中体西用"和"西体中用"[J].哲学研究,1987(9):29-35.

新式教育进行猛烈批判,被人称为"文化保守主义"。他直言不讳地指出:"学校制度自从欧美流入中国社会以来,始终未见到何等的成功,倒贻给社会许多的病痛。"①他认为学习西方的新式教育,对中国来说是"祸害",因为中国的社会并不具备西方社会的种种条件,生吞活剥地将西方教育制度照搬到中国,自然是"方枘圆凿,格格不入,强行移植,淮橘为枳"。中国在经济上不同于西方资本主义,教育却一味模仿西方教育,即使在细枝末节上进行修正,与社会的大方向不一致,终归要失败。因而,他主张回到中国文化传统的乡村土壤,立足乡村办教育,创办乡农学校。他建立以"乡学村学"为基点的儒家民间教化组织系统,以期在奠定中国文化根基和树立儒家人生志向的前提下,"融取现代文明以求自身文化之长进"。②

现代也有学者持文化传统的本体论,认为发展教育现代化的前提是必须固守中国文化传统教育的基本精神,超越是固守的必要手段,固守是超越的终极目标,"技"和"用"的发展是"体"的新鲜血液和滋补养料,目的是使"体"更为坚固、稳定、强大、壮实。③

有的学者主张教育现代化要在文化传统中内生出来,教育的现代性植根于民族的文化传统,提出未来中国的教育现代化必须走内生追赶型的道路。内生追赶型教育现代化要确立中国传统教育的地位,要对中国传统教育进行自主的改造,学习、借鉴外国现代教育绝不是用它取代中国传统教育,而只是用它促进中国传统教育的现代性高速增长,实现中国传统教育向现代教育的快速转变。④

另一对体用的理解,则是将文化传统作为"主体",在教育现代化过程中,指各文化教育主体要交流合作、相互理解与尊重对方所选择与创造教育现代化的发展道路与理论。为此,有学者通过对教育现代化实现主体的历史分析发现,提出多元性是教育现代化的内在特质,教育现代化必然是一个生机勃勃的教育

①　梁漱溟.梁漱溟全集:第4卷[M].济南:山东人民出版社,1990:836.
②　梁漱溟.梁漱溟全集:第5卷[M].济南:山东人民出版社,1990:401.
③　周明星.中国教育现代化论纲[M].北京:红旗出版社,1999:59.
④　郭永华.内生追赶型中国教育现代化模式研究[M].海口:南海出版社,2009:267.

发展生态。由于主体所承载的文明资源、文化传统不同,每一个教育现代化的实现主体都有立场差异、认知差异、实践方式差异,其推进教育现代化的立场和方式也不同。基于此,多元性是教育现代化的内在特质,其由教育现代化的实现主体负载并表现出来,主要表征为实现主体多元、主体所拥有的文化传统多元、不同主体所实施的战略和策略多样性等。[①]

为此,有学者明确说道:背弃传统的教育现代化是殖民地化或半殖民地化,培养的不是有益于社会和个体发展的人才,而是站不直立不稳的奴才。同时,盲目的国际视野和狂热的文化引进,舶来的也只能是漂亮的肥皂泡,无法在个体的生活基础和经验背景下找到落脚点。除了标榜自己能够"知人所知",眩人耳目之外,并无益处。[②]

2.包含关系观点:教育是文化的组成部分

有学者认为教育是文化的一个因素,是一种文化形式、文化行为,因此,文化决定教育。持这一观点的学者认为,正因为教育是庞大文化体系的一分子,文化体系包含了教育,教育只是文化的一个组成部分和表现形式,因而它时时处处受着文化的制约。有学者引用霍尔斯(Halls,W.)的说法:"'教育'作为抽象概念在本质上就是指一种文化现象",由此"每种教育制度都源于它得以存在的文化环境"。提出教育现代化的过程,实质上就是一个文化现代化的过程。[③] 教育实际是使人"文化化"的活动,教育是一种文化活动,它是文化的传递与传播,是文化的净化与升华,是文化的创新与发展。教育活动是以文化为基石,以文化为媒介,以文化为实体的活动。因为教育是一类文化形态,教育从形式到内容,都深深打着文化的烙印,教育是一种社会文化合力的过程与结果。每个国家都是从自身的文化模式与教育传统出发,因而实施的教育体制、教学风格以及具体的教育目标都会有所差异,东西方的文化差异导致了教育方式的差

① 张权力,杨小微,张良.教育现代化的文明本义及多元性特质[J].教育理论与实践,2017(22):21-25.
② 范远波.论教育现代化与民族文化传统[J].贵州师范大学学报(社会科学版),2009(1):113-117.
③ 岳龙.中国教育的现代性文化困境[J].教育发展研究,2006(20):42-45.

异,同时文化理念决定了教育理念。

也有学者认为文化传统决定了今天的教育内容。文化传统是一个民族文化的历史性积累,是民族文化通过文化继承走到今天表现出的特征,对传统文化的继承是一个民族教育的重要内容。中国历史悠久,先哲前辈以其智慧创造了丰富的文化,传统的哲学、艺术、科技、美学等思想,各种艺术流派等都成为今天教育的重要内容。[①]

(二)促进作用观

人们在谈文化传统对教育现代化的作用时,习惯于谈它的阻碍作用,而文化传统对教育现代化的促进作用常常被人忽略。但还是有学者从以下几个角度肯定了文化传统对教育现代化的正向作用。

1.适应作用:合理内核适应教育现代化

持这一观点的学者,认识到文化传统的普遍性。他们从生物学的角度指出,不论什么种族、民族、地域、阶级、时代的人,都属于动物界、脊索动物门、哺乳纲、灵长目、人科、人属、智人种类,他们在生物种类上的本质都是一样的,具有相同的生物结构和相似的身体机能,都会经历新陈代谢和生老病死的过程,具有相似的身体感觉和心理需求。因而,其基本生存、生产、生活需要和社会组织服务的需求具有相似性,使得文化传统必然具有某种人类普遍性。正如顾明远先生所言,民族文化传统中代表整个人类发展方向的内容与元素,不属于旧质文化,"相反,它们能在现代化潮流的冲刷下焕发出更加旺盛的生命力"[②]。

文化传统在发展的过程中,既受特定时代条件的制约,是一定时代精神的反映,同时也具有超越一定历史阶段的通用性,对不同时代的教育具有一定的启迪意义,对整个教育活动具有重要的推动作用。为此,林毓生教授认为,中国文化传统的"创造性的转化"过程中必须同时满足价值合法性与历史合法性的双重要求,即一方面要符合现代化的价值导向,另一方面要使传统的素质得到

① 陈华文.文化学概论新编[M].北京:首都经济贸易大学出版社,2009:210.
② 顾明远.民族文化传统与教育现代化[M].北京:北京师范大学出版社,1998:22.

创造性的落实。[1]

基于此,有学者提出要从我们的文化传统中去寻找教育的现代性:在我国当前实现教育现代化的过程中,需要认真分析我们所面临的具体历史条件,从塑造新的教育文化精神入手,充分利用现代性文化和我国教育传统中的积极因素,打通二者之间的阻隔的桥梁,实现教育精神文化建设方面的新突破。要用世界性的眼光来发掘现实基础上中国成功的本土教育经验,并以之为基础来吸纳传统教育的精华、西方教育现代性的合理内核,以面向未来为主导来重新创造属于我们自己的教育现代性。[2]

作为我国文化传统重要组成部分的教育传统,教育传统的现代转化,既要继承中华文明的恒久价值,又要转化为现代文明的核心价值,推进民族教育传统走向世界舞台,为全球教育发展贡献中国智慧。具体而言,在当代社会要树立人类命运共同体的视野和立场,把握教育中的本质关系,超越国家、民族、地域的差异,实现教育传统转化的包容性机制,打通教育互动交流的开放性通道。如我国的孔子学院、新儒学在海外的兴起,就是全球化视野下中华优秀教育传统现代转化的世界价值体现。

2.激励作用:民族精神激励教育现代化

顾明远先生提出,民族文化传统是一个民族发展的动力和源泉,它能形成一种民族精神,激发民族活力,从而使民族在复杂曲折的现代化道路中获得新生。从世界文化史来看,现代化国家一个强有力的精神杠杆就是本民族强烈的民族意识和爱国主义精神。这些国家的人民总是以虔敬的心情缅怀着自己的文化传统,对于本民族的历史文化遗迹都倍加珍惜和爱护。数千年来中华民族的爱国主义精神团结了占世界总人口五分之一的人民在自己统一的国土上抗击侵略者和建设自己的家园,为祖国的现代化出力。[3]

---

① 林毓生.中国传统的创造性转化[M].北京:生活·读书·新知三联书店,1988:291.
② 岳龙.中国教育的现代性文化困境[J].教育发展研究,2006(20):42-45.
③ 顾明远.民族文化传统与教育现代化[M].北京:北京师范大学出版社,1998:22-23.

正如有学者认为,民族文化传统是民族的整体生活方式及其价值系统的凝结,是一种世代相传的精神生活习性和符号系统。它作为现代化追求中流浪者的一种心灵港湾和精神家园,不但能够给他们提供归依的立足点和出发点,而且能满足其社会成员的文化归属感和稳定感。① 这一观点指出了民族文化传统对于人的精神动力作用的根源。

还有学者认为,民族文化传统能够为吸收和改造外来文明提供内在的依据。民族文化传统作为中西文化冲突中的重要一极与外来文明形成了一种张力,在彼此相生相克的过程中使自身得以更新,从而推进了中西文化的融合,使得西方的文化思潮以波浪形的方式向着具有生机的民族传统回归。②

也有学者从我国当下的现代化进程中分析文化传统的精神动力作用,认为从我国现在的社会基础来看,以实现中华民族的伟大复兴而促进新的民族精神的建立,无疑是最具有认同感的文化号召,也是中国教育变革最为深厚的精神支撑和内在凝聚力的强大源泉。而从中华民族伟大复兴角度出发的教育文化重塑,意味着一种全球化背景条件下新的"中国性"的重构。③

这一文化传统的激励作用在后发型的教育现代化过程中,表现得更加突出。这可以从我国教育学者对于中华文化传统充满自信的言论中窥见一斑:尽管我国教育现代化起步较晚,但也无需唯"先行者"是从,亦切忌妄自菲薄、迷失自我。中华泱泱大国,拥有五千多年灿烂辉煌的历史与文明,祖辈们传承下来的优秀传统文化能为推进教育现代化提供源源不断的内在动力。一方面,把中华民族传统文化的审美旨趣引入教育现代化过程中,新时代教育现代化要摆脱西方意义上教育现代化的机械性,中华传统文化中特有的诗意色彩对人的全面发展具有重要作用,人的精神品格会上升到真正的高度。另一方面,体会中华传统文化中的微言大义,树立文化自信,摒弃西方中心论,塑造中国特色社会主

---

① 范远波.论教育现代化与民族文化传统[J].贵州师范大学学报(社会科学版),2009(1):113-117.
② 冯天瑜.人文论丛:2000年卷[M].武汉:武汉大学出版社,2000:52.
③ 岳龙.中国教育的现代性文化困境[J].教育发展研究,2006(20):42-45.

义制度下的主人翁气质。① 确实,文化传统一直作为维系社会人心、动员社会资源的主心骨、机制和力量,它的精神激励作用是不可消解的,是科学技术、工具理性绝对代替不了的。

3.超越作用:教育现代性的文化救赎观

文化传统对教育现代化的促进作用还体现在,在后现代主义的视域下,社会发展的"现代病"已经传染到教育领域,很多学者已经疾呼"教育病了",面对教育现代化过程中出现的现代性弊病和困境,文化传统具有超越和救赎的作用。

儒家文化传统对于社会现代性弊病的救赎,早已有学者关注过。梁漱溟就明确表示:西方的科学、民主固然值得东方人学习,但由于东西方文化路向不同,过于急迫而向前的西方文化已"走到了尽头处"。他认为,需要改变学习态度,"走孔家的路",用儒家文化去弥补调和之。② 学者狄百瑞指出:"现代化起初被认为是和西方科学、技术、工业的进步及亚洲大规模采纳的专业技术教育平行。直到后来,一些旁观者因东亚某些地区惊人的经济奇迹,才意识到这个过程中本土文化起的作用,或通常社会经济术语中所谓的'儒家职业伦理'。"③ "中国大陆和中国台湾、中国香港,以及新加坡、韩国等的现代化运动中,民间社会的儒家伦理教化的积淀起了积极的作用。在文化小传统中,勤俭、重教、敬业、乐群、和谐、互信、日新、进取的观念,无疑是经济起飞的文化资本。"④

关于我国教育现代化面临的困境,主要在于现代工具理性对人文性的挤压,导致人的主体性让位于科学技术与经济的发展,个体自身多样性的需要、兴趣及个体社会化所需形成的品德、个性在教育中遭到忽视。有学者提出了三重困境,分别是:"布尔乔亚"资本主义人格困境、国家政治经济生活的裹挟以及工

---

① 申国昌,申慧宁.推进教育现代化的意义及路径[J].河北师范大学学报(教育科学版),2019(2):9-12.
② 黄书光.教育现代化动变中的传统元素及其开掘[J].高等教育研究,2014,35(12):13-17.
③ 黄书光.教育现代化动变中的传统元素及其开掘[J].高等教育研究,2014,35(12):13-17.
④ 郭齐勇.中国儒学之精神[M].上海:复旦大学出版社,2009:133.

具理性的宰制。具体而言,首先,教育现代化从一开始,其培养的人就可能具备"布尔乔亚"式的资本主义人格,这是教育现代化在起点即可能陷入的人才培养困境。其次,在教育现代化推行的整个过程中,国家行政主义以及经济的外在推力始终保持对教育现代化发展的张力,对教育现代化提出外在发展需求,国家政治以及经济引领着教育现代化发展的方向、路线、目标。尽管这种外力裹挟客观上对教育现代化的发展有较大的积极作用,但并不能完全遮蔽其对现代教育运行过程中教育的相对独立性的冲击。最后,在教育现代化发展的各时间节点的监测评价上,工具理性频频深度介入其中,对教师专业发展的考核、教育现代化若干指标的监测,充分展示了其威力。教育现代化中人的因素、物的因素、技术的因素等被工具理性所宰制,工具理性成为教育现代化进程某一时间节点质性评价的重要依归。① 也有学者提出教育现代化的现代性危机表现在生态意识薄弱产生的生存风险、传统传承颠覆引起的历史断裂、工具理性霸权导致的功利取向和价值理性漠视带来的精神道德困境等方面。②

　　针对教育的"现代病",不少学者开出中国文化传统的处方——儒学,提出要全面复兴中国文化传统。尤其是 21 世纪以来,随着海外新儒学、"中国传统文化热"兴起,"中国经验"开始受到重视,学者们逐渐主张从中国文化传统中寻找教育现代化的动力。他们认为,儒学的人文教育价值恰恰在调整人与人、人与社会的关系方面,起到了很好的价值导向作用,因此,当代教育和儒学发展要破除现代性危机,需相互支持,共同作为。在整个社会包括教育面临现代性危机的情况下,复归传统成为破除"现代病"的一种选择。儒学所蕴含的传统人文价值与现代社会所弘扬的人文精神具有内在一致性,其深厚的人文教育价值对中国社会及人的现代化具有启示意义。人的精神回归已成为 21 世纪的普遍呼声,儒学作为世界性的宝贵精神文化资源之一,将持续发挥其独特的魅力。③

---

① 李世奇.教育现代化的现代性困境及超越[J].现代教育管理,2018(12):1-6.
② 袁利平.教育现代化的现代性向度及其超越[J].陕西师范大学学报(哲学社会科学版),2020(1):159-168.
③ 夏泉源.儒学的现代人文教育价值重建[J].教育科学研究,2016(6):58-61.

（三）阻碍作用观

文化传统会阻碍教育现代化的发展，这也是关于文化传统对教育现代化的作用的一个普遍的观点，各家各派主要从"文化传统具有反现代性""教育具有先导性"等方面来论证。

1.文化传统的反现代性观点

有学者认为文化传统阻碍教育现代化，是因为文化传统具有"反现代性"的特质，因而不利于教育现代化的发展。为此，反传统成为 20 世纪中国思想史的显著特征之一。在当时以西方为新标杆的社会背景下，中国知识分子诸如胡适、陈序经开始了"全面反传统""全盘西化"的思想历程。余英时说："当时，'传统'却被多数人看作一个贬义词，人们对于'传统'所涵摄的确切意义并无适当了解，对于'传统'的憎恶径达于极点。"①有学者认为基于儒家传统的文化价值观念、规范制度、行为方式、教育观念等才是近代中国落后与挨打的思想根源。"如果要进行意义深远的政治和社会变革，基本前提是要先使人们的价值和精神整体地转变，如要实现这样的革命就必须激进地拒斥中国过去的传统主流。"②于是，与"传统"沾边的价值观念、制度规范、实物器具等统统被视为糟粕，成为当时如"暴风骤雨"般的批判的靶子，最终演变成只要是旧的就要抛弃，人们开始不分优劣地全面反传统。

在当时的社会背景下，反传统的思潮波及教育领域，在教育现代化过程中把文化传统视为一种负担，要极力摆脱它。尤其是把孔子以及儒家思想作为现代教育的对立面，并且认为教育要实现现代化，就要从批判孔子开始，为此"儒学和祖国遗产遭到全盘否定"③。直到现在，仍有学者认为，不仅中国文化传统中缺少教育现代化所需的内部推力，而且它还是中国教育现代化的"沉重负累"。

① 余英时.文化评论与中国情怀·上[M].桂林:广西师范大学出版社,2006:121.
② 林毓生.中国意识的危机[M].穆善培,译.贵阳:贵州人民出版社,1986:3.
③ 不详.五四:文化的阐释与评价[M].太原:山西人民出版社,1989:29.

还有学者认为教育现代化与文化传统是完全异质的,教育传统与现代化之间存在严重的对抗。后发外生型的教育现代化,"往往是从外部引入与本土完全不一致的现代性因素时开始启动的,这时,在其本土社会结构中更多地充满了传统性的因素。"①

虽然从今天看来,近代中国知识分子否定传统并不是自觉推进的,而是为应对外来压力而被迫进行的。在当时剧烈变动的环境中,中国知识分子来不及"心平气和"地理性思考如何处理传统与现代、中方与西方之间的矛盾。所谓的全盘西化,其实质是希望通过"矫枉过正"的策略来翻转社会发展的方向。正如胡适曾说:"取法乎上,仅得其中,取法乎中,斯风下矣。"但无疑还是将文化传统摆在了现代化的对立面,企图通过世界新文明的"积极性"来减少文化传统的"惰性"影响,以折中调和出一个新的文化。

2.教育先导作用观点

如果说"决定作用"的观点,说明的是教育现代化对文化传统具有依附性,那么"阻碍作用"的观点则认为教育现代化对文化传统具有先导性和超越性。教育现代化的先导性,体现在整个社会现代化过程中确立"教育优先发展"的价值理念。

首先,"教育先行论"是指教育先行于经济发展。关于教育与经济的发展孰前孰后的问题,有人说经济必须先行,经济不发展,就没有钱来办教育;有人则认为教育应该先行,经济发展需要以教育培养的人才为基础。尤其是在第二次世界大战之后,科学技术成为第一生产力,人们愈加赞同教育先行论,因为发展科学技术和培养提高劳动者素质的教育,成为经济增长的基础。特别是认识到由于教育效果的滞后性和发展周期比较长,要及早地发展教育,让教育先行于经济,为经济发展准备人才。持这些观点的人从亚洲部分国家和地区经济腾飞的实践经验出发,因而坚持"教育发展的步子要走在经济发展的前面"。他们提

---

① 黄济,郭齐家.中国教育传统与教育现代化基本问题研究[M].北京:北京师范大学出版社,2003:205.

出教育是一种影响全局的优先发展的重要产业,必须放在首位,落实教育发展的重要战略地位。① 为此,有人提出当前全世界教育发展所呈现的趋势是教育走在经济发展的前面,"可以说,今天,不能担当先行者而继续扮演追随者角色的教育,不能认为是现代教育。"②

其次,有学者又提出"教育先行"要超越经济本位,更加注重教育在文化上先行。他们提出,教育要培养总体的人,教育先行就不能再囿限于经济意义上的教育先行,这将会片面夸大教育的生产性,造成教育发展的"物质主义"偏差和"经济主义"狭隘,不利于教育价值的完整性。③ 因而,教育先行应该是要求其在继续发挥好经济功能的同时,实行其政治、文化上的先行。教育在文化上先行的提出,源于对文化传统的阻滞作用的默认。有学者在《现代化与文化阻滞力》中构建了日常生活批评理论,认为中国社会的现实境遇是现代性本质上的"不在场"和"无根基",他以人们的日常生活方式作为观察点和批判点,认为人们仍然处于凭经验主义的"自觉文化"模式中。表现为重复性、经验主义、自发组织、自然主义的色彩,即日常生活的活动图式主要还是依赖生存本能、血缘、家庭、宗教,距现代化的、理性的文化模式还有很长的距离。为此,他提出我国的现代化发展存在理论与实际脱节的现象,理论家的人文批判已经完成了从现代性启蒙到现代性批判、从强调主体性的文化激进主义立场到文化保守主义立场的完整的心路历程,而社会在实际发展上却仍是现代性还没长成的前现代性"矮子"。因此,中国的现代化发展应该抛弃当前理论上后现代主义对现代性的批判,正视社会现实中现代性尚未展示出的事实,继续探索理性、启蒙、科学、契约、信用、主体性、个性、自由、自我意识、创造性等现代性内在要素的发展,以此作为我国社会运行的主要支撑力和前进动力。

为此,有学者提出,我们要认识到文化是与现实生活同构的,表现为文化的

---

① 冯增俊.中国教育现代化之路:"亚洲四小龙"、珠江三角洲教育经验的时代启示[M].广州:广东教育出版社,1996:310.

② 黄济,王策三.现代教育论[M].北京:人民教育出版社,1996:195.

③ 刘振天,朱振国."教育先行"需统筹谋划[N].光明日报,2010-1-13(11).

守成性与保守性,因而它无法实现批判与改造现实生活的作用。为此,要实现教育引领和改造生活的目标,应通过教育培养学生的质疑与批判精神,塑造具有批判性的教育文化,这才是真正文化意义上的教育先行,"教育生活本身就将成为整个生活的灯塔、旗帜和楷模"。① 可见,教育作为文化先行力,其现代化对文化模式的引领作用,主要体现在对主体"自觉的文化"的塑造。

二、文化传统作用于教育现代化的机理存疑

综观以上几种观点,无论是说文化传统对教育现代化的决定作用、促进作用,还是阻碍作用,都只是笼统地谈作用本身。作用的本质与基础、规律未被揭示出来,导致文化传统对教育现代化的作用机理依旧悬而未决。

(一)要素间繁复关系对机理揭示的阻碍

作用机理,是指为实现某一特定功能,一定的系统结构中各要素的内在工作方式以及诸要素在一定环境条件下相互联系、相互作用的运行规则和原理。作用机理的揭示,包括明晰作用主体与作用客体之间构成要素的关系、结构模型、运行机制等。然而,由于文化传统对教育现代化渗透作用的弥散性,使得文化传统与教育现代化的内部要素间呈现纷繁复杂的关系,无疑给理清作用的内在规律增加了难度,阻碍作用机理的揭示。

具体而言,一是文化传统与教育现代化两者的要素间的关系错综复杂,影响文化传统对教育现代化作用机理的揭示。探求文化传统对教育现代化的内在作用机理,要分析文化传统的各个要素对教育现代化构成要素的关系。关于文化传统的要素,大部分学者倾向于分为价值观念、思维心理、知识经验、语言体系几类;而关于教育现代化的要素的争议也较多,有的学者认为教育现代化的过程,最终要落实到教育活动的基本要素上,教育现代化发展离不开教育者的现代化、受教育者的现代化(也即培养现代化的人)、教育中介系统的现代化

---

① 吴全华.生活的改变与教育对生活的改造[J].当代教育与文化,2013(5):1-10.

过程。首先,文化传统与教育现代化的各要素作用复杂。文化传统的每一个要素即价值观念、思维心理、知识经验、语言体系对教育现代化的每一个要素都产生直接或间接的作用。正如顾明远先生在其《文化传统与教育现代化》一书中所作的分析:文化的结构影响教育的结构,例如中国儒道佛的文化传统结构造成了儒家为主体的教育结构,日本合金文化造就了中西结合的教育结构;文化价值观影响教育观,如美国实用主义价值观决定了实用主义教育思想,英国传统的等级价值观决定了教育的精英主义与等级性特点;文化传统中的科技观影响科技教育的情况,日本的技术传统造就了日本技术教育的发达,英国的人文主义传统使得科技教育相对落后;文化传统中的民族性格影响教育的倾向,如德意志民族严谨的性格,使得德国的教育具有实用化倾向,职业教育发展良好;除此之外,文化传统还影响教育的人才观、教学观、教师观等方面。其次,文化传统与教育现代化的层次关系复杂。文化传统有三层,分别是器物层、制度层和观念层。教育现代化包括了四个层次,即教育器物层、教育知识层、教育制度层、教育观念层,每一层的文化传统对教育现代化的各个层次都产生交叉作用。再次,教育现代化也作用于文化传统,两者不是单向作用的联系,而是相互作用、相互影响。教育现代化对文化传统也具有传承、改造、创新的作用,这些作用反过来会影响文化传统对教育现代化的作用,进一步增加了提炼作用机理的难度。可见,文化传统与教育现代化的关系,类似两个相互纠缠共生的植物,两者的枝叶与藤蔓交织缠绕在一起,难以辨析作用的内在机理。

二是文化传统作用的弥散性,导致其对教育现代化的作用错综复杂,难以梳理出内在的规律。文化是人的生活方式,因而,文化不是完全独立于现实社会运动的、被决定的要素,而是人的实践活动的现实展开的过程。当我们断言人是实践的存在时,也就是说人是文化的存在。文化不是实践之外的某种特征,而是实践的内在规定性,实践包含着文化的规定性。[①] 文化传统是影响与决

① 衣俊卿,胡长栓,等.马克思主义文化理论研究[M].北京:北京师范大学出版社,2012:45.

定一个群体主流的生活方式的价值观念,只要是人的实践活动,就必然受到文化传统的影响。从广义上说,教育活动是人的实践活动①,教育现代化的全部过程、所有方面和环节,无不需要人的主体活动的参与,因而教育现代化无不在文化传统的覆盖之下,使得文化传统影响教育现代化的过程呈现广泛性、弥散性的特点。文化传统对教育现代化的作用具有弥散性的特点,具体表现为文化传统影响教育活动的各个要素,几乎无孔不入地对教育现代化产生影响,作用于教育现代化的各个方面。

首先,文化传统作用于教育者的现代化,进而影响教育观念、教育理论的现代化。教育者的现代化,主要是指要用先进的、科学的教育理论武装教育者,使其能在教育活动中有效地运用教育科学对受教育者进行施教。教育者要向受教育者传授或引导他们学习人类的生产生活经验,是教育活动的主导者。因而,教育者自身的生活经验、价值观念、思维方式、生活方式、道德品质等,都会自觉不自觉地影响受教育者的发展。

其次,文化传统作用于受教育者的现代化,影响着人的现代化这一教育目标的实现。教育活动是一个双主体的活动,是受教育者在教育者的帮助下,共同促进受教育者身心发展的活动。受教育者也是教育活动的主体,受教育者的现代化,即人的现代化是教育现代化的核心,也是教育现代化的目的。值得注意的是,虽然在教育活动中,受教育者通常由于知识、经验、能力的水平低于教育者,多处于被引导的地位。但是,受教育者是社会的、现实的、活生生的人,不是教育者可以任意涂抹的白板或加工的素材,他们已有自己的社会生活经验和个人的需要、兴趣、情感,也在教育活动中有自己的判断、选择与建构,具有自己的主观能动性,这是教育现代化的基础和起点。教育现代化的发展,不仅是为受教育者的现代化提供条件,引导其经验的改组和改造,促进其提升素质。并且,人的现代化的实现,主要依赖于受教育者自身的主观能动性的发挥,自主地

① 注:这里的"实践"是广义的,指人的自由的有意识的活动。狭义上,教育活动是一种特殊的认识活动。

吸取现代科学技术,塑造现代价值观,培养理性思维。因此,在教育活动中,受教育者不是被动的,他不是被教育者随心所欲摆布的客体,而是具有主体性的人,现有的价值观念、文化心理、知识系统、语言体系都会影响着人的现代化。

再次,文化传统影响教育中介的现代化,即影响教育内容、教育制度、教育方式方法的现代化。教育活动是教育者与受教育者双向互动的活动,教育中介系统是两者联系与互动的纽带,包括教育内容、教育制度、教育活动方式。教育中介系统是教育者用来作用于受教育者的影响物,教育现代化的实现要通过教育内容、教育活动方式等中介发挥作用。教育内容的现代化,主要是指在选择、加工人类科学文化成果的结晶作为教育内容时,要坚持教育内容的科学化,具体而言,教育内容必须是最具有教育价值和最适合受教育者身心发展水平的。文化传统中的价值观念如科技观、宗教观等都会影响教育内容的科学化。教育活动方式的现代化,主要是指教育活动的设计、选择和过程都要科学化,具体包括教育活动的实际目的、教育心理活动和行为活动的方式方法、教育活动过程和效果的评价、教育者与受教育者的地位和关系等方面要做到科学化。这些教育活动方式的现代化也受到文化传统的影响,尤其是其中的道德观、师生观、教育传统的影响。

可见,文化传统对教育现代化的作用具有弥散性,对于文化传统对教育现代化的作用机理方面,难以梳理出内在的规律。

(二)聚焦作用结果导致对作用过程的忽视

长期以来,教育学界的不少专家、前辈、老师都已经从各国教育现代化的发展过程中逐步认识到文化传统对教育现代化的作用。然而,纵观已有的研究,关于文化传统对教育现代化作用的观点仁智互见、莫衷一是。已有的观点多是在关注文化传统对教育现代化作用的结果本身,执着于讨论文化传统对教育现代化的作用到底是促进还是阻碍,但为什么会有促进、阻碍作用,作用的过程到底如何,已有的研究则鲜有涉及。

少量的研究从文化传统与教育的本质属性上有交叉的角度去分析作用机

理,也有的从两者存在性质上的矛盾去分析两者冲突的机理,还有的则从文化传统与教育现代化内容的冲突去观察两者的作用,但是都仅停留在文化传统与教育现代化的浅表层次,未能深入探讨文化传统对教育现代化的作用机理是什么。

要探讨"作用机理",首先要弄清"作用机理"的概念。"作用机理"往往和"作用机制"这一概念联系在一起,两个概念在英文中常常通用,即"mechanism of action"。但是,"机制"和"机理"是不同的。

有的学者认为,"机理"就是规律、关系。孙喜亭老师认为,机理,就是探讨规律,规律就是关系。规律是各现象间的本质的关系。一事物有很多属性,只有本质属性间的联系才是规律。①

"机制"(mechanism)这个词来源于古希腊文的"mechane",原意是指人为达到一定的目的而设计的装置。"机制"一词最先出现于工程学领域,由"机器"与"制动"这两个科技语各取一字构成,意为机器的构造及其运行原理。后来逐渐用于生物学与医学领域,在这些领域中,"机制"的使用是一种类比,喻指生物体尤其是人体的结构和功能,解释为探究生物体、人体的内在运行的规律。有学者将"机制"定义为:机制指的就是机器各个部分之间的相互关系及其运行方式。② 1948 年,现代控制论创始人维纳开创了"控制论",把人类社会看作是通讯与控制的系统,而后半个世纪,社会控制论伴随着横断学科的兴起,给社会科学注入了新的活力与生机。因此,"机制"一词开始从仅仅是自然科学研究的特有词汇逐渐过渡到在社会科学研究中频繁出现。③ 有人总结了"机制"的社会学内涵,认为"机制"的含义主要有三个:"一是指事物各组成要素之间的联系,即结构;二是指事物在有规律的运动中发挥的作用、效应,即功能;三是指发挥功能的作用过程和作用原理。"将这三点综合起来可以概括地说,"机制"就

① 孙喜亭.关于教育规律客观性质的几个问题[J].北京师范大学学报(社会科学版),1981(3):70-76.

② 孙绵涛,康翠萍.社会机制论[J].南阳师范学院学报,2007(10):1-11.

③ 陈芜."机制"的由来及其演化[J].瞭望周刊,1988(50):30.

是"带规律性的模式"。

也就是说,"机理"可以作为规律的同义词,但"机制"则不是规律本身,是规律作用的具体形式。"机制"就一般的意义上来说,是系统本身渗透在各个组成部分中协调各个部分,使之按一定的方式和规律运行的一种自动调节的机能。即是说,"机制"不是客观规律本身,但机制的调节形式、运行原则、作用发挥的程序都要按照客观规律进行,它是规律作用的集中体现和具体形式。①

笔者倾向于将"机理"理解成"规律"。"作用机理",主要指为实现某一特定功能,一定的系统结构中各要素的内在工作方式以及诸要素在一定环境条件下相互联系、相互作用的运行规则和原理。②

因而,我们在此要探讨文化传统对教育现代化的作用机理,不是要讨论文化传统到底是促进还是阻碍教育现代化的发展,而是要探讨文化传统在产生对教育现代化的促进或阻碍作用时,文化传统与教育现代化诸要素的内在工作方式是什么? 诸要素相互作用的内部规律是什么? 有何作用的基本规则?

目前关于文化传统与教育现代化诸要素的认识尚不清楚,对文化传统作用于教育现代化的方式、作用的过程、作用的原则等都不明晰,虽有少量碎片化的论述,但没有系统地阐述这一机理。因而,学术界关于文化传统对教育现代化的作用机理仍然存疑,对于两者的关系、两者的本质联系,也未有定数。

(三)特殊性案例对普适性作用规律的遮蔽

有关人类认识的规律告诉我们,人的认识由个别的和特殊的事物,逐步地扩大到一般的事物,即人的认识过程是由特殊到一般的过程。然而,关于文化传统对教育现代化的作用机理的探讨,由于文化传统的多样性和教育现代化的复杂性,导致机理的探讨容易受个别、特殊案例的干预,沉溺于具体的文化传统泥淖中,最终影响一般的、本质的作用规律的揭示。主要体现在:一是已有的研

---

① 罗晋辉,郭建庆.谈"机制"的内涵、演化和特性[J].社会,1989(6):5-6.
② 季晓南.充分发挥创新对现代化经济体系建设的战略支撑作用[J].北京交通大学学报(社会科学版),2018,17(2):1-11.

究主要停留在关于个别的文化传统对其教育现代化的作用的讨论。已有文献主要集中探讨的是中华文化传统、西方发达国家的文化传统对教育现代化的影响。二是已有研究主要探讨文化传统对不同类型教育的现代化的作用。如探讨文化传统对高等教育、职业教育现代化的作用，还有对具体学科如数学教育现代化的作用。

其中探讨最多的还是有关中国文化传统对教育现代化的作用，这一领域中的代表是丁钢教授，他在著作《历史与现实之间：中国教育传统的理论探索》中，探讨了中国"家国一体"的传统伦理政治精神的形成及其对教育的影响。他认为中国所处的相对封闭的内陆环境和适宜农耕的自然条件，造就了中国人的传统农业生产方式，决定了相应的生活方式，塑造了独特的"家国一体"的社会基本结构。这一社会基本结构决定教育的双重任务：理解这种社会结构的必要性、巩固这种社会结构的现存性，导致了中国教育传统与政治的结合，即"政教合一"的教育传统。在教育中不断反复重塑中国人强烈的"家族国家化、伦理政治化、国家家族化、政治伦理化"的伦理政治精神。同时，他认为中国传统文化精神中血缘、情感、入世的基本生态特征造就了独特的教育传统。具体而言，血缘本位决定了中国教育传统的根本目的"明人伦"；血缘本位也导致了人们对情感的重视，教育把道德情感的涵养放在核心地位。①

还有学者利用比较研究的方法，对比中国与其他国家的文化传统与教育现代化的发展。例如，有的学者通过历史与现代的比较研究，研究了同在亚洲的中日两国的教育现代化，探寻了虽然中日两国处于相似的地理环境，拥有相似的封建历史，处于相近的亚太文化圈，但在教育现代化中呈现出的巨大差异的原因。② 虽然这些研究有助于通过自我剖析或者借鉴他者来进一步认识中国文化传统对教育现代化的作用，然而，已有研究都停留在我国或他国具体的文化传统内容上，分析的是文化传统中的某个特质或某项内容对教育现代化

① 丁钢.历史与现实之间：中国教育传统的理论探索[M].北京：教育科学出版社,2002:24.
② 史朝.中日民族传统文化与教育现代化的比较研究[M].保定：河北大学出版社,2004:11.

的作用,未能摆脱具体的某一民族文化传统的束缚,难以获得普适性的作用规律。

　　顾明远先生作为教育学界的专家与前辈,长期致力于文化传统与教育现代化关系的探讨,取得了令人瞩目的丰硕成果,奠定了该领域研究的坚实基础,其教育思想中对"现代精神"的不懈追求令人钦佩,擅长在教育现代化研究中采用比较研究的方法论值得学习,成为本研究领域的先导。其在著作《民族文化传统与教育现代化》里,论述了民族文化传统对教育现代化的具体作用,提出了如"中国儒家文化传统影响教育主体的价值观""文化传统的思维模式影响教育""文化传统中的价值取向影响教育""日本文化传统中的内核对外来教育具有重要的筛选作用"等观点。这些观点主要是通过比较中、日、美、英、德、俄六个国家的文化传统与教育现代化的关系而得出的结论,它们零星散落于各个国家文化传统与教育现代化关系的不同章节中。顾明远先生在书中阐释文化传统对教育现代化作用的过程时,既从文化传统的各因素,如思维模式、价值体系、精神内核分析了其对教育现代化的影响,又从教育现代化的要素,如教育主体、教育目标、教育内容等方面探讨了文化传统对教育现代化的影响,但总体上未能呈现一个明晰的、系统的文化传统对教育现代化整体的作用机制。并且,因为顾明远先生的研究主要采用比较法与历史法,最终这些论述也未能脱离具体的某个国家的文化传统和教育现代化的事实,没能从各个国家具体的教育现代化事实中总结和抽离出一个普遍性的理论机制模型。

三、机理不清的现实隐忧

　　文化传统对教育现代化作用机理的不清导致了教育理论上的混乱和教育实践中的乱象,因而,有必要对作用机理的探究过程进行反思,进而通过科学的方法论去追问文化传统对教育现代化的作用机理。

（一）机理不清的后果

　　由于对于文化传统与教育现代化的关系、作用机理的不明晰,引发教育领域内一系列理论和实践问题。

1.引发教育领域内对文化传统态度的矛盾反复

文化传统对教育现代化作用机理的存疑,导致了教育领域内人们对于文化传统态度的摇摆和反复。这是因为,由于文化传统作用于教育现代化内部规律的扑朔迷离,人们分不清、道不明文化传统对教育现代化的作用,只能基于文化传统的促进或阻碍作用的结果,形成对文化传统态度的对立两面。因此,在我国教育现代化的理论研究中,一直存在"传统派"与"现代派"的争端。教育理论的"现代派"包括普适主义教育思潮、西方后现代主义教育思潮、新教育救国论、新自由主义教育思想等。他们把反传统作为教育现代化的价值导向,在教育现代化中摒弃文化传统,有的主张教育的全盘西化,有的在全球化这一社会发展趋势下预设了世界大同的、理想的教育发展的乌托邦愿景,主张消解或终结民族性国家的教育体系;还有的将教育的现代化放在一个社会领头羊的位置,以期摆脱文化传统的束缚。具体而言,在教育现代化发展中,普适主义教育思潮认同全球教育现代化的一体化发展,为教育现代化设置了全球统一目标和全人类普适价值,认同教育现代化具有全球相同的特质,构建了世界统一的教育现代化指标。西方后现代主义教育思潮的代表——抽象人性论教育思潮,完全走了与历史唯物主义相反的道路,他们割断了历史与传统,不是把教育现代化发展当作处于一定历史条件下的人的活动,而是将教育现代化看作为了某种理想化理念的自我实现过程。不是从教育的"实然"推导出"必然",而是用教育的"应然"去代替"实然",热衷于建构教育现代化的理想化形态,勾勒现代人的核心素养模型,以此来引导教育现代化的发展。新教育救国论思潮无视教育现代化的社会制约和传统羁绊,把教育现代化的功能无限放大,主张用教育阻断代际贫困,总体遵循着"以教育的现代化实现人的现代化,人的现代化创造社会的现代化"的理想路径,以期最终通过教育的发展来实现中华民族的伟大复兴。

教育理论的"传统派"则包括狭隘民族主义教育思潮、文化相对主义教育思潮等,他们提出要全面复兴中国文化传统,在教育现代化中过于崇尚文化传统。尤其是随着全球化时代的到来,多元化趋向反向推动了狭隘民族主义思潮、文化相对主义思潮的盛行。狭隘民族主义教育思潮过于强调教育中本民族的文化传统,具有极端的利己主义和排外主义,坚持单边主义的价值观,夸大民族、文化之间的差异,难以接受他者与自身不同的观念,固守一家之言,将其作为普遍的真理。特别是 21 世纪以来,随着海外新儒学、"中国传统文化热"兴起,"中国经验"开始受到重视,学者们逐渐主张从中国文化传统中寻找教育现代化的动力。文化相对主义教育思潮坚持文化价值的多元化,强调文化的独特性、差异性对教育的影响,但是它否认人类文化发展的普遍法则与规律,否认不同文化之间的普遍适用的价值尺度,否定文化的高低优劣之分,进而否定知识的客观标准,否认科学在教育现代化中的重要作用,导致教育也在相对主义中被消解了发展性、进步性。

可见,文化传统对教育现代化作用机理的不清,导致教育理论呈现在"传统派"与"现代派"之间的钟摆现象。尤其是基于"体用关系"的二分法思维模式,在对待文化传统与教育现代化关系的问题上,又导致了种种廉价的折中主义、调和主义,难以认识到两者的本质与背后的根源,不能看到文化传统形成与教育发展的社会有机性与繁复性。最终导致在对待文化传统与教育现代化的关系上,或简单处理两者的关系,或随心所欲地把我国文化传统与现代西方教育的优点揉捏在一起,不仅难以呈现出理想的教育现代化结果,反而阻碍教育现代化的发展。

2.导致教育现代化在全球化与本土化之间摇摆

从清末新政至今,在中国教育现代化的百余年实践进程中,教育现代化的文化价值追求一直在"全球化"与"本土化"的天平两端摇摆不定,面临着两种价值取向的艰难选择。

一种是坚持教育现代化的全球化价值取向。持全球化取向者反对本土化意识中潜在的狭隘观念,反对各国、各民族教育的冲突论,主张教育的普遍化和共同化。他们认为,由于政治全球化与经济全球化的冲击,加快了不同国家、不同民族的文化趋同,形成了全球化的文化,这是无论人是否愿意都要加入的世界发展的时代浪潮,坚持教育的全球化是顺应这一时代浪潮下的正确选择。这是因为,经济全球化发展使人们更多地享受了普遍主义价值立场带来的好处,增强了人们对于普遍价值理想和道德规范的信心,所以现代人愈加强烈地通过跨文化来谋求各种形式的普遍共识。我们可以发现在教育领域,呈现出越来越多的跨文化、互文化或国际的对话。

教育现代化全球化取向最为典型的体现,就是提出世界公民教育。主张在全球化进程中,教育不仅要培养本土公民,而且要培养世界公民。世界公民这一教育目标的提出,将教育现代化发展的全球化精神气质从外在最终转移到了人性层面上,把这种人性的要求以明确的方式归拢、凝聚起来。所以有学者提出,教育全球化主张通过教育来"召唤那在所有文明中都深藏厚积的爱的资源、爱的声音,用以对抗那同样淤积在所有文明中的用文明的名义掩护的、鼓吹的对他人的憎恨和排斥。……所有赞同对生命的尊重、爱、宽容、理智的,不论是以何种语言、在何地、以何种形式、属于哪个族群,都应该被视作文明,反之则是野蛮"[①]。

另一种则是坚持教育现代化的本土化价值取向。持本土化取向者坚定要保持中国教育的"我"性,反对全盘西化,并且提出要警惕教育的全球化"陷阱"。他们认为,作为后发型国家,我国的教育现代化需要警惕发达国家教育现代化的"陷阱",这是在历史的经验基础上得出的教训。各发展中国家的现代化发展历史证明,通过全球化或者西化,发展中国家并没有产生预期的现代化结果,相反,更为严峻的是,这些国家却因丧失了文化根基而导致自我认同的混乱。为此,持本土化取向者一是认为从发生学角度看,不同国家的教育发展具有不同的基础与发展环境,因而会有不同的教育发展样态。因而,后发型国家

① 张伦.我们能否共同生存[J].读书,2001(12):57-62.

要避免盲目崇拜先发型国家的教育发展模式,更不可以盲目照搬某些教育政策和制度,而应在面对西方发达国家的高水平教育现代化结果之时,清醒地、理性地洞悉他们形成这一结果的基础和过程。二是认为即使在中国国内,由于东中西部区域经济和社会发展水平不一致,教育现代化的状态和水平必然存在差异。为此,中西部地区需要清醒地正视东部地区业已成功的教育现代化模式,认识到每一个区域教育的"现代性"都从其自身独有的"传统性"中长出了独特"款式",切不可照搬照抄;如果不能找寻到其中真正具有普遍通用价值的元素,就容易陷入"陷阱"之中。尤其是随着我国教育全面进入普及化阶段,不同收入群体对于教育需求更加多元化和个性化,因而对更多优质教育资源和更高教育公平的需求会逐步增加。例如,越来越多的出国留学人群,以及择校、高考招生指标分配的争议等现实问题,都充分反映了不同收入群体对扩大优质教育资源和公平分配的利益诉求,都在倒逼我们加快推进教育供给侧的结构性改革,提供更加多元化的教育资源。①

教育现代化价值取向的嬗变推动和反映着我国教育现代化的变迁,也体现出现代教育发展的进步性。然而,由于始终缺乏关于文化传统作用于教育现代化的内部规律的正确认识,教育发展始终在全球化与本土化之间徘徊,严重影响我国教育现代化的发展。

3.文化传统在现代转化过程中乱象频出

在教育现代化的实践中存在文化传统的现代转化乱象频出的问题。有的学校无论好坏地传承文化传统或传统文化;有的地方则无论条件是否适合,胡乱传承文化传统。

一是以经典为标准,寻章摘句找传统,重历史轻现实。视经典原文为圭臬,以"读经"复兴教育传统。在教育传统复兴的背景下,读经运动作为教育传统的"代表"在全国大行其道,约有 3 000 家私塾在全国涌现,读经之声响彻各地。②

---

① 张权力,杨小微.教育现代化的陷阱、挑战及其应对[J].高教发展与评估,2017(4):1-8,117.

② 张瑞,张维.十字路口的读经村[N].南方周末,2014-09-04(4).

尤其是某读经运动,强迫儿童大量背诵原典,实行以读、背为显著特征的灌输式教学,忽视儿童的身心发展规律,也与现实脱节。这一行为以是否经典作为教育传统的选择标准,把教育传统等同于经史子集,在寻章摘句中找教育传统,把教育传统现代转化等同于古文灌输,这一错误的标准,导致读经运动的价值错位,最终导致实践走向偏颇。实际上,学习经典的目的本应是正本清源,返本以开新,但因为价值错位,导致教育传统的现代复兴反而走向了复古守旧的保守主义,最终只是追求形式上的"返本",并不"开新"。因而读经运动受到了广泛而尖锐的批判,有人认为这类读经运动"丧失了儒学与当代社会之间的良性互动"[①],已不是与现代社会发展相契合的真正的儒学,而是一种僵化的儒学。为此,有学者提醒弘扬传统要保持头脑清醒,绝不能走入一个死胡同,"让孩子从小只重视读经,读到不知道当代世界是一个什么样的世界。"[②]中国儒家教育思想确实有很多优秀精华,比如孝道教育、诚信教育,但是单靠背诵古书、引经据典是不可能使儒家优秀教育传统继续发挥作用的。

二是以复古为标准,把古老当传统,重内容弃规律。在传统回潮的教育实践中,仍存在一种僵化认识,把古代教育中的某些内容当作教育传统本身,把教育的内容等同于教育的规律。于是,教育领域兴起了一股复古风潮,什么"古老"则教什么,一些陈词滥调沉渣泛起,在所谓"传统文化"的包藏下卷土重来。如将历史中的"三从四德""三纲五常"、占卜、风水、算命等封建糟粕当作传统;如将封建社会中奉为孝道典范的"二十四孝"作为传统,选取了一些如"郭巨埋儿"等荒诞、愚昧的实例,否定自由、平等的社会主义核心价值观,宣扬违背文明社会的道德风尚;还有屡禁不止的"女德班",针对5至18岁的小女孩讲"女德",宣扬"男为大,女为小""打不还手、骂不还口、逆来顺受、坚决不离婚"等令人瞠目结舌的荒谬论调,与现代社会价值观格格不入。[③] 这种以"复古"为标准

---

① 杨东平.现代教育的目标并不是复制古人,而是培养现代中国人——也谈少儿读经和国学热[J].上海教育科研,2016(12);5-8.
② 陈先达.传统文化创造性转化不能陷入误区[N].北京日报,2016-03-28(2).
③ 莫兰.为何女德班成了"打不死的小强"[N].中国妇女报,2018-12-10(4).

来筛选教育传统的认识,难以分辨国粹与糟粕,也混淆了历史的教育内容和背后的教育传统之间的区别,将已经过时的某些教育内容从历史垃圾堆里拾掇起来,当作亘古不变的教育传统重新引入课堂,而隐藏在这些具体教育内容背后的真正的教育传统精华,如重视道德教育、公民教育等优秀教育传统,却被抛弃了。

三是以日常为标准,用仪式代传统,重表面轻实质。为了实现教育传统现代转化,将其有效地运用到当前学校的日常教育中,达到教育传统的实践化、生活化目标,有的学校则以是否能简便地融入日常生活为筛选标准,以复制形式化的、表面化的行为当作教育传统的现代转化过程。如一些学校举行的"入学礼",着汉服、拜孔子、诵经典、点朱砂,还有"成人礼",跪拜父母、跪拜老师、给父母洗脚等活动,仅满足于形式上的热闹,而不去触及儿童的精神世界,儿童根本不了解这些仪式和形式背后的人文意蕴。活动大多是摆花架子、作秀的伪教育,表面上轰轰烈烈,实际则空洞无物,导致教育传统现代转化的不整体、不系统,甚至走向优秀文化教育理念的反面。正如顾明远先生曾指出,弘扬传统文化要避免走形式主义,"让孩子穿上官袍,戴上官帽,摇头摆尾地读《弟子规》《三字经》《论语》等。这不是弘扬国学,而是宣扬一种封建的意识。"① 显而易见,这些停留于"穿古代衣服、行跪拜大礼、办祭孔仪式、背经典作品"等教育传统的浅层形式的活动,并不能引起学生们的思想共鸣,反而限制儿童的思维,阻碍儿童的发展,导致儿童行为拘谨、性格压抑。这种简单化、粗糙化的理解与转化,没有真正触及教育传统中的教育精神实质,不能真正提高教育的境界,并且破坏了教育传统的有机性,淡化和消解了其所承载的教育内涵。

4.文化传统对教育现代化的消极作用的消解无力

由于对文化传统作用于教育现代化的内在机理的认识不清,在教育现代化发展遭遇到文化传统障碍的时候,许多地方教育行政部门没能看到文化传统背

---

① 顾明远.弘扬传统文化需要走出一些误区[J].中国教育学刊,2010(1):42.

后的社会制约条件,无法合理地处理文化传统对教育现代化的消极作用。于是多采用一刀切的形式"切割"文化传统对教育现代化的不良影响,但是却难以取得良好的效果。笔者在四川甘孜藏族聚居区调研时发现,当地的寺庙教育作为传统的教育形式,至今仍占有重要的地位。由于其在生源、教育内容、教育价值观、教育时间上都与现代学校教育存在冲突,一定程度上影响现代学校教育的普及化与世俗化。为了解决这一文化传统对教育现代化的影响,当地制定的政策无一例外都是一刀切地、无条件维护现代学校教育的利益。如通过采取建立寄宿制学校、实行全免费政策、全面推行双语教育、积极推广远程教育等方式以消除传统教育的影响,推进现代学校教育。然而,这些理想化的政策不但不能缓解两者的矛盾,反而因为政策的"一边倒"激化了寺庙教育与学校教育的对立冲突。当地的群众并不愿意遵守这些规章制度,接受寺庙教育的小喇嘛仍然不能自觉地接受学校教育,当地的"控辍保学"任务依旧艰巨。教育行政部门出于消除文化传统对教育现代化的阻碍作用这一目的而采取的一些政策与制度,并不能取得良好的成效。

为此,只有明确两者之间的内在联系和作用机理才能认识到,在未达到一定的社会生产条件下,在文化传统还没有脱离其社会之根的情况下,我们不能简单地将不适应现代教育的文化传统迅速地剥离开来,同时我们也没有快速有效的"药方"去消解文化传统对教育现代化的不良影响。

鉴于此,笔者以期通过对文化传统与教育现代化之间关系的探究,厘清文化传统作用于教育现代化的机理,能够在社会存在与社会意识分析中把握文化传统真正具有规定性的那些规则,跳出"反传统"与"尊传统"对峙的文化传统观之争,在教育现代化中主张传统与现代、中国与西方的汇融与互补,从各方面吸收促进教育现代化发展的资源。

（二）对作用机理的追问

关于文化传统对教育现代化的作用机理的追问,包括两部分的内容:一是为何追问? 讨论的是文化传统对教育现代化作用机理的探讨的理论价值与实践价值;二是何以追问? 探讨的是作用机理的研究方法论。

1.为何探讨作用机理

首先,探讨文化传统对教育现代化的作用机理,有助于丰富完善教育现代化理论体系。

理论的发展都不是一蹴而就的,需要一代代不断地深入探究,以完善和丰富理论体系,即便是伟人提出的理论也是如此。例如,马克思、恩格斯提出了辩证唯物主义能动反映论,认为认识是主体在实践基础上对客观事物的特征与联系能动的、创造性的反映。但是,经典作家在建构能动反映论时,关于认识主体的论述是零碎、分散的,甚至未能明确提出认识结构问题,更没能形成一个认识发生机制的理论体系。后来,不断有哲学家和心理学家对能动反映论进行补充,皮亚杰和维果茨基便是主要的理论完善者,为能动反映论理论体系的完善做出了贡献。

皮亚杰从认识发生学的角度,研究了"人的认识是怎么发生的",对马克思能动反映论做了进一步的解释,阐释了主体能动反映客体的机理。他发明了"图式"概念作为人的动作结构或思维模式,将同化和顺应发展成为包括"内化"和"外化"的双向建构说,同化和顺应的过程具体解释了个体认识的发生机制。维果茨基则通过创立"内化学说",补充了人的高级心理机能的外部发生机制,探讨了社会交往活动对人的高级心理机能发展的重要作用。皮亚杰和维果茨基以自己的方式解决个体认识发生的机理,丰富了辩证唯物认识论的内容。可见,理论需要一代代人不断地努力钻研、丰富完善。

关于文化传统对教育现代化的作用机理的研究,首要的是探讨"文化传统"与"教育现代化"两者之间的关系。目前,已有研究主要集中探讨关系的宏观层次,较少深入剖析文化传统对教育现代化的具体作用机理,缺少对文化传统对教育现代化的作用中介、作用内在机理等方面的理论问题的微观探究,尤其是关于"教育现代化主要受什么文化传统因素的影响?""文化传统因素如何影响教育现代化?""如何合理利用文化传统促进教育现代化?"等问题研究不足,这些问题有待进一步关注和研究。

目前关于教育现代化与文化传统之间关系的研究虽然已经取得了一些成果,但以往研究多是就文化传统对教育现代化作用的泛论,较少对文化传统对教育现代化的作用机理进行探讨,已有文献对此问题的研究明显不足。对于文化传统作用于教育现代化的机理的探究,我们没理由苛求前人,但作为后人,我们应该填补这个空缺。探究文化传统如何作用于教育现代化,有利于深化教育学有关"教育与社会"这一研究领域,尤其是"教育与文化"关系的理论认识,丰富发展教育现代化理论。通过探讨教育现代化与文化传统之间的内在联系,明晰民族文化传统对教育现代化的作用机理,有助于为教育现代化发展贡献有价值的理念与经验教训,丰富民族教育和民族文化理论。本书选择的研究对象是民族地区,通过对民族地区教育进行自下而上、由内而外的田野微观研究,使教育研究与真实的经验形成内在的关联,有利于探寻民族教育的本质,寻找符合民族地区教育自身发展的话语和理论方式。

其次,探讨文化传统对教育现代化的作用机理,对我国当前的教育现代化实践具有重要意义。

第一,为我国教育现代化目标的实现提供理论参考。我国教育现代化正处于攻坚时期,要在 2035 年基本实现教育现代化的目标,因而明确文化传统对教育现代化的作用机理,既能够使我们从理论上理解民族文化的作用,为教育现代化发展提供理论基础,也有助于在实践上更好地把握教育现代化的方向、速度与节奏,充分发挥民族文化传统的正面的积极作用,实现中国特色教育现代化目标。

第二,提出实践策略,有利于在教育现代化中发挥民族文化传统的作用。弄清楚民族文化传统影响教育现代化的作用机理,将能够使我们更好地回答一个根本性的问题:在教育现代化的特定条件下,应如何最好地发挥民族文化传统的效果? 显然,这一问题的研究有助于规避实践误区和矫正错误路向,提出有效的策略与路径,充分发挥民族文化传统对教育现代化的作用。

2.如何探讨作用机理

根据研究的需要,主要以历史唯物主义理论为理论基础,运用辩证唯物主义的矛盾分析方法,采用民族文化研究的视角展开对文化传统作用于教育现代化的机理探讨。

(1)以历史唯物主义理论为理论基础

唯物史观是认识文化传统对教育现代化作用的内部规律的根本方法。探讨文化传统对教育现代化的作用机理,前提是要理清文化传统与教育现代化的内涵、属性、关系。历史唯物主义对作用机理探讨的理论支撑意义如下。

其一,文化传统与教育都是社会的有机组成部分,应放在整个社会范围的系统中来分析。用"社会存在决定社会意识""经济基础决定上层建筑"等历史唯物论的基本观点,作为重新阐释文化传统、教育现代化内涵的核心理念前提和基本理论经纬。为此,利用历史唯物主义的原理,有助于阐明文化传统与教育现代化的物质基础都在于生产方式。文化、教育都属于社会意识,由社会存在所决定。其中,生产方式是文化传统流变与教育现代化发展的根源。文化传统是过去传到现在还存在的生活方式,它的诞生、传承都由生产方式决定。教育现代化也不是由理性、民主等动因造成的,它是现代生产方式的产物,因此,教育现代化必须要与当地的社会经济发展相适应。

其二,"文化传统"和"教育现代化"都不是一般的社会范畴,而是一种历史范畴,因而要通过一定的历史形式来考察。文化传统的延传与教育现代化的演进,都是历史性的发展过程,历史唯物主义为正确理解探究文化传统和教育现代化概念提供科学的方法,有利于观察和理解文化传统、教育现代化的生成和发展及其相关的物质基础和客观原因。为此,利用历史唯物主义的原理,有助于阐明教育现代化是一个历史发展的过程,受到社会存在的决定,进而阐明现代科技在目前我国教育现代化进程中仍然起着重要的作用。教育现代化的过程,是教育领域的科技化过程,现代科技在教育中的广泛运用,才能促进教育的发展走到世界的前列。在后现代思潮影响下,我国教育现代化的理论超前,在理论上已经完成了从现代性启蒙到现代性批判,从强调主体性文化的激进主义立场到文化保守主义立场的心路历程。但是在实践中,教育的现代性本质上仍"不在场""无根基",只有碎片的、枝节的、萌芽的形态,教育现代化的实践仍处于"前现代性"的状态。教育现代化的理论研究要回到"否定之否定"的原点,要警惕和否定后现代性的理论观点,仍然要捍卫教育的现代性、理性,才能更好地指导我国教育现代化的实践,必须坚持用现代科技来促进我国教育现代性的增长。

(2)运用辩证唯物主义的矛盾分析方法

如前所述,作用机理是指为实现某一特定功能,一定的系统结构中各要素的内在工作方式以及诸要素在一定环境条件下相互联系、相互作用的运行规则和原理。① 机理作为规律,其实质是事物发展过程中本质的、必然的、稳定的联系。要弄清事物的本质联系,其实就是要弄清事物的内部矛盾。马克思主义的唯物辩证法认为,矛盾是反映事物内部或事物之间的对立和统一及其相互关系的哲学范畴。它是事物存在的根据,是事物发展的动力,事物的运动始终是矛盾的运动。因此,要弄清文化传统对教育现代化的作用机理,就不仅要弄清文化传统与教育现代化的关系,更要弄清楚教育现代化的内部矛盾及文化传统如何影响这一内部矛盾。因而,作用机理的探讨必须采用矛盾分析法。

不过,在探究教育现代化的内部矛盾之前,要区分"内因"(即内部矛盾)与"内部因素"的差别。"内部因素"是指联系是内部的,是"内部联系"之意。联系被划分为"外部"和"内部",这是以事物本身与环境之间的关系为依据的,"内部联系"是指事物内部因素的关系,而外部联系是事物与外部环境的关系。"内部矛盾"不同于"内部因素","内部矛盾"表明的是事物发展的诸多联系中的"本质的联系"。联系被区分为"本质的"和"非本质的",是以事物存在和发展的现象和本质的既对立又统一的矛盾关系为依据的。也即是说,无论是事物

---

① 季晓南.充分发挥创新对现代化经济体系建设的战略支撑作用[J].北京交通大学学报(社会科学版),2018(2):1-11.

的外部联系,还是其内部联系,都既可以是事物的"本质联系",也可以是事物的"非本质的联系"。既不能认为外部联系或关系都是非本质的联系,也不能认为内部联系或关系都是"本质的联系"。比如关于人的心理发展的内部矛盾和动力问题,人的遗传因素是人的内部因素之一,但遗传不是人发展的内因。那儿童发展的内因是什么?一般认为:"社会和教育向儿童提出的要求所引起的新的需要和儿童已有的心理水平或心理状态之间的矛盾,是儿童心理发展的内因。"①在此探讨"内部矛盾"与"内部联系"的区别,就是想说明教育现代化的"内部联系"不等于是其本质性联系,不能把教育现代化的内部因素,作为其内部矛盾。然而,这类问题在已有的研究中已然存在。

目前已有不少学者对教育现代化的内部矛盾、内部动力做了一些研究。有学者认为,教育现代化的动力系统不是单一的,而是"一元多维"的复杂系统。在此系统中,其中的"一元"是指生产力和生产关系,只有生产方式的变革才是决定教育现代化变革的唯一动力。但生产方式与教育现代化之间并不一定构成直接的关系,反而是由生产方式变革引发的经济、政治、文化等社会领域的现代化,构成了教育现代化直接的、多维的动力系统。"从教育现代化的内部动力系统来分析,教育权力和教育权利的合法性、教育功能的分离性和扩散性、教育参与的大众性和普遍性之间存在着不断加剧的矛盾,这个矛盾实际构成了教育现代化内部的根本动力。"②也有学者认为,在我国教育现代化进程中,存在传统与反传统之间的矛盾、本土化与国际化之间的矛盾、现代化与后现代化之间的矛盾、教育与其他社会系统之间的矛盾、教育内部发展不均衡带来的矛盾,正是这些教育内部的矛盾构成了教育现代化发展的源泉和动力。③ 还有学者认为,"教育现代化的动力因素包括创新、交流、竞争、适应、国家利益和社会需求等"。这些因素构成了不同的动力模型,具体包括创新驱动模式、三新驱动模式、联合

① 朱智贤.儿童心理学:上册[M].北京:人民教育出版社,1979:72.
② 朱旭东.教育现代化的几个理论问题初探[J].比较教育研究,1998(2):2-7.
③ 刘尧.教育现代化研究述评[J].教育与现代化,1999(2):16-20.

作用模式、四步超循环模式等；并认为不同层次、不同国家和不同阶段，教育现代化的动力有所不同。① 无独有偶，也有学者认为不同类型的教育现代化，其动力也都不同：内源型的教育现代化，其发展动力来源于自身文明发展的内在矛盾；压力—追赶型的教育现代化，即其他强势文明的传播过程，属于机械地吸收外来文化的教育资源；从容—自主型教育现代化，即平等、自主地吸收他者文明的文化资源并应用在教育领域。② 褚宏启虽未在其书中明确提出教育现代化的动力，但在具体分析英国教育现代化的动力时，是从"兴办教育者"的视角来谈教育现代化的动力问题。他认为英国教育现代化的表层动力，是经济的发展需要提高劳动力素质，经济发展也保障了教育发展的财力基础，人口的需要相应地扩大教育规模等；而推动英国教育现代化的深层动力是：民族主义和民主主义，一是民族国家的形成加剧了各民族国家间的经济和军事竞争，教育的竞争会密切关系到国家竞争能力；二是政治民主化促进了教育的普及和受教育权范围的扩大，对选民的政治素质也提出了较高要求。③ 还有学者分析了中国教育现代化的内部矛盾，认为我国教育现代化虽然是后发型的，但其动力并非来自外力驱动，而是来自中国教育发展的内部矛盾——教育发展水平与社会主义现代化发展所需人才水平之间的矛盾，教育改革若能解决两者之间的不平衡状态，就能推进教育现代化发展。④

综上，关于教育现代化内部矛盾、内部动力的已有研究，有的将生产力与生产关系的矛盾作为教育现代化的一元矛盾，层次上有以大盖小之嫌，难以抓住教育现代化的核心矛盾；有的则以政治、文化因素作为教育现代化的动力，明显有违历史唯物主义的观点；有的从教育变迁的过程来探讨教育现代化，难免有以阶段性矛盾代替普遍性矛盾的问题；有的从不同国家的教育发展模式来探讨，则有以特殊性矛盾代替普遍性矛盾的问题；有的谈及了教育内部发展不平

① 何传启.现代化科学：国家发达的科学原理[M].北京：科学出版社,2010:372.
② 张权力,杨小微.教育现代化的陷阱、挑战及其应对[J].高教发展与评估,2017(4):1-8,117.
③ 褚宏启.教育现代化的路径：现代教育导论[M].2版.北京：教育科学出版社,2013:472.
④ 尹宗利.试论中国教育现代化的基本特征[J].南京师大学报(社会科学版),2009(6):80-86.

衡的矛盾,但没有深入挖掘教育现代化发展主要的不平衡是什么,最终没有弄清到底什么才是教育现代化的内驱力。可见,他们都未能真正触及教育现代化的内部矛盾。

唯物辩证法中的"矛盾分析法",是我们科学地认识教育现代化的"自我运动"的理论基础和基本方法。唯物辩证法告诉我们,矛盾是事物运动和发展的动力源泉,矛盾规律从根本上反映出事物变化发展的实质。这对于我们认识和理解教育现代化复杂的内部关系和外部关系,具有特别重要的意义。面对当前有关教育现代化实质、内部矛盾存在的认识分歧和混乱现象,矛盾分析法就是一把能够有效寻找教育现代化本质的钥匙。因而,要阐释教育现代化从量变到质变、从低级到高级、从简单到复杂的发展过程,就必须深入地分析其内外部因素和关系所构成的矛盾体系,科学地揭示和具体地阐释教育现代化的运动特点和发展规律。只有通过阐明教育现代化的矛盾关系,才能为准确地探索文化传统对教育现代化的作用机理奠定理论基础。

(3)采用民族文化研究的视角

虽然研究最终要探讨的是文化传统对教育现代化作用的普遍规律,但是,抽象地谈论文化传统的优劣及其对教育现代化的促进、阻碍作用在方法论上是不可取的。因为文化传统总是存在于某个民族中,必须要采用某个具体民族的文化传统作为研究的抓手。

因为我国的民族地区地理条件较为恶劣、经济发展滞后,其文化更加鲜明,传统保留得相对完整。当地的非经济因素对社会发展包括教育发展的影响甚至超过经济因素,可以更好地观察文化传统对社会、教育的影响,同时也可以瞥见物质生产方式带来的发展的界限。并且,当地教育的现代化过程正处于传统与现代不断交锋作战的历程,更能窥见文化传统作用于教育现代化的过程"全貌"。民族地区的教育中文化传统与现代的关系比较鲜明、矛盾比较突出,更有利于透过矛盾和问题看到两者作用的过程。因此本书采用民族文化研究的视角探讨文化传统对教育现代化的作用机理。

　　不过,本书的重点不在于探讨不同民族的文化传统对教育现代化作用的差异,而是注重从各种差异中求得文化传统对教育现代化作用的最大公约数,发现两者作用的内在规律。其实质不过是用一个具体的案例来佐证一个教育学的基本理论问题,并非仅仅为了解决某个、某几个民族的具体问题,而是为了揭示教育理论中的一般问题和规律。水族、苗族、藏族等少数民族多样化的文化传统与国家统一要求的现代教育之间的矛盾,可以作为我国的文化传统与全球化的教育现代化过程之间矛盾的逻辑等价物,以民族地区的案例为抓手,可凭借更加微观的现象切片、更加浓缩的矛盾形态来展现文化传统对教育现代化的作用机理。

3

文化传统作用于教育现代化的基础

一直以来,关于文化传统与教育现代化关系的理论阐述中,最常犯的错误就是把文化传统与教育现代化放在对立的位置,认为文化传统会阻碍教育现代化的发展;或者放大文化传统的作用,把教育当作文化的下位概念,认为文化对教育具有决定作用。只有在唯物史观基础上来探讨两者的关系,才能科学地解决这个问题,准确、清晰地认识文化传统对教育现代化的作用实质。

历史唯物主义理论明确揭示了"社会存在决定社会意识"。如前所述,文化不属于社会存在,不是自然地理环境、人口因素和物质生产方式的任何一方面,属于社会意识的组成部分;文化作为一种生活方式,是由生产方式所决定的。关于教育的本质,以往关于教育本质问题探讨中的"教育属于上层建筑"的观点,虽未获得一致意见,但也是其他几种教育本质观中认同度较高的一种观点。基于唯物史观的教育学理论已经清楚地揭示了"社会生产力发展水平从根本上制约着教育"这一原理。遵循以上历史唯物主义的原理,我们才能更好地理清两者之间的关系。具体而言,要明确:一是文化传统与教育现代化两者之间不存在决定与被决定的关系。文化传统与教育都属于社会意识形态,是生产方式的反映,两者是同根的,是同一原因的两个结果,两者之间没有因果关系,文化传统不是自变量,教育现代化也不是因变量。反对认为文化与教育之间文化决定教育的观点,这未能认识到两者关系的基础和本质。二是文化传统与教育现代化是一因两果,作为同根同源的姊妹关系,两者之间虽不是本源性和基础性的关系,但是不代表两者是平行的、没有交集的,两者有内在的天然联系,存在复杂的相互作用,在各自的发展中都发挥不可替代的重要功能。因此,探讨文化传统对教育现代化的作用,首先要明确的是这一作用产生与变化的基础是物质生产方式。

一、生产方式的变化决定文化传统的流变

生产方式是文化传统的根源,不仅决定文化传统的产生与消亡,也决定其是否发生变化,决定其变化的快慢。

（一）文化传统诞生于过去的生产方式

"社会存在决定社会意识"的历史唯物主义观点告诉我们，生活方式是在一定的自然地理环境、人口因素和物质生产方式条件下产生的。其中，生产方式起决定作用。文化传统是过去一直传承到现在的、主导的生活方式背后的精神观念体系。文化传统的形成机制遵守"社会存在第一性、社会意识第二性"的历史唯物主义原则。生产方式决定生活方式的过程是从物质到精神的，先决定了生活方式的器物层，然后到制度层，再到精神层。生产活动决定社会生活所涉及的衣、食、住、行和精神生活的各个方面，它们都与生产密切相关。首先是基于独特的生产方式而产生的劳动产品，形成独特的饮食习惯，并在生产劳动基础上形成特有的劳动工具、劳动服饰、方便开展劳动的民居及相关的生活器物；其次是在不断积累劳动经验的过程中，根据劳动活动规律与自然季节变化，形成独有的节气时令；并在生产活动中产生了严格的禁忌和习俗，外化为民风民俗、典章制度；还在劳动生产之余的休闲生活中形成生活情趣和艺术；最终运用与生产相关的事物来解释天地间的自然现象，成为精神观念、宗教信仰、情感心理、人生追求。生活方式的精神层的观念一旦形成便逐渐稳定下来，在传承了几代人之后，成为文化传统。

作为文化传统的核心组成部分的价值观念，它的产生基于一定的价值关系及对价值关系的意识。也即是说，传统的生产方式决定了传统的生活方式，这一生活方式能够满足人的特定需要，形成了客观的价值关系。久而久之，人们通过反复实践不断地意识到了这层价值关系，进而形成一种固定的看法和态度、一种价值观念，这种价值观念延传下来成为群体的主导价值观念，规范和制约人的行为，就被称作文化传统。

作为文化传统核心的价值观确实是约束人的规矩，但这规矩不是什么缥缈的东西。对此，有些人认为规矩、禁忌、宗教都是"天地良心"的表现，还是马克思说得透彻：道德规范等价值标准，不管在形式上多么抽象，归根到底是人们经济关系的产物，为了服务现实生活，在这里根本不存在什么神秘的、永恒不变的

"天地良心",有的只是人之间的利益和追求。

不过,在文化传统形成之后,其具有相对的稳定性,对人的内在和外在行为都有规范制约的作用。此时,文化传统的运行过程,就遵循社会意识形态内部"精神决定物质附属物"的原则了。文化传统作为一种社会意识,其核心是价值观念,而后才是思维心理、审美情趣,最后才是具体的行为方式,通过传统文化外显出来。也就是说,在文化传统形成之后的传承过程或者传播过程中,先是内在思想观念和价值规范的传承与传播,然后再支配着人们以此设立外在的制度和使用外在器物。可见,从文化传统延续、传播的一般过程来看,文化传统的真正延续或传播,不仅是文化的器物、制度层面的,最终应是精神、思维、价值层面的。因此,文化传统运行机制与文化传统形成机制的过程是相反的。文化传统作为精神层面,它对器物、制度等文化事相所起的决定与支配作用,并不与历史唯物主义相矛盾。这是因为,器物层面、制度层面的文化事相,虽然是物质的,却不是社会存在。文化是整体的,本质上属于社会意识,因为社会意识不仅包括政治、法律、宗教、文学、艺术等思想,也包括这些思想的物质附件。文化中的"物质"的制度与器物层面,是社会意识的物质外壳和物质附件,本质上仍然是社会意识,可以被称为"实体的社会意识",它不是决定社会意识的社会存在。这些事相、器物是文化这一社会意识的物质表现、物质依托,文化精神必须依托物质外壳和手段,才能传播、传承和发挥作用。

当前,一些日常的、鲜活的生活方式和文化传统,我们还可以寻找到其旧的生产方式之根。例如,在贵州黔南三都水族自治县的水族村寨里,还存在着"抢婚"的传统习俗。现在的抢婚习俗,已经不是之前实质意义上的"抢人结婚"了,而是演变成在婚礼上的一种传统仪式。现在,水族青年男女在自由恋爱或男女双方父母同意婚姻之后,会经过媒妁之言、提亲、定亲、结婚的过程。男女双方经过沟通,通常是女方要求"抢婚",于是在结婚的仪式上呈现"抢婚"的行为。迎亲的当天,男方会带着族内的兄弟在新娘必经的路上,一拥而上"哄抢"新娘和嫁妆。新娘则要表现出"不情不愿"的情绪,甚至哀号哭泣,绝对不能展露开心、高兴的表情,新娘越是表现得不情愿、哭泣得越伤心,越代表新娘对父母和娘家的深深眷恋。而男方在婚礼上的"抢婚"行为,则表示对新娘的珍视和爱恋。新娘一路被"抢回"男方家之后再继续举行婚礼,这是现在水族婚礼中仍存在的传统。这一传统有其旧有的婚嫁制度根源。过去,如果水族青年男女通过自由恋爱有了合意对象,但父母不同意且仍然为女方包办婚姻,女方则会选择逃婚,或者与恋爱对象商量,让男方在女方途经的地方把女方抢回家并在男方家开始生活,在包办婚约解除之前,女方不露面、不回娘家,也不社交。经过一段时间,有婚约的男方会主动要求解除婚约,包办婚约解除之后,女方则正常参加社交活动。深究水族"抢婚"的传统,其原因主要是包办婚姻,而包办婚姻的根源在于过去的旧的生产方式。通婚是稳定关系的有效手段,村寨间通过通婚形成了一个互通有无的社会网,因而包办婚姻其实就是生产力水平较低的早期社会,水族同胞为了抵抗自然和人为灾难,父母决定子女婚配的制度,如作为包办婚姻典型的"血表婚"(也称"姑表婚")。到现在水族社会仍然存在"外甥钱"这一结婚礼,水族青年结婚时送给舅舅的红包要比其他红包多,以示对舅舅的尊重,其实就是旧式"血表婚"的痕迹。我们可以说抢婚是一种传统的习俗,但它背后体现出水族群众一种抱团发展、寻求稳定的文化传统,这种传统的精神也是在当时特定的生产方式水平下诞生的。可见,诞生于过去的民族文化传统,必定有其生产方式的根源。

因此,文化传统的改造必须进行传统生产方式的改造。马克思指出:"先前那种同园艺业和耕作业相结合的农村家庭工业,至少在工业正在发展的各邦里,曾经是保证劳动阶级物质状况可以过得去而且有些地方是过得相当不错的基础,但同时也是劳动阶级思想上和政治上毫无作为的基础。"[①]如果说农村家庭工业在西方工业国家中尚且如此,那么东方的村社经济则更是现代化水平低下的根源。有学者认为,正是我国社会长期的小农经济和封建制度,成为人们

---

① 马克思恩格斯选集:第3卷[M].中共中央马克思恩格斯列宁斯大林著作编译局,译.北京:人民出版社,1995:136.

"自在的"文化行为模式的牢固基础,也成为其批判的"日常的生活模式"。这种日常的生活模式是与自觉、自为的理性与现代化文化相悖的文化模式。它是重复性的、经验主义的、带有浓厚自然主义色彩的自发组织的文化模式,它难以呈现出主体性和自我意识,它使人置于苟安、消极的生活环境之中,深深打上了小农经济的印记,使人不仅不能走向理性、进步,反而产生一种盲目的、放纵的破坏力量。因此,不改变生产方式,很难彻底实现文化传统的改造。在这方面,恩格斯也以19世纪上半叶的瑞士为例做过生动的说明。他认为,当时的瑞士机器工业很不发达,大工厂仅仅在少数地区才有,如果这种生产方式不改变,那么在从事生产的居民的头脑中,除了适应这种水平的思想以外,就不会有其他任何思想。为此,他提出反问,如果蒸汽机还没有使瑞士的生产和交通方式革命化,它能够引起瑞士人的传统思想方式的改变吗?这一质疑有力地肯定了生产方式对文化传统的决定作用。

（二）文化传统的延传根植于当前的生产方式

文化传统的产生具有生产方式的根源,它的传承仍然受到生产方式的制约。文化传统不是孤立传承的,而是和整个社会结构尤其是生产方式联系在一起的。也就是说,文化传统能够传承至今,仍有其生产方式的根基。主要存在下述两种情况。

一是文化传统虽产生于过去的生产方式,但依旧能够适应或促进现代的生产方式,因而得以流传下来。如前所述,生活方式是建立在历史地形成的一定生产方式基础上的生存和活动的方式,它与物质资料生产方式相并列。在生活方式的诸多联系中,起主导作用的是物质资料的生产方式,它决定着生活方式的形成、存在、变化。同时,唯物辩证法认为,任何事物的联系都是多方面的,不可能只有一种联系。生活方式与生产方式的关系,尽管是其中最主要的关系,但不是唯一的关系。生活方式有相对的独立性,它的变化过程不是完全由生产方式机械决定的。地理环境、社会经济、政治等各个方面都构成了影响生活方式的条件。因而,作为生活方式的文化传统,它的变化不是随着生产方式的改变而机械地改变,也不是一步到位地全方位快速改变,文化传统中有的部分调整、改变了,有的部分则仍然保留。原因具体而言:其一,文化传统中的价值观念虽然诞生于旧的生产方式之下,但它包含永恒的人类价值内核,并不属于旧质文化,可以适应、促进现代生产方式的发展与变革;其二,虽然社会生产方式已经发生了变革,但其改革也不可能是突发性、彻底的全面转变,也是分步骤地、缓慢地改革。因此,即便是现在生产方式相较过去已经发生了深刻的变化,也仍然有部分遗留和反复,使得文化传统中的部分因素能够适应现代生产方式。

比如笔者在三都水族自治县的水族村寨水霞村①调研时发现,当地家家户户仍然有染布、自制青布的传统(图3.1)。水族的青布是在过去落后的生产力条件下,水族先民与外界缺乏交往和商品的交换,利用自产的棉花纺纱,并利用当地山中的植物"蓼蓝"染制,后经过反复捶打而制成的布料。水族服饰的用料以深色、油亮为美、为贵,然而,青布的制作费时费力,据村里的水族妇女说,染一匹油亮、出众的青布,要反复浸染好几年。并且,自制青布因工艺简朴,难以固色,穿在身上常常把下层衣服、皮肤染黑。在与外界商品交换如此方便的今天,外界工业印染的服饰已唾手可得,而且穿着的舒适性也强于青布,为什么水族妇女仍然对自制青布情有独钟?笔者发现,这与水族妇女当前的生产方式、生产角色有很大的关系。水族女性受长期重男轻女的观念影响,受教育程度较低,无法外出打工,只能在家务农和操持家务。虽然村中的男人很多都已经外出接触并从事现代的生产劳动,但水族妇女依旧延续旧式的生产方式。因而,从现代人的角度看,一匹耗费几年制作的青布太费时费力,耽误生产,但对于水霞村的妇女而言,青布制作并未增添麻烦,也没有妨碍她们"做活路",仍然是适应她们当下生产方式的一种传统生活方式,能够延续至今。

---

① 本研究的考察地点"水霞村"为化名,其实是贵州省黔南布依族苗族自治州的一个真实村寨。

图 3.1　三都水族自治县九阡镇水族妇女在家纺线、制作青布

　　反之，若文化传统不能适应当下的生产方式，则会失去存在的根基，文化传统会失传，沦为历史文化。笔者在贵州纳雍县化作乡调研时发现的一个现象，能够有力地证明文化传统受生产方式的决定与制约。化作乡是苗族彝族杂居乡，是一个汉族、彝族、苗族等多民族的杂居地。调查发现，当地彝族的文化传统浓郁，但苗的文化传统却式微，当地苗族百姓自述"较少过自己的节日，而是与当地彝族百姓一起过火把节"。究其原因，我们发现，苗族的文化传统式微是因其原有生产方式已发生更改。很久以前，彝族是化作当地的先民，他们受制于当地独特的地理系统，形成了独特的生产方式和生活方式。化作地区高山高原的地理环境适宜种植玉米和土豆，在缺水少雨的地区他们形成了独特的火把节节日习俗。苗族先民是后来从外地迁徙到化作的，他们聚居在山地，出于民族团结与自我保护的原因，他们本民族的语言保存得较好。但是在生产方式上改变了原居住地"稻鱼共生"的生产方式，逐渐更换为适应当地自然地理环境的生产方式。一改过去种植水稻的生产方式，与彝族群众一样种植玉米和土豆，于是与之前稻作文化密切相关的"吃新节""苗年节"等苗族习俗与节日就逐渐被舍弃。正是苗族百姓与当地彝族百姓生产方式的趋同，使得生活方式也与彝族百姓趋同，一起过彝族的火把节，逐渐表现出彝族文化传统的特点，因此苗族的文化传统逐渐式微。可见，社会生产方式与人的生活方式具有自然的、

历史的协调性、一致性。这种生产的必要性也体现在资本主义殖民扩张中,于是被马克思所记录:"定居下来的征服者所采纳的共同体形式,应当适应于他们面临的生产力发展水平,如果起初情况不是这样,那么共同体形式就应当按照生产力来改变。这也就说明了民族大迁徙后的时期到处可见的一件事实,即奴隶成为了主人,征服者很快就接受了被征服民族的语言、教育和风俗。"①

二是文化传统的某些部分虽不适应现代生产方式,但它远离生产,不影响生产,因而也能够保存下来。文化传统的内部结构也与文化一样,大致可以包括社会生活的传统,如婚姻传统、家庭传统、家族传统、宗族传统;物质生活的传统,如劳动传统、分配传统、消费传统、休闲传统;精神生活的传统,如宗教传统、哲学传统、艺术传统、文学传统等。文化传统的不同内容由于与物质生产方式关系的远近不同,导致其变更速度的快慢不同。一般而言,在文化结构中,接近物质生产的文化传统比较容易发生变异,而那些远离物质生产的文化传统则比较稳定,不容易发生变化。如在体现基本生存水平的衣食住行等器物层文化上,民居、服饰、饮食等方面往往直接受生产方式的影响,要时刻适应生产方式,容易随着生产方式的改变而发生变异。像是在我国的机器大工业初期,工人穿着传统的长袍马褂就不适合进入工厂劳动,自然要求人们更换为方便劳动的现代服饰,生产方式迅速改革了服饰这一生活方式。而远离生产方式的文化的精神层面、制度层面,如节日、信仰、丧葬方式等,因为它们远离生产方式,对物质生产的影响较小,几乎不影响物质生产,因而即使不合时宜,但它仍暂时不会随着生产方式的变化而被迅速革新,能继续保存和传递下去,直至生产方式彻底改变,文化传统才会最终消失。

例如,水族有"轻生重死"的丧葬传统,这就是与物质生产距离较远的文化传统,保留得相对完整,具体表现在水族的隆葬习俗上。水族对于吊唁活动非常重视,有的甚至倾其所有,不惜负债累累为老人举办吊丧活动。在三都水族自治县九阡镇的水霞村,水族隆葬的标志——石棺墓仍然在房前屋后随处可

---

① 马克思恩格斯选集:第 1 卷[M].中共中央马克思恩格斯列宁斯大林著作编译局,译.北京:人民出版社,2012:207.

见,大多在家中老人还未去世时就已经准备好了。这些石棺墓的外貌与水族居住的干栏式建筑相似,石墓工艺精湛、造型华贵,大多雕刻着二十四孝、八仙过海、丹凤朝阳以及花鸟鱼虫等精美的图案。这些石墓造价高昂,据水霞村潘姓村民介绍,在过去建造一座中等规模的石棺墓,开支在当时可以购买十头水牛,而现在也要花费至少 1 万元。水族的隆葬还体现在举办大规模的葬礼上,水族人将办葬礼称为"开控",按规模从小到大依次分为四个等级:"小控""中控""大控"和"特控","小控"的吊唁时间为两天左右,一般只宰杀一头猪,"大控"则要持续三五天,宰杀三五匹马或三五头牛(图 3.2),吊唁的亲人多达数千人,开支巨大。随着村中外出打工的人增多,经济条件向好,隆葬的攀比之风更甚,据村民介绍,村里"开控"的消费一般是 5 万元左右。隆葬的传统与当地的经济发展水平极不匹配,加剧了家庭的消费支出。但它代表的是对死者最高的敬意,投射出对死者魂魄的畏惧。

图 3.2　三都水族自治县九阡镇水族村民宰牛准备葬礼

总之,文化传统归根到底是由社会生产方式决定的,文化传统能够很好地适应当前的生产方式,或者不影响、不阻碍当前的生产方式,是其能够传承下来的根源所在。

(三)文化传统各部分的流变与距离物质生产的远近有关

从整体上说,文化传统随着物质生产方式的改变而改变。不过,具体到文化传统的内部,其各部分的流变是与距离物质生产活动的远近有关的。距离物质生产活动越近的文化传统部分变化越快,容易随着物质生产的改变而迅速地改变,而距离物质生产活动越远的文化传统部分则更加稳固,不易改变。正如恩格斯指出:加工之后的系统化的意识形态,如宗教、哲学等,是"更远离物质经济基础"①和"更高地悬浮于空中的思想领域"②。文化传统内部具体内容的划分标准不同,使得各部分与物质生产的远近关系也有所不同。关于文化传统的分类,有不同的标志:其一,文化传统按照构成要素进行分类,可以分为价值观念、思维心理、知识经验和语言符号。其二,文化传统按照领域进行分类,可以分为饮食传统、服饰传统、居住传统、教育传统、婚姻传统、丧葬传统、交往传统、消费传统、娱乐传统等。因为两种分类标准不是在一个维度上的,因而两种文化传统的分类是彼此交织、相互重复的。例如,作为内容的饮食传统也包括价值观念、思维方式、知识经验和语言符号四个方面。中国人的饮食传统注重食物的相生相克,包含着阴阳调和、执中守一的价值观念,展现了中国人中庸、综合的思维方式,也包含了饮食的知识经验,形成了一套关于"吃"的语言符号,如"吃亏""吃瘪"等,将饮食的传统诠释得更加完整。

一般地,人们认为文化中的器物层面容易变化,因而器物层的文化就是与物质生产距离最近的部分。也有人认为,知识经验与语言符号是最容易改变的,似乎它们与物质生产的距离更近。而实际上,文化传统各部分距物质生产远近的划分标准,不是按照层次划分的,也不是按照构成要素划分的,而是按照领域划分的。从文化传统的领域看,与物质生产密切相关的文化传统主要包括:一是与劳动者吃穿住行密切相关的饮食传统、服饰传统和居住传统;二是与生产密切相关的社会生活的传统,如消费传统、交往传统;三是与生产密切相关的精神生活的传统,如教育传统、娱乐传统、休闲传统。这三者容易随着物质生

---

① 马克思恩格斯选集:第4卷[M].中共中央马克思恩格斯列宁斯大林著作编译局,译.北京:人民出版社,1972:249.

② 马克思恩格斯选集:第4卷[M].中共中央马克思恩格斯列宁斯大林著作编译局,译.北京:人民出版社,1972:484.

产的改变而变化。比如，随着自给自足生产方式的改变，在民族地区，与劳动者吃穿住行密切相关的饮食、服饰、居住的传统已经发生改变，现代快餐食品、现代服饰、新式水泥建筑、汽车、现代生活电器、信息设备、智能手机已经逐渐替代了传统的饮食、服饰、住房、生活用品。如在苗族和水族地区，传统的木质干栏式建筑逐步被混凝土建筑所替代，因为随着交通的迅速发展，现代建筑材料不仅运输成本降低，同时又具有比木头更坚实、防火的优点，逐渐成为当地建筑的新式材料。并且，即使是相对稳定、不易变化的精神生活方式，其中与生产密切相关的部分也易发生变化，具体包括：一是与生产相关的教育、学习等精神活动的开展增多，随着生产对人的文化水平要求的提高，水霞村的村民开始转变重文轻理的传统观念，重视学习科学技术知识，注重孩子接受现代学校教育；二是与生产相关的节日、民俗传统的变化，很多水族村民因为在外地打工，不方便回家过水族的传统节日，就放弃过卯节、端节，改过春节，水族的文化传统逐渐式微；三是与生产贴近的休闲、娱乐活动也有变化。据寨子里老一辈的水族村民回忆，以前大家会在农业生产之余对歌、跳芦笙舞，现在已经很少听到村里有人唱水歌了，手机冲浪、网络游戏开始占据村民的休闲时间。可见，只要是与物质生产距离较近、密切相关的生活方式，不论是器物层面还是精神层面，都容易随着生产方式的变化而变化。而与物质生产距离较远的如婚姻传统、丧葬传统，就不易改变，容易稳定地传承下去。

同时，随着时代的发展，文化传统的流变不仅与某一地区的物质生产水平有关，也可能与整个国家的物质生产水平有关系。比如虽然饮食偏好习惯是基于物质基础的，群众的饮食传统与当地生产的物质资料的种类有很大关系。像"糌粑"之所以成为甘孜藏族群众的传统主食，是因为制作"糌粑"的原材料青稞在高原生态环境的生产条件下要比白米白面等食物更经济、易得。但是，吃营养价值高、口感细腻的食物是人类的本性。随着技术的进步与物资的丰裕，依靠发达的交通运输业，白米白面对藏族群众来说已经简单易得，因而现在甘孜的不少藏族群众不爱吃藏餐了，反映"糌粑口感不好""糌粑吃了胀肚子"，而且做起来也不如米饭方便,糌粑逐渐被淘汰。可见,虽然现在依旧难以改变甘孜藏族自治洲六成以上耕地只能种植青稞的事实,当地的物质资料生产方式未能发生巨大的改变,但是随着整个社会物质生产水平的提升,直接带来了大幅增产的物资、商品经济与物资供应,也能间接地影响某个地区的文化传统。

二、现代生产方式是教育现代化的根源

教育属于社会意识的一部分,作为社会存在的生产方式制约教育的发展。教育现代化是教育发展的一个阶段,同样受到生产方式的制约,尤其是受到现代生产方式的影响。

(一)现代生产方式提供教育现代化的发展条件

教育现代化是教育摆脱社会各种限制,充分利用社会提供的各种教育发展条件,使得教育达到世界先进发展水平的过程。教育现代化的发展条件包括社会对人才的需要、现代科技的发展、客观办学条件的满足。现代生产方式提供了教育现代化的发展条件:一是现代生产提出了人的现代化的需要;二是现代生产力促进科学技术迅速发展;三是生产力和政治经济制度为教育现代化提供了客观的办学条件。

1.现代生产提出了人的现代化的需要

社会学家阿历克斯·英格尔斯认为"人的现代化是国家现代化必不可少的因素。它并不是现代化过程结束后的副产品,而是现代化制度和经济赖以长期发展并取得成功的先决条件"。① 英氏充分肯定了人的现代化对于社会现代化的重要作用。人的现代化,实质是人的全面发展,是现代生产对教育提出的新要求。

人的现代化的起点应该是"现实的人",唯物史观认为,物质生产是"现实的

---

① 不详.人的现代化:心理·思想·态度·行为[M].殷陆君,编译.成都:四川人民出版社,1985:8.

人"的第一个前提。个人"是什么样的,这同他们的生产是一致的——既和他们生产什么一致,又和他们怎样生产一致。因而,个人是什么样的,这取决于他们进行生产的物质条件"①。正是物质生产劳动使人脱离了自然界,摆脱了"人的依赖"和"物的依赖",开启了人的现代化之路。有的学者为人的现代化确定了具体的指标,如独立性、民主精神、善于合作、创新能力等,这其实是将人的现代化看成一种抽象的直观,设置了人的现代化的理想模板。实际上,人的现代化没有统一的、具体的标准,从事不同物质生产活动的人,具有不同的现代化要求,产生不同的现代化结果。物质生产方式决定了人的现代化的发展,它既是人的现代化的动力,又承载了人的现代化的内容,也决定了人的现代化的结果。

人的现代化是教育现代化的目的的展示,即教育现代化应该"培养什么样的人"的体现。人的现代化到底是什么样的,教育应该培养什么样的人的规格质量,这不是人为主观设置的,而是由生产方式所决定的。其中,生产方式中的生产力要素决定了社会对人才的需求,进而提出了人才教育的需求。尤其是在现代生产方式中,科技力量发挥了重要作用,无形中提升了现代教育的作用。从某种程度说,现代科技的威力在一定意义上也就是教育的威力。社会生产迫切需要科技,科技的创造迫切需要人才,人才的培养迫切需要现代教育。

生产力发展水平越高,对人才的需求数量与质量也越高,而在生产力发展水平较低的时期和地区,对于教育的需求也较低。比如,我国一些偏远地区经济比较落后,教育水平与当地生产力不匹配,教育对经济发展的促进作用不明显,教育的必要性没有被激发出来,这也是生产力对教育的影响。笔者在调研中发现,在一些经济落后地区,学生厌学、隐性辍学、外出打工的现象严重。即使义务教育减免了学杂费,表面上家长不用负担孩子的读书费用,但读书存在隐性成本,孩子本可以凭借参与简单的生产劳动如放牛、割草为家里增加收入,现在因为上学则失去了这部分收入。更让家长忧虑的是,因为当地现代企业

---

① 马克思恩格斯选集:第1卷[M].中共中央马克思恩格斯列宁斯大林著作编译局,译.北京:人民出版社,2012:147.

少、规模小,人才需求也少,花费大量时间在学校学习,最后却无法在当地找到合适的工作,难免产生"读书无用"的想法,自然让孩子"早打工早赚钱",导致教育普及遭受无形的阻力。这其实就是生产力的水平低而制约教育现代化发展的一个典型体现。

2.现代生产力促进科学技术迅猛发展

以机器大工业为标志的现代生产方式,促进了现代科技的飞速发展,并为教育现代化的发展提供了科技动力。现代社会是以现代科学技术为基础支撑的社会,现代生产的需要,促使现代科技呈现指数级增长。为此,马克思认为,"资本不创造科学,但是它为了生产过程的需要,利用科学、占有科学"①。恩格斯认为社会发展本身的技术需要比十所大学更能推进科学的发展。正是现代生产为科学的广泛应用提供了不断革新的条件,使得科技在与生产不断相互优化的过程中实现了迅猛发展。一是现代生产力的发展为科学创造提供了物质条件。现代生产"相当大的程度上为自然科学创造了进行研究、观察、实验的物质手段"②。二是现代生产推动了科学技术劳动的独立化。以机器大工业为基础的现代生产,促进了生产中脑力劳动与体力劳动的分化,并推动了科学技术劳动这一脑力劳动的独立化与专业化,使"发明成了一种特殊的职业"。最初作为资本致富手段的科学,逐渐从生产中分离出来,为现代科学与知识的发展提供了条件。三是现代生产的科学需求促进了科技的研究。现代生产方式所渴求的生产率,形成了对科学技术的迫切需求,推动了科学技术中新工艺、新产业的不断发展和各种发明的涌现。综上,现代生产力的发展促进了科学技术的迅猛发展,加快了科技更新迭代速度,缩短了科技应用周期,渗透到社会生产生活领域的各个方面。教育要培养适应现代生产的劳动者,必须充分利用科技革命的成果,发挥现代科技在教育现代化中的动力作用,促进教育现代化的发展。

---

① 马克思恩格斯全集:第47卷[M].中共中央马克思恩格斯列宁斯大林著作编译局,译.北京:人民出版社,1985:570.

② 马克思恩格斯全集:第47卷[M].中共中央马克思恩格斯列宁斯大林著作编译局,译.北京:人民出版社,1985:572.

3.生产力和政治经济制度提供了充足的办学条件

生产力和政治经济制度,共同为教育现代化的发展提供充足的客观条件。一方面,现代社会生产力的发展,为办现代高水平的教育提供了可能性。办教育必须要有一定的人力、物力作为支撑和保障,生产力的发展则为教育的发展提供了客观条件,不仅促进了现代教育规模的扩大和高速发展,也促进了教育质量的改善和现代教育结构的改变。另一方面,生产方式中的生产关系、政治经济制度直接决定教育现代化的性质、形态和发展前途。生产力水平制约教育现代化,为教育提供办学经费,但是生产力高,提供办现代教育的经费并非就高,生产力对教育的作用,总是受生产关系的影响。国民经济二次分配的制度,决定了创造的财富分配多少用于教育,这才是决定教育发展的因素。因此,我们说社会政治制度的性质决定教育的性质,决定教育的宗旨和目的,决定教育的领导权。在社会中,谁掌握了生产资料,谁就掌握着教育的领导权,直接控制着教育培养的人为谁服务,制定教育的目的和制度,规定教育的内容,控制教育的经费,影响和控制受教育者。在资本主义社会,教育的发展是为了资本家的利益,优质的教育最终是为了服务少部分特权阶层,资本主义的阶级矛盾决定了教育现代化的受众是统治阶级,而不是为了每一个人的自由全面的发展。所以虽然现代资本主义发达国家教育的现代化走在世界前列,但是资本主义制度本身的缺陷最终会禁锢其教育现代化的发展。我国作为社会主义国家,新的社会关系决定每个社会成员都拥有平等的受教育权利和机会,因而,我国的社会经济制度决定我国的教育现代化要追求均衡发展,各种关于教育公平的政策和制度,促进了教育的均衡发展。

（二）现代生产方式决定教育现代化的方向

首先,现代生产方式决定现代教育朝着普及化方向发展。在机器大工业时期,当时的现代生产方式即资本主义的生产方式实现了传统生产方式的变革。资本主义生产方式用"雇佣工人"代替了代表旧的生产方式的"农民",用大机器代替了农村的农民个体小生产与家庭作坊,用工业生产方式实现了农业与工业的新型联合即使农业工业化、商品化。由于现代社会新的生产力发展迅速，要求大生产的工人要比农民更有文化，要懂得机器并能正确地使用机器，必须经过教育与训练。这就对教育提出了现代化的要求，要求现代教育不能像古代教育一样，只是培养政治、法律、宗教、军事方面的统治人才，而是要培养大量熟练的劳动者，这就促进了教育朝着普及化方向发展。要求现代教育通过培养训练各种合格劳动力和专门人才，提高在职和未来劳动力、专门人才的智力和技术水平，以适应现代生产方式的需要。

其次，现代生产方式决定现代教育朝着科学化方向发展。现代生产方式推动了科学技术在生产中的应用。现代化生产发展的历史，就是科学通过技术与物质生产逐步相结合的历史。具体表现在科学逐步物化在现代社会生产力的劳动者、劳动资料、劳动对象几个要素上。物化在劳动者要素上，使得劳动者自觉应用科学技术知识；物化在劳动工具要素上，表现为现代机器代替手工工具；物化在劳动对象要素上，表现为新兴的生产材料代替传统的生产材料。为此，现代生产要求现代教育朝着科学化的方向发展，一是要传授科学技术，传承与积累基本生产经验与技术；二是创新科学技术，不断发展现代生产技术。

再次，现代生产方式决定现代教育朝着开放化方向发展。在马克思看来，资本通过国际竞争和向外扩张来强行传播自己的生产方式，生产的全球化使得"各国人民日益被卷入世界市场网"，造成了人们之间多形式、多层面的交往国际化或全球化，推动了人类从地域性历史向世界历史转变，进而对人的全面发展提出了要求。具体对教育而言，现代生产方式带来了产业技术结构与生产模式变化的加速、科学技术的迅猛发展、知识更新的加快、职业和岗位变动性的增加、竞争的不断加剧，使得现代教育不仅在教育内容上逐渐开放，也促进了其在教育空间、时间上的开放化。一是内容上的开放化，课程内容、教学方法不再是封闭的，不局限于课堂内教师传授的固定、已知的真理知识，而是把课堂教学与课外活动、广阔的生活大地联系起来。二是空间上的开放性，形成大教育观，突破学校的围墙，学校教育与家庭教育、社会教育联系紧密。三是时间上的开放性,一次性学校教育无法满足工作和生活需要,要求学习时间的延长,"活到老学到老"的终身教育理念逐步确立,终身学习的现代教育体系开始建立。

(三)教育现代化的相对独立性

教育现代化的相对独立性,是指教育现代化的过程虽然受到社会存在的制约,但它同社会存在的发展并不总是保持同步与一致,仍具有自身的能动性和独特的发展规律。主要表现在以下几个方面。

1.教育现代化的发展与社会生产的发展变化不是完全同步的

教育现代化是社会存在尤其是物质生产所决定的,但它不总是同社会经济发展的变化完全一致,而是或前或后,与社会经济的发展保持着动态的对应。教育现代化有时落后于社会经济发展并阻碍其前进,有时是遵循"教育优先发展"之路,走在社会现代化发展的前面,能够推动社会现代化发展。这两种情况,在历史上都是大量存在的。当前有许多社会经济上落后的国家和地区,教育领域却走在了经济水平的前面,如我国的很多民族地区,没有达到现代社会经济发展的水平,也没有承办高水平教育的条件,但是在国家整体经济发展水平提升的基础上,在实现教育均衡发展的政策下,民族地区的教育发展水平走在了经济发展的前面。这种不完全同步的现象存在的主要原因是:首先,教育虽然是由社会存在所决定的,但是总是受各种主客观条件的限制。当教育活动的主体受到主客观条件限制而不愿或不能认识到教育的重要作用时,他们的教育活动必然落后于社会生产的发展。反之,如果能够充分认识到并发挥教育培养人才促进经济发展的作用,则能够促进社会发展。其次,教育的主体是具有不同社会地位、阶级立场的人。先进的阶级和个人能适应社会发展的客观趋势,自觉地推动教育向前发展,因而能够在教育思想和理论上跟上社会前进的步伐;而反动的、落后的势力则尽力维持旧的教育观念和教育制度,以保护他们的统治地位。因而,教育会落后于社会经济的发展。

可见,教育现代化与社会现代化不是完全同步的,教育发展水平与社会经济发展水平并不总是一一对应的。这种不同步源于教育处于不同的社会历史条件下,包括社会政治制度、民族传统及国际影响等。这说明,教育反映经济的发展也受到其他条件的影响,不是简单的照镜子式的反映。不过,这种不平衡性所表现出来的教育的独立性也是相对的。教育的现代化之所以能在我国经济落后的民族地区出现,也是以整体的经济发展水平为前提的,如果我国的经济发展未达到一定的水平,没有社会主义的政治制度,落后地区就不可能出现好的教育。同样,在我国现在所处的社会主义初级阶段的经济发展水平条件下,要想实现教育走在世界前列,也是不可能的。

2.教育现代化的发展具有历史继承性

每一个历史时期的教育,都在继承之前阶段的教育上发展,也就是要受到教育传统的制约。教育现代化的发展,在水平和形式上都有两个来源:其一,在水平上,教育主要反映现实的社会存在尤其是社会生产力的发展水平,同时也保留了历史上形成的过去社会存在的某些意识和材料,它们有机地结合在一起,以今为主,古为今用。这也会导致教育同社会存在的发展并不总是保持一致和平衡。其二,在形式上,教育现代化即使要创新教育方法和手段,也需要在继承传统教育方式的基础上进行改造、发展,从而形成各具特点的民族教育风格。例如,中国和印度作为文明古国,在历史文化、地理区位、经济发展水平上具有很多共同点。但受教育传统的影响,印度的教育形成了不同于中国的风格。印度在教育中一直重视学生的数学思维和空间想象能力,从古印度时期,印度人就将数学作为逻辑思考的原动力,其与印度宗教哲思具有同等重要的地位;同时,受殖民地教育传统的影响,印度非常注重英语的教育。因而,在传承这些教育传统的基础上,现代的印度非常注重工程技术教育。培养了大批国际化的顶尖工程技术人才,形成了印度精英教育发达的教育标识。与印度重精英教育但教育大众化进程较落后的情况不同,中国的现代教育在传承儒家教育传统的基础上,形成了注重哲思、重视知识传承、看重人才选拔的教育局面,虽然,中国教育的大众化水平较高,但精英教育与创造性人才的培养一直是教育的短板。以上说明教育作为一种历史的继承性活动,教育传统必然影响教育现代化的发展形态。

　　没有教育水平与教育形态上的传统来源,教育现代化的发展无从谈起。正是由于这种历史的继承性,教育现代化的水平和形态才能够持续而不中断,有其可追溯的历史线索。不过,值得注意的是,教育现代化对教育传统的继承归根到底要受到社会经济发展及其条件的制约。任何时代的教育遗产都不是无条件原封不动地兼容并包,而是经过加工改造予以现代教育的。究竟如何对教育传统进行加工改造,摒弃什么,弘扬什么,这在根本上是由社会存在的现实情况和需要以及教育思想家的社会地位、阶级利益所决定的。

3.教育现代化要受到各种社会意识的影响

　　忽略社会意识对教育现代化的作用,企图单纯用社会经济条件来说明教育现代化的发展,就不能正确理解教育现代化的特点,会把复杂的教育现象简单化。社会意识包括政治、哲学、宗教、道德、艺术以及科学等,都会影响教育现代化的发展。一是哲学思想和政治思想直接影响教育的思想和理论。哲学作为理论化、系统化的世界观,对人认识世界和改造世界的活动起着指导作用。通常哲学思潮的兴起与转变,会迅速渗透到包括文学、艺术、建筑还有教育等在内的社会各个领域,为其提供理论与方法论指导。比如20世纪中期兴起的后现代思潮,其主观性、多元性等观点,带来了教育理论和实践的激烈变化。政治思想对教育的影响更为明显,教育方针、教育政策直接影响教育发展的方向。二是有些社会意识不仅影响教育思想,也构成一定的教育内容。如道德、文学、艺术和科学,都能经选择后纳入教育现代化中成为教育的内容,使得社会成分渗透到教育中,成为教育不可或缺的内容要素。三是社会意识中的科学对教育现代化发挥巨大的作用。首先,先进的科学技术要引入现代教育内容,教育只有通过传授科学知识,才能够为社会的现代化提供所需的人才;其次,新兴的科学技术能够有助于探索教育发展和人才培养的新规律,提升教育培养人的效率与质量,促进教育现代化发展;再次,教育现代化作为一个长期的过程,需要不断地改革与创新,现代科学将理性、创新、改革的科学精神引入教育,能够促进教育不断地改革创新。

不过,各种社会意识对教育现代化的作用受到社会存在的制约。在社会经济的发展还不足以消除人们所受的自然力和社会力的压迫之前,想通过政治和法律的作用来强迫实施现代教育,取消传统的教育,是不可能的。而当社会经济发展到较高水平的时候,要想使教育恢复到传统教育的状态,也是办不到的。这说明,各种社会意识以哪种方式、哪一方面对教育现代化产生怎样的影响,最终取决于社会存在所提供的可能。

教育的相对独立性是一个不可否认的事实。这一事实表明,教育有一定的自我完善、自我发展的能力和趋势。而且,社会越是发展,教育实践活动的自觉性越是增强,教育的相对独立性就越明显、越强烈。然而,不管教育的独立性表现得如何明显、如何强烈,在历史唯物主义看来,它的独立性毕竟是相对的。我们既不能抹杀教育的相对独立性,这是形而上学的机械论,又反对把教育的独立性夸大,沦为绝对的历史唯心主义。

三、文化传统对教育现代化的作用

正如马克思的重要命题"意识形态没有历史"所表达的历史唯物主义的基本立场和主张,社会意识没有完全的独立性,它是镜中花、水中月,它的发展是随着社会存在的变化而产生的。正如马克思所说:"道德、宗教、形而上学和其他意识形态……它们没有历史,没有发展,而发展着自己的物质生产和物质交往的人们,在改变自己的这个现实的同时也改变着自己的思维和思维的产物。不是意识决定生活,而是生活决定意识。"[①]这一科学论断揭示出任何社会意识形态都不会凭空产生,而是根植于深厚的社会存在的土壤和源泉,包括文化传统与教育现代化,都受到生产方式这一因素的决定性作用。

不过,虽然人类的社会意识由社会存在所决定,但是这个决定的过程是复

---

① 马克思恩格斯选集:第 1 卷[M].中共中央马克思恩格斯列宁斯大林著作编译局,译.北京:人民出版社,1995:73.

杂的,它们之间存在着一系列的中介环节和各层次的因果联系。我们需要从社会意识与社会存在两个层面对其中的主要环节和层次做出应有的说明,使得文化传统对教育现代化的作用规律得到真正的唯物主义解释。

(一)相关关系而非因果作用

我们常说文化传统在阻碍教育现代化,其实并非文化传统本身在阻碍教育现代化的过程,而是二者背后的物质生产水平在阻碍教育的现代化发展。也即是说,文化传统对教育现代化的作用不是简单的"文化传统为因,教育现代化为果"的关系,文化传统对教育现代化的作用另有其因。

马克思的历史唯物主义告诉我们,社会存在决定社会意识。社会存在是不依赖于人的意识而独立的物质客体,是第一性的;而社会意识是社会存在的反应,它依赖于社会存在,是第二性的。具体体现为:一是有什么样的社会存在,就有什么样的社会意识。任何一种社会意识,不论正确与否,从其内容来看都是现实的某种反映,可以从社会存在中寻找来源。二是社会存在的变化决定社会意识必然或迟或早地发生变化。每一社会形态都有其相应的社会意识。其中,物质资料的生产方式是社会发展的决定力量,决定整个社会的性质与面貌,也决定社会形态的发展变化。为此,马克思和恩格斯指出:"'精神'从一开始就很倒霉,受到物质的'纠缠'"[①],要从物质生产方式去说明社会的精神现象和社会历史。

虽然文化传统与教育现代化都是社会意识,两者之间相互作用,但二者不是因果关系,它们有共同的根源——生产方式。文化传统与教育现代化都是生产方式引起的结果,两者是相关关系。关于"相关关系"与"因果关系"的区别,我们用一个经典的例子来帮助理解:每年溺水儿童和雪糕销量呈明显的正相关关系,但是显然两者不存在因果关系,其背后隐藏的因果是:天气热导致溺水人数上升,同时也导致雪糕销量上升,溺水儿童与雪糕销量仅仅是相关关系,没有

---

① 马克思恩格斯选集:第 1 卷[M].中共中央马克思恩格斯列宁斯大林著作编译局,译.北京:人民出版社,2012:161.

因果关系,天气才是造成两者的"因"。也即是说,文化传统与教育现代化之间不存在因果关系,不是谁引发谁的问题,文化传统不会必然促进或者阻碍教育现代化的发展。

如图3.3所示,文化传统与教育现代化是同根同源的,它们共同的社会根源是生产方式,它们的关系是在物质生产基础上成长起来的相互联系。文化传统作为一个群体从过去一直传承至今的生活方式的精神观念与价值尺度,是由生产方式所决定的。教育作为上层建筑,也是由生产方式所决定的,教育发展的水平和样态共同构成了教育现代化的内容。两者只是相关关系,没有什么文化传统是必然会促进或阻碍教育现代化的。生产方式才是文化传统形成的"因",也是教育现代化的"因",文化传统对教育现代化作用的"因"也是生产方式。

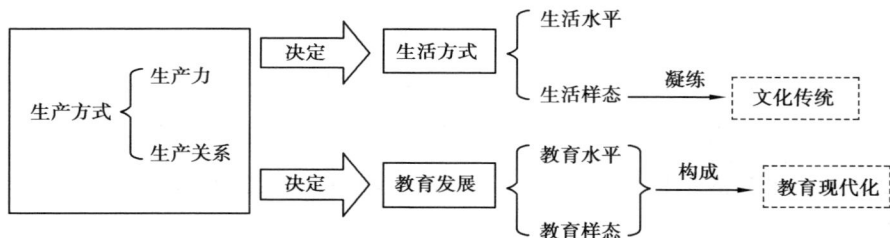

图3.3 文化传统与教育现代化同根同源

不过,值得一提的是,文化传统与教育现代化之间不存在因果关系,只是表明两者不在一个因果链条但不代表两者就没有交集。两者的相关关系表示两者存在相互作用的事实,产生于旧的生产方式下的文化传统会在客观上产生对教育现代化或促进或阻碍的作用。因而,分析文化传统对教育现代化的作用,仍然是有必要的,不过要分析这一作用,必须是在认识到生产方式这一根源之下。为此,在分析文化传统对教育现代化的作用时,我们要从生产方式中去溯源。

(二)表面是社会意识的作用

认识的过程是由表层到深层、由现象到规律的过程。要探究文化传统对教育现代化的作用规律,我们需要先探讨作用的表象,再探讨作用的本质。要弄清文化传统对教育现代化作用的本质,首先要看清文化传统对教育现代化作用的表象。从表面上看,文化传统与教育现代化都属于社会意识范畴,两者的作用首先是社会意识之间的相互作用。

1.文化与教育都属于社会意识

按照历史唯物主义的分析框架,文化与教育都属于社会意识,文化传统对教育现代化的作用,实质就是一种社会意识对另一种社会意识的作用。虽然文化与教育都属于社会意识,但是社会意识可以细分为不同的层次,文化与教育就分属于不同的层次。马克思的社会结构理论,将社会意识细分为社会意识形式与社会心理两个层次。其中,社会意识形式是高级的社会意识,是理性化、系统化的思想观念形式,如政治、法律、哲学、伦理、科学、艺术、逻辑学等,都属于社会意识形式。社会心理是初级的社会意识,是日常生活与交往中自发形成的、不成体系的社会意识,如动机、风俗、习惯、规范、礼仪等。并且,社会意识形式中又分为社会意识形态与非社会意识形态。社会意识形态是某一群体或集团认识和解释世界的方式和观念体系,如宗教、法律、哲学,包括上层建筑,都反映了一定的阶级价值,属于社会意识形态;而思想观念体系中一些不带有阶级价值观念、属于全人类共享的智慧门类,比如科学、艺术、逻辑学等,是非社会意识形态。

教育在社会属性上,归属于社会意识形态的范畴,是社会的上层建筑。虽然这一论断仍然有很多的质疑声音,但是不妨碍我们分析教育具有上层建筑的特征。首先,作为上层建筑,教育是由一定的社会经济基础决定的,反映的是经济基础的性质与要求。这一决定作用的核心是,教育目的是由经济基础所决定的。教育应培养什么样的人、人才的标准必须合乎社会经济需要,经济基础决定了教育的目的,也决定了应该教授什么样的教育内容、采用何种教育方法。有的人可能会疑惑,教育内容中也包括一些非社会意识形态的知识,比如自然科学、技术科学,以及社会科学和思维科学中的某些管理学、语言学、形式逻辑等,它们不反映某一经济基础、特定阶级和政治制度,如何解释它们作为教育的一部分,却不是上层建筑?确实,教育是复杂的,教育内容、方法中存在某些符合培养规律的共性,它们可适用于不同政治经济制度的教育过程。但是,教育的性质划分要抓主要矛盾,教育的核心是培养人,主要矛盾在于为谁培养人、培养什么样的人,这些均说明教育的上层建筑属性。其次,教育的发展历史证明,教育具有阶级性,在阶级社会教育是为统治阶级利益服务的。回顾中国教育发展历史,在半殖民地半封建社会中,教育也呈现半殖民地半封建的性质,为封建阶级和帝国主义服务;中华人民共和国建立后,半殖民地半封建的教育被推翻,从而建立社会主义的新教育。可见,教育的变革也与其他上层建筑一样,一旦经济基础发生变更,教育也相应地或快或慢地发生变革。再次,教育反作用于经济基础。教育通过培养人为社会政治经济服务,维护一定社会的政治经济利益。以上特征说明,教育应归属于上层建筑。

从狭义上说,文化属于社会心理。文化是人们在日常生活和相互交往中表现出来的各种心理活动、精神状况和价值观念。它自发形成于人们对现实生活的各种直接经验,是未经理论化和系统化的处于混沌状态的低层次社会意识。社会心理具有以下特点:一是具有群体性,是一个群体社会特性的核心成分。二是自下而上地发挥作用。社会心理是群体自发的集体表现,如民风民俗、民族服饰、民间歌谣等,都浸透在群体的日常生活中,自下而上地影响人的心理与行为。若要寻找某个群体的文化,也必须依靠整理、吸收流传在民间的群体生活方式。文化传统作为从过去一直流传到现在的、主导的群体生活方式背后的精神观念,也属于社会心理,是经过长时间积淀的、稳定的群体社会心理。可见,文化传统与教育都属于社会意识范畴,文化传统对教育现代化的作用,也是一种社会意识对另一种社会意识的作用。

2.文化传统在社会意识层面上对教育现代化产生作用

虽然社会心理是根植于民间的、朴素的社会意识,是零散的、非理性的,但是它是高级社会意识形式的原始素材、情感资源和心理动力,将其经过系统地组织、演绎,可以形成和升华为理论观念体系,成为人类认识世界的高级形式。

基于此,我们来分析文化传统对教育现代化的表象的作用。

(1)文化传统是教育现代化的思想基础

文化传统虽然属于低水平的社会意识,但在整个社会意识结构中,也有其重要的地位和作用。它是在感性经验范围内反映生活存在的精神活动,是社会意识形态的思想基础与理论之源,能为高级意识形态的形成提供思想素材与精神力量。为此,马克思主义理论家普列汉诺夫指出:"社会心理异常重要,甚至在法律和政治制度的历史中都必须估计到它,而在文学、艺术、哲学等学科的历史中,如果没有它,就一步也动不得。"①强调了社会心理是社会意识形态的思想来源。当然,这种"来源关系"并非社会存在与社会意识间的本源关系,而是社会意识形态对社会心理的依赖关系。普列汉诺夫充分肯定了社会心理为高层次的社会意识提供各种原初的意识材料的作用,认为它是联结社会存在与社会意识形态的纽带与桥梁。

由此可知,文化传统是教育现代化的思想素材,并对教育内容起着过滤的作用。一方面,文化传统为教育现代化提供素材。人在生活中总结出来的经验知识、使用的语言文字、提炼的价值观念、采用的思维模式,都是教育的素材,既可以为教育提供内容素材,也是教育方法和教育手段的素材。另一方面,教育现代化作用的发挥要经过文化传统的过滤作用。教育想通过培养人才实现对社会经济的促进作用,必须要融入和沉淀到受教育者的生活方式之中。因为任何社会的人都受到经济生活的制约,不可能毫无条件地接受任何社会意识形式的内容,作为生活方式的价值尺度,文化传统就是人自身自带的"过滤器",只有通过了这个"过滤器",特定的教育思想、观念才能够被接受。只有经过受教育者的文化的过滤、筛选、析取,根据自己的需要选择适合的东西进行学习,教育的内容才能够真正被认同和接纳。那些与文化相冲突、相背离的教育内容,则容易被受教育者拒斥。

---

① 普列汉诺夫哲学著作选集:第 2 卷[M].上海:生活·读书·新知三联书店,1974:273.

（2）文化传统自下而上地影响教育现代化

如前所述,马克思的社会结构理论中,社会意识包括社会意识形式和社会心理。其中,社会意识形式作为高水平的社会意识,能对低水平的社会心理产生自上而下的组织和改造作用,能够促使未成体系的一些社会心理向较高水平的社会意识形式规定影响的方向发展,最终促使整个阶级和社会整体意识水平的提高。反过来,低水平的社会心理也可以自下而上地影响高层次的社会意识形式。一旦社会的经济、政治关系发生变化,首先会形成民间的社会心理,再在一定条件下形成社会思潮,或冲击或逐步改变上层的社会意识形式。

文化传统对教育现代化的影响,也是社会低层次社会意识对高层次社会意识的影响。文化传统对教育现代化的影响,是通过自下而上地影响个人意识来实现的。生活在一起的群体拥有相同的生活方式的价值观,构建了统一的社会文化情境,最终通过社会文化情境自下而上地塑造人的价值思想、思维方式、语言,形成个人意识。教育虽然可以通过理智训练、意识形态的教化、先进科技的传播来改造人的生活方式,但真正想试图通过教育自上而下地教化百姓的个人意识与文化个性,则是难以实现的。这是由于两者具有不同的形成机制,社会意识形式即教育主要依靠历史继承,历史继承是主动的、有目的地进行选择的;而社会心理即文化传统的形成则主要依赖社会遗传,社会遗传是非选择性、被动性的,通过上代传给下代的精神形成。也即是说,文化传统对人的思想心态与思维方式等的影响,是学校教育的作用难以替代的。例如,即使是接受相同的学校教育,但城市的学生与乡村的学生在价值观、人生观、世界观、思维方式等方面仍有不同。可见,相比受教育者每天浸润的生活方式而言,教育在塑造人的世界观和思维模式等方面的作用是有限的,个体的主导思想、看待问题的方式主要是由他所处的社会文化情境塑造的。这反映到教育中,就是文化传统影响人的教育需求。因此,即便是官方自上而下地实施与推进教育现代化,也要考虑到文化传统对教育主体由下而上的影响。

（三）本质是社会存在的作用

虽然前面我们是从社会意识层面来分析文化传统对教育现代化的作用,但并非就此把文化传统作为教育现代化的根本原因,这不符合历史唯物主义的客观规律。因为社会意识不是一种无根的社会精神现象,其归根到底是由社会存在所决定的。文化对教育的作用、文化传统对教育现代化的作用也是一样的,本质是背后的社会存在的作用,尤其是生产方式的作用。具体而言:

一方面,文化传统对教育现代化的作用,实质是传统社会意识对现代生产方式的反作用。文化传统对现代生产方式各要素的影响,直接影响教育现代化的水平。

作为第二性的社会意识,虽然主要依存于第一性的社会存在,但它也具有自身的相对独立性,表现为社会意识与社会存在之间发展的不平衡性,社会意识或"超过"或落后于社会存在。这首先是因为社会意识并不充分全面且确切地反映社会存在,占统治地位的剥削阶级的意识为巩固其狭隘的阶级利益会把大量的错觉和谬误强加给其他阶级。其次,社会意识中非社会意识形式的部分,不只是属于某个阶级、某个群体的,而是人类所共有的精神财富,它具有普适性,能够跨越不同的社会存在而独立存在。再次,社会意识各方面发展呈现不均衡性,这是社会意识所固有的,由社会意识体系诸要素同社会存在的不同联系所造成的。与物质基础密切联系的部分,随社会存在变革而快速变革,反之,远离物质基础的部分,变化发展则更为缓慢。最后,社会意识的相对独立性,必然造成其与社会存在之间的错位,社会意识会反作用于社会存在。这一点在文化传统身上表现得愈加明显。

文化传统是诞生于旧的生产方式条件下的生活方式,是经过多代人(希尔斯认为至少经历三代人)传承至今的稳定的社会心理。它首先由过去的生产方式所决定的,作为一种产生于过去的生产方式的社会意识,它会对现代生产方式起反作用。文化传统对现代生产方式的作用,直接影响了其对教育现代化的作用。作用的过程与结果包括以下情况:一是诞生于旧的生产方式的文化传统,其中仍然适应现代生产方式的部分,对教育现代化的发展水平能够产生促进作用。这种促进作用源于文化传统的部分精神在现代仍然能够转化为"物质力量",通过群众的情绪、舆论来加速、鼓舞群众实践活动,提高人的意识的能动性,成为能动的力量,促进现代生产的发展,进而促进教育现代化的发展。二是文化传统中与现代物质生产距离较远,不影响物质生产的部分,对教育现代化发展水平有促进或者阻碍作用。文化传统中距离物质生产较远的那部分精神,虽然暂时不影响物质生产,但是它会影响人的现代精神生活。作为精神生活领域的教育,首当其冲会受到它的影响,这种影响可能是正向的,也可能是负向的。

另一方面,文化传统对教育现代化的作用,实质是生产力与生产关系互动的结果。生产方式内部的生产力与生产关系的互动,造就了教育现代化的同质性和文化传统的多样性之间的矛盾,使得文化传统影响教育现代化的形态。

其一,生产方式的同质性,会造成社会意识的同质性。社会存在虽然包括自然地理条件、人口因素,但起决定作用的是生产方式因素。同一时代相同的生产方式决定了社会意识的同质性,也决定了处于相同生产方式条件下的人们具有相同的意识形态。在现代生产方式的条件下,必然对教育提出现代化的要求,无论什么国家、什么民族、什么地区,教育都必须实现现代化发展,这是相同的生产方式造成社会意识同质性的结果。

其二,社会存在的多样性,会造成个人意识的多样性。表现为即使是处于同一时代、同一生产方式条件下的人们,不同的个体存在不同的个人意识。对此,有人肯定会质疑:既然社会存在决定社会意识,那么同样生产方式条件下的人,为什么会有不同的个人意识?这是因为,首先,社会存在不仅仅是生产方式,还包括地理环境、人口因素,这些因素对于社会意识的作用虽然比不上生产方式所起的作用大,但是也有一定的作用。为此,法国启蒙思想家孟德斯鸠论述了自然环境中土地、气候等因素对社会意识形成的作用。他认为,土地贫瘠地区的人勤奋勇敢,而土地膏腴地区的人则性格怠惰柔弱;炎热地区的人性格往往怯弱,寒冷地区的人则更加勇敢。[①] 可见,除了生产方式的影响,其他社会存在因素也会影响社会意识的形成,不同的地理环境、人口因素,造成了个人心理与性格的差异。其次,即使仅仅谈生产方式的作用,在其内部,生产力与生产关系也不是一一对应的,生产关系的复杂多样性导致了个人意识的多样性,具体包括:第一,新建立的生产关系有一个不完善到完善的过程,其不完善的部分与生产力不完全同步;第二,生产力的发展变化,不会立即反映到生产关系上来,因而生产关系同生产力的发展也会经常错位;第三,生产力的变革过程中,旧的生产关系会阻碍这种变革,会出现旧生产关系的保守性同生产力需要变革的矛盾。因而,不同水平、种类、条件的复杂的生产关系,形成了复杂的人与人的关系,进而形成了不同的个人意识。

因此,文化传统对教育现代化的作用表面是社会意识间的作用,归根到底是社会存在在起作用。文化传统作用于教育现代化的水平与形态,归根到底都受到社会存在尤其是生产方式的制约。

---

① 孟德斯鸠.论法的精神:上册[M].张雁深,译.北京:商务印书馆,1963:228.

4

第四章

文化传统作用于教育现代化的要素

谈到文化传统的历史性内容与民族性内容,有人会认为"历史性"与"民族性"两个概念并不对应,"历史性"应该与"现实性"相对,而"民族性"应该与"世界性"相对。

其实,这里将文化传统的"历史性"与"民族性"放在一起谈,一是因为文化传统的"历史性"与"民族性"并不是没有联系的、完全不相干的两个属性。必须注意,历史性的文化传统与民族性的文化传统不是两个异样的事实,而是文化传统中的两个方面,是同一文化传统的两种情形。文化传统是一个随生产方式变化而不断流变的过程,历史性的文化传统是文化传统流变中各种形态的文化传统所表现出的阶段序列;而民族性的文化传统则是一个形态的文化传统的连贯和历史的序列。只有历史性而无民族性的文化传统是不存在的,历史性的文化传统不能离开民族性的文化传统而单独存在,它只能存在于民族性的文化传统之中,通过民族性的文化传统表现出来。

二是因为我们在此谈论文化传统的最终落脚点,是教育现代化。而文化传统的历史性与民族性内容对教育现代化的作用是不同的,分别主要影响教育现代化的水平与形态。因而,我们不能将文化传统做一个简单的对剖,而应从不同的视野,即分别从历时态视野和共时态视野来审视文化传统的不同内容对教育现代化的不同作用。

一、文化传统的历史性与民族性内容

文化传统是一个整体,从现实上来说难以分割,但是我们可以从理论上将其分为民族性和历史性内容。对此,有学者认为,科技等物质层次的文明是世界普遍通用的,因而具有历史性,而伦理礼俗等制度层文化是民族性的。实际上,无论是物质文化、制度文化,还是精神文化都具有历史性和民族性。要分析文化传统对教育现代化的作用,首要是剖析文化传统的民族性内容与历史性内容,明确它们到底是如何形成的,两者的关系到底如何。

（一）历史性的文化传统

在关于文化传统的内涵阐述中，我们已经知道文化传统不是一种静态不变的东西，而是变化发展的。虽然它的变化相对缓慢让人难以察觉，但它仍是一个随着社会历史发展而发展的流变体。文化传统的历史性，是指文化传统是流变的，不同的时代具有不同的文化传统，有其特定的历史样态，文化传统是在历史的长河中"布列"着的。历史性的文化传统，是指处于人类历史发展时期某个阶段的文化传统，它是由该历史阶段的物质生产方式所决定的。因而，它具有共性，但是它与"世界性的文化传统"有区别又有联系。

1.历史性的文化传统与世界性的文化传统

历史性的文化传统源于世界性的文化传统。历史性的文化传统带有世界性成分，可以在多个处于同一发展时期的民族中出现，表现出一定历史时期的时代特质。承认历史性文化传统的前提，是要承认人类社会总体上呈现为一种向前发展的进步历程，这是由生产方式的历史发展性与阶段性所决定的人类历史演进历程。这里要指出的是，我们承认文化进步的历程，不是表明所有文化都必须严格遵循单一的、线性的发展模式，或者所有民族都要依次经历每一个演化阶段的机械进化论。而是想说明，在较大的历史尺度上的每一段历史时期，由于受社会生产方式的制约，总会有一些基本的、本质的文化精神，能够适应这一时期生产方式的发展，形成有利于人的生存与发展的生活方式背后的精神观念与价值尺度，这些文化传统就被称为历史性文化传统。

历史性文化传统产生的根源在于人类社会发展的共同性，即世界性的文化传统。这种共同性不是像古典文化进化论所说的基于人的生物性本能的共同性或者心智和心理发展的统一性，而是基于人类生存与发展的物质生活实践的共同需要。从唯物史观的视角来看，文化传统作为人的生活方式的精神层，其根源是人的物质生产方式，文化传统最深厚的基础是其所依赖并反映的物质生产及相应的社会生活。文化传统的共同性，则根源于人的"类"本质——人类在获取物质生活资料上存在共同性，这就使得人类在社会劳动和其他社会实践中产生相同的社会意识,使得文化传统具有某些共同的要素内容与发展轨迹,无论是哪个民族的群体都有共性的文化传统因素。因此,文化传统在发展过程中必然会产生对于各民族都带有普遍意义的共性文化,被称为世界性的文化传统。

不过,世界性的文化传统又不等同于历史性的文化传统。其一,世界性的文化传统强调的是不同民族文化传统的共性,而历史性的文化传统强调的是文化传统的发展性和阶段性。其二,世界性的文化传统更多是指共时存在、共性的文化传统,是各个民族在普遍交往中自觉共同追求的一些文化价值观念。历史性的文化传统是不同民族在不同的阶段中历时产生的、共性的文化传统。举例来说,选择当今世界上的任意两个民族国家,分别是 A 国和 B 国,A 国是发达国家,B 国是发展中国家,其中 A 和 B 两国在其文化传统中现在都共有的内容,我们称之为世界性文化传统;而 A 国曾经有过的文化传统并且 B 国现在有的共性文化传统,或者 A 国现在有的并且是 B 国将来要有的文化传统,就是历史性的文化传统。

历史性的文化传统的产生,归根到底是社会存在决定社会意识的历史唯物主义规律所决定的,它是以人类社会生产方式由低到高的发展为主线的。为此,有学者认为,不同民族文化的差异,其根本原因就是生产力所处的人类发展历史阶段不同。譬如陈序经认为,中国文化与西方文化没有本质的不同,而只有发展程度的差异,即"无中外之分,有古今之别"。瞿秋白认为,文化的不同就是时代的不同,他说东西方文化的差异,实际不过是时间上的差异。钱穆也说,中国的文化是一种青年时代的文化,因为中国讲究"孝",讲究"孝"的一定是年轻的;西方的文化是壮年的文化,因为它讲究"爱","爱"是成年以后的事,是壮年的文化;印度的文化讲究"慈",因此是老年文化,老年人以慈悲为怀;他认为世界的三大文化恰恰反映了三大时代,因而中国文化最有前途。① 为此,也有学

---

① 庞朴.文化的民族性与时代性[M].北京:中国和平出版社,1988:117.

者从马克思的话语中引申出：发达国家的今天，就是我们的明天。针对这些观点，有人认为这属于早已被学界所否定的社会发展的单线论观点。然而，笔者认为，如果把承认人类社会历史发展总体由低到高的规律当作单线论观点，那就有否定社会历史发展规律之嫌了。社会发展的单线论是指把社会作为一个固定不变的发展模式来看，认为不同的民族、国家只有一条往前发展的路，否认不同民族、国家可以殊途同归地向前发展。我们否定社会的单线论，是指否定不同的国家和民族只有一个向前发展的模式，不允许发展的不同步、差异和错位，必须毫无例外地依次按照同一条道路向前发展。这实质是把文化传统的历史性作为它唯一的特性，而文化传统除了历史性之外还有民族性。

2.历史性的文化传统贴近物质生产

虽然文化传统是一种精神观念和价值体系，但文化传统不等于只是精神生活的文化传统。按照人的生活的层次，文化传统可以分为物质生活文化传统和精神生活文化传统；同时，按照人类生活的具体类型，文化传统还可以分为劳动生活文化传统、社会生活文化传统、政治生活文化传统和精神生活文化传统。它们与物质生产的距离是不同的。

（1）文化传统与物质生产的远近

首先，文化传统距物质生产的远近，不等于物质生活文化传统与精神生活文化传统的分层。众所周知，文化传统可以包括物质生活的文化传统和精神生活的文化传统。简单地说，物质生活是为了能够生存，衣食住行的文化传统就是物质生活的文化传统；精神生活是为了生存的意义，学习、娱乐、休闲等文化传统就是精神生活的文化传统。一般地，人们认为文化传统中的物质生活文化传统容易变化，因而物质生活文化传统就是与物质生产距离最近的部分。而实际上，文化传统距离物质生产的远近不是按照物质、精神生活层来衡量的。作为生活方式价值体系的文化传统不仅有层次上的区分，也有内容上的区分。生活方式从内容上可以划分为劳动生活方式、社会生活方式、政治生活方式、精神生活方式，文化传统也一样。

以上所有生活方式中，劳动生活是生活的第一活动。有人认为劳动生活方式不能列入生活方式中，应该列入生产方式中。其实，劳动生活方式与生产方式是两个不同序列、不同内容的范畴。生产方式是整个历史唯物主义的一个基本范畴，是生产力和生产关系的统一，它说明的是人们生活所必需的生产资料和消费品的生产已经达到的水平。劳动生活方式是生活方式范畴体系中的一个概念，是生活方式内容的一个层次。说明的主要是人们如何凭借一定的生产方式和全部社会条件，进行满足自身需求的生活活动，意在表述人们劳动的"活动方式"。另外，两个概念中的劳动者地位也不同，在生产方式范畴中，劳动者作为生产力的要素，一定意义上是作为客体来考察的，即一定劳动者作为一个因素，与另外两个生产力要素——劳动资料、劳动对象相结合，形成一定的生产力。而在劳动生活方式范畴里，劳动者是主体，其核心是劳动者作为主体的人的职业生活方式，强调的是其职业生活特点，把握劳动者的劳动性质、劳动态度和劳动方式。

不承认劳动生活属于生活范畴，也跟人们日常对生活的理解有关。当人们一谈及"生活"，好像就是在谈"享受"和"消费"，似乎只有过穷奢极欲的生活才是生活，而认为劳动这一艰苦的活动不能成为生活。其实，这与我国当前还处于社会主义初级阶段有关。由于社会生产力仍不发达，劳动方式有待提高，导致劳动本身仍是沉重、艰苦的活动。加之虽然社会主义公有制已经建立，但仍存在发展的不均衡现象，因此劳动成果的分配也不均衡，劳动和享受被割裂和对立开来。但这实际上不是劳动生活本身的问题，而是社会历史发展的必经阶段。随着生产力的发展和公有制的完善，劳动将成为全体社会成员的普遍权利与义务，生产劳动与生活享受结合起来，劳动生活会成为衡量人价值的一个重要标准，劳动与否将成为人们生活方式的一个重要特征和标志。

可见，劳动生活方式不但应当予以肯定和承认，还应该得到重视。因为劳动生活方式在整个生活方式中是一个重要的层次。从社会发展历史来看，劳动是人类社会存在的首要的基本条件。劳动创造了人本身，使人与其他动物区别开来。马克思指出:"人们为了能够'创造历史',必须能够生活。但是为了生活,首先就需要衣、食、住以及其他东西。因此,第一个历史活动就是生产满足这些需要的资料,即生产物质生活本身。"①可见,劳动生活不仅维持人的肉体生存,而且共同的劳动形成了人们之间的社会关系,从而创造了人类社会。从这方面看,没有劳动就没有社会生活、谈不上生活方式,劳动生活是生活方式的基础。与劳动生活紧密联系的是社会生活。社会交往活动是人类生产、分配、交换、消费等活动及活动中形成的人与人的关系。单个人通过社会生活成为一个紧密联系的整体,它是构成人类社会有机体的基本要素。政治生活是人类进入阶级社会以后出现的一种生活形态,主要涉及社会公共管理和公共利益的问题。精神生活是人类思想活动的状态,是人们的精神世界和精神家园,是劳动生活、社会生活、政治生活在观念上的反映。

以上是生活方式的内容划分,也是其背后的精神观念体系即文化传统的内容划分。文化传统与物质生产的距离远近,不能单凭生活方式是物质层还是精神层来决定,而是根据生活方式的内容与物质生产方式的远近来决定。例如,在现代知识经济时代,科学技术作为第一生产力,人的精神生活方式也逐渐与物质生产贴近,甚至超过了某些劳动生活方式。因而,文化传统与物质生产的距离要根据生活方式内容来决定。也即是说,劳动生活方式、社会生活方式、政治生活方式、精神生活方式中都可能有与物质生产贴近的活动,作为这些生活方式价值体系的文化传统也一样。

(2)历史性的文化传统贴近物质生产

历史性的文化传统往往在与物质生产贴近的文化传统内容中产生。这是因为:第一,物质生产中的先进性、时代性元素最为丰富,文化传统的历史性因素会围绕物质生产产生。通过物质生产满足人的生存与发展的需要,是不同民族发展的永恒追求,物质生产领域是人类投入了最多、最优资源的领域,是各民

① 马克思恩格斯选集:第1卷[M].中共中央马克思恩格斯列宁斯大林著作编译局,译.北京:人民出版社,1995:79.

族想方设法要达到世界最先进水平的领域。凡是有助于物质生产的因素,包括先进的材料、工具、技术、人才,无不在物质生产中最先诞生与运用。因而,最具有历史潮流特征的文化传统,也即是有助于物质生产的传统价值观念、思维、审美、心理等,必定会伴随在先进物质生产的周围。例如,在科学技术作为第一生产力的今天,现代科学技术是物质生产的重要推动力,是各民族天才的智慧结晶,但科学技术没有国界,一旦有新的科技发明和创造,可以超越地理、民族、语言的阻隔,立刻为全世界所接受和采用。相应地,与现代科学技术开发、创新、运用相关的文化传统,如重视科技观念、重视理性思维、重视创造性心理等传统观念,都会与科学技术的传播与运用相伴随,历史性文化传统紧密地贴合着物质生产的变革。第二,文化传统的变化与发展都由物质生产方式决定,距离物质生产越近,文化传统变化越快,随着物质生产的变化而变化,文化传统能够更快地自我更新、与时俱进,顺应历史潮流;同时也容易受异质文化影响,学习其他民族在物质生产中的优秀文化经验与先导的文化传统,走在时代前列。尤其是在经济全球化的背景下,各个国家、民族的交流增加,不同民族的文化传统随着物质生产方式的变化而快速变化,随着相互交流而呈现共同的时代性,不同民族的人的心理、思维、感情方面呈现与时代潮流相趋同的趋势。

（二）民族性的文化传统

文化传统不仅有世界共性的内容,也有民族个性的内容,民族性的内容决定一个民族文化传统的独特性。这种独特性是其他民族所不具有的,它是该民族独立存在的依赖,失去了文化传统的差别,民族就消亡了,因此文化传统的民族性内容对一个民族来说异常重要。

1.民族性的文化传统决定文化传统的独特性

我们常说,文化传统是最能表现民族特征的因素。民族的独特性,主要是文化传统的独特性,这种独特性是由文化传统的民族性内容所决定的。

要弄清民族性的文化传统的问题,涉及文化传统的发生学,需了解民族性文化传统如何产生、如何起源。从民族性的文化传统的形成原因来看,民族性的文化传统主要包括种族性和地域性两种。种族性是指文化传统在具有血缘关系的群体中形成,将一代人的生活方式的价值体系传给下一代,它是不同种族的人群在各个不同的聚居地生发出来的。例如,犹太民族的文化传统,就是犹太种群的文化传统,不管这个种族在历史上遭受了多少艰难与困境,也仍然保持着特有的宗教信仰和鲜明的文化传统。当然,基于种族而形成的民族性文化传统,也不主要依赖生物的生理遗传,而是因为同一种族往往居于同一地域。关于血统和种族对文化的影响,本尼迪克特认为,文化不是一种生理遗传的综合体,人的行为有什么特殊变化,完全不取决于他的生理构造,人的生理结构中没有任何东西会妨碍一个民族去接受别的血统的文化。① 因而,种族性文化传统的关键在于同一种族的人群往往生活于同一聚居地,地域性成为民族性文化传统形成的关键因素。

地域性是指文化传统总是在特有的自然地理环境中产生与流变,是一定地域范围内生活的群体共有的价值体系。为此,人们常以地域名称界定文化传统的类别,如希腊文化传统、罗马文化传统、印度文化传统、中国文化传统等。更多的时候,地域比种族对民族性文化传统的形成所起的作用大,尤其是在自然地理环境复杂、差异较大的系统内,这就是为什么我们在谈论文化的时候,"民族地域性"总是同时、并列地出现。例如我国西南民族地区由于高山大河的阻隔,历史上同一个种族甚至同一宗族的群体,长期处于相对封闭的地域空间内,受地域分隔缺乏交往,独特的生产方式和发展历程会产生不同的生活方式,包括宗教、节日、风俗、性格、心理、语言、思维和价值观,也就会形成不同的文化传统。可见,独特的自然地理条件是民族性文化传统之根,这是因为不同的自然地理条件会产生不同的物质资料生产方式。任何一个民族都在有效地利用其所处的生存环境,并模塑出自己特有的生产方式。面对生存环境的多样性,人类在自然资源利用上呈现出千差万别的方式及层次,必然造就出千姿百态的生

---

① 鲁思·本尼迪克特.文化模式[M].王炜,等译.北京:社会科学文献出版社,2009:9.

产方式。可见,身处不同地域的人们是在不断改造和利用其所处的自然条件过程中,形成了自己特有的获取和利用资源的方法,这种特有的方法使得该民族能够从自然条件中获取生存与发展所需的能量,于是在此基础上形成了人们不同的生产地位和社会关系,进而形成了特有的生活方式及其精神观念体系,即文化传统。为此,美国生态人类学创始人斯图尔德就特别强调文化与环境之间适应关系的重要性,认为正是因为面临的生态环境相似,相似的社会制度才在相互隔绝的不同地区反复出现。① 可见,民族性的文化传统的形成与发展过程都具有一定的空间性,在特定的地域内形成,导致民族性的文化传统具有一定的适用性。

为此,只要人类的生产力还未达到彻底脱离自然生态系统束缚而超然存在的水平,那么,生产方式就必然要受到不同地域自然条件的影响,民族与国家的差异性就不可能消除。在国家和民族没有消亡之前,文化传统的民族性将会长期存在。马克思认为,人要摆脱民族性、地域性的束缚,就要成为世界历史性存在。人的世界历史性的存在基础,必须是全人类范围的高度发达的生产力基础上的公有制关系。在当今经济全球化的条件下,尽管各国文化交流频繁甚至走向趋同,但是,只要人的世界历史性存在的社会基础未能满足,那么国家与民族的界限就仍然存在。

2.距离物质生产越远的文化传统,民族性特质越显著

与历史性的文化传统贴近物质生产不同,民族性的文化传统距离物质生产方式有远有近,不过,越是远离物质生产的文化传统,其民族性越显著。首先,距离物质生产越远的文化传统,越具有个性。一般地,相近的客观条件下,物质生产方面的因素对不同民族社会发展的影响没有本质差异。物质生产问题的处理方式是基本相同的、处理标准是客观的,贴近物质生产的文化传统也相似,容易趋同,产生世界性文化传统。而关于远离物质生产的问题,诸如社会问题、

① 朱利安・H.斯图尔特,潘艳,陈洪波.文化生态学[J].南方文物,2007(2):107-112,106.

价值问题的处理,则非常复杂,由于人们的需要是多样的,好坏的标准也在变化,因此问题的处理方式各不相同。因而远离物质生产方式的文化传统,越是具有个性。

其次,距离物质生产越远的文化传统,越不易变化,积淀的民族特质越浓厚。民族性的文化传统由于距离物质生产较远,对物质生产的影响较小,即使已经不适应现代生产,也基本不阻碍生产的发展,因而能够得以保留下来,不易随着物质生产的变化而迅速变化。经过长期的继承,这一文化传统的历史越悠久,对主体的影响就越深远,更有民族的代表性和典型性,更具有浓厚的民族性。民族性文化传统变化较为缓慢,呈现稳定性的特征,被胡适称为文化的"惰性",这是民族性文化传统所固有的特性之一。不过,这种文化传统的稳定性程度和方式在不同民族中大不相同。这种稳定性与文化传统传承的时间长短有密切关系,民族性文化传统形成、传承、积淀的时间越长,其稳定性越强,其民族特性也越显著。尤其是中国这样的文明古国,民族性文化传统传承数千年延续不断,更加难以改变。可见,距离物质生产越远的文化传统,越是能够延续相当长的时间并保持其核心不变,文化传统表现得越稳定,传承的时间就越是久远,文化传统越是历史久远,就越典型、越特别,更能够代表该民族的特色。

再次,距离物质生产较远的文化传统,在文化融合上具有较强的排异性,进而维持其独特性。离物质生产近的文化传统影响物质生产的发展水平,不同民族的人对此都有相同的追求,即极力采用与更新最能促进物质生产的文化传统,因而此类文化传统在文化传播中最容易被异族吸收和利用,某个民族性的文化传统也很快变成世界性文化传统。而距离物质生产较远的异质文化传统,各个民族对其的接受过程是较为缓慢的,这是由于人的精神层需要具有稳定性的一面,加之出于社会秩序和思想稳定的统治需要,具有较强固化型的民族性文化传统对于异质文化传统往往较为抵制。因此,民族性的文化传统的变迁或转型是人在世界上最深刻的变革。民族性文化传统所具有的排异性特质,更有助于维持民族性文化传统的独特性。

值得注意的是,虽说民族性的文化传统通常距离物质生产较远,但也绝不是说与物质生产离得近的文化传统中就没有民族性、个性化的内容。毕竟文化传统的民族性与世界性的划分标准不是距离物质生产的远近,而是与民族自身发展、时代发展的相关程度。

3.民族性的文化传统在价值上具有相对性

每一个民族都有自己独特的文化传统,它是一套属于该民族的价值观念,与其他民族的文化传统和价值观念是难以比较的,因而,民族性的文化传统在价值上具有相对性。如不同民族的风俗传统、价值观念、伦理观念等,无法进行比较和衡量。正如西方人吃饭用刀叉,中国人吃饭用筷子,没有什么先进与落后之分。这些可以看作文化传统外在表象上的差异,还有文化传统内在观念本身的差异。例如,甘孜的藏族群众与三都的水族群众,在不同的自然地理环境与生产方式下,都形成了奉行"天人合一""尊重生命"的传统核心价值观,但在具体的生死视域中,两个民族却表现出大相径庭的生死观。藏族群众对死亡有超凡脱俗的独到理解。相反,水族群众对生儿育女事件的关注与吊丧的受重视程度相比,可谓"小巫见大巫"。调研发现,水族群众对婴儿的出生不太重视,与之直接相关联的人生礼仪除满月酒外,其他礼仪因人而异,有的礼仪甚至忽略不办。传统的水族群众基本不过生日,不举办庆生的仪式与活动。但水族群众对吊唁活动则非常重视,有的甚至要倾其所有为老人举办吊丧活动。

并且,不同民族文化的差异可能在性质上完全对立,比如美丑的对立、善恶的对立,某一个民族所提倡的,在另一个民族可能就是禁忌,在某一个民族的文化传统中是常态,放到另一个民族中可能就是异态。比如藏族人见到高贵的客人要伸舌头是一种礼节,表示谦虚和尊重对方,他们认为人的舌头似心一样鲜红,在欢迎客人时都要伸出舌头对客人示意,等于向客人奉献自己的一颗诚心,这是出于礼貌的行为表现,而汉族人见到客人伸出舌头,便是失礼。可见,在一个民族的文化传统中是常态的东西,在另一个民族中就成为"非常态"。这种参照可以得出不同民族文化的对比,但是不能得出价值判断,不能得出谁更好、谁更坏的结论。

民族性的文化传统其价值是相对的,绝对的价值标准是不存在的,这是因为价值评价是主客体的双面评价。客体是好是坏,是否有价值,并不是客体本身怎样,而是它对主体怎样,具体说,就是它是否能使主体某方面的需要得到满足,是否同主体的需要、能力等相一致,是否为主体服务。所谓价值,是主客体关系的一种内容,这种内容就是:客体是否满足主体的需要,是否同主体相一致,为主体服务。① 价值的本质是"客体主体化"的过程、结果及其程度,是一种"以主体尺度为尺度的主客体统一"②。判断文化传统是否有价值,其实是判断其能否满足主体的需要,也即是说,价值评价是有主体的,是好是坏要看对谁。价值既然是以主体为尺度的,那么要判断一个客体的价值,就必须明确是对谁的价值。不同的民族性文化传统属于不同的民族主体,这些主体不在一个主客体的关系中,因而民族性的文化传统就没有可比性。但是在本民族中,民族性的文化传统具有评价的标准。民族性文化传统的评价要依靠实践的标准,用该民族主体实践需要的满足程度来评价文化传统的好坏。正如本尼迪克特所主张的,文化其实是人类选择的适应所属社会的行为。他说的就是民族性文化传统的价值相对性。由于各个民族实践活动不同、需要不同、解决实践问题的方式不同,因而民族性文化传统具有很强的主体适切性,其评价标准也只有相对性,只能相对特定的民族主体而言。

(三)两者的关系

文化传统的民族性与历史性的关系,是一般与个别、普遍与特殊的关系。两者相互包含,没有民族性就没有历史性;同时,民族性也不能离开历史性而孤立存在。一方面,历史性文化传统存在于民族性文化传统之中,没有什么"普遍的、一般的"历史性文化传统单独存在,就像水果只能通过香蕉、苹果、橘子、梨等表现出来,离开了具体的东西,就没有什么"一般的水果"。另一方面,民族性

---

① 李德顺.新价值论[M].昆明:云南人民出版社,2004:30.
② 李德顺.新价值论[M].昆明:云南人民出版社,2004:49.

文化传统也不能离开历史性文化传统而孤立存在。任何个别的、特殊的民族性文化传统都是某一历史性文化传统中的一部分。由于历史性文化传统包括了民族性文化传统的共同本质,因此它制约着民族性文化传统的流变。

1.两者相互依存

首先,两者存在内容上的相互包含关系。文化传统的历史性和民族性,是说同一内容的两种不同性质,并非有两个内容或一个内容分为两个实体的部分。民族性包含在历史性内容之中,历史性亦包含在民族性内容之中。20 世纪30 年代,鲁迅曾在《致陈烟桥》中谈论木刻艺术时说道:"我的主张杂入静物,风景,各地方的风俗,街头风景,就是为此。现在的文学也一样,有地方色彩的,倒容易成为世界的,即为别国所注意。打出世界上去,即于中国之活动有利。"[1]有些学者将其中观点概括为"越是民族的,便越是世界的",之后此观点颇为流行。这一观点很好地说明了文化传统的历史性与民族性是相互依存的关系。

列宁说过,一般只在个别中存在,只通过个别而存在。世界各民族的文化传统之中贯穿着一般的东西,即共同的、普遍的属性,也就是文化传统的世界性,放在人类发展历史上来看,就是文化传统的历史性。文化传统的民族性与历史性是个性与共性的辩证统一,它们反映着世界各种文化传统的差异性和统一性的辩证联系。文化传统的历史性不能脱离民族性而存在,历史性寓于民族性之中,没有民族性就没有世界性,也没有历史性。正如 19 世纪俄国文学批评家别林斯基在谈及文学时所言,只有既是民族性又是一般人类的文学,才是真正民族性的。[2] 表明了文化传统的民族性和历史性的辩证观点。

其次,两者存在发展中的相互依存关系。文化传统是流变体,民族性的文化传统与历史性的文化传统都是流变体。历史性文化传统的流变,要依靠具体的民族性文化传统的流变实现,而民族性文化传统的流变,要依靠历史性文化传统的发展。民族性文化传统在一个民族内部的传承过程,不是原封不动的保

① 鲁迅全集:第 13 卷[M].北京:人民文学出版社,2005:81.
② 别林斯基选集:第 1 卷[M].满涛,译.上海:上海译文出版社,1979:3.

存过程,下一代人对上一代文化传统的继承,既有模仿的一面,也有创造的一面。民族性文化传统的继承法应该是扬弃的,实现人的生命存在一代比一代更加优化。正如毛泽东同志指出的:"每一个事物内部不但包含了矛盾的特殊性,而且包含了矛盾的普遍性。"①可见,民族性的文化传统的发展,要依赖历史性的文化传统的发展,如果一个故步自封的民族脱离了历史性与时代性,在文化传统中只维持民族的特殊性而丢掉了普遍性,必然要走向灭亡。因而,某一个民族的文化传统,不仅包含民族性的文化传统,还包含了历史性的文化传统,两者是同时存在的。

2.两者相互转化

虽然民族性和历史性不是两个文化传统的实体,但由于人类社会历史发展的范围和跨度极其广大,发展具有无限性,因而,某个民族的特殊性文化传统,在一定阶段会成为历史性的文化传统;而历史性的文化传统也可能在一定阶段变成某个或某几个民族特有的文化传统。不过,这是在一定的条件下才能实现的转化。

其一,民族性的文化传统要成为历史性的文化传统,需要满足一定的条件。首先,有赖于民族性文化传统的先进程度。具有先进品格、适应人类社会发展的民族性文化传统,才能对其他民族具有强大的吸引力与影响力,才能被世界所接受和认同,才有机会发展成世界性的、历史性的文化传统。综观人类文化发展的历史,历史性文化传统的诞生是具有"峰波"的,在不同的历史时期,代表当时潮流的民族文化传统是不断变化的,民族性的文化传统要成为世界性的文化传统,必须是具有时代先导性、具有普遍价值的,才有可能成为历史性的。例如,在现代化时代的初期,本属于西方某一或某几个国家与民族的文化传统如理性、民主的价值观念,就从西方传播并蔓延到了全世界,各国各民族纷纷举起了民主与科学的大旗,现代的价值观念成为历史性的文化传统。其次,将民族

---

① 毛泽东选集:第 1 卷[M].北京:人民出版社,1991:318.

性的文化传统转变为历史性的文化传统,还有赖于区域历史或民族历史向世界历史的转变。这是因为世界历史过程的开启,有助于不同民族的民族性文化传统的交流,文化的先进性不再局限于一个民族内部,不同民族文化传统的先导性因素在相互交流、对话的过程中,能够更好地凝聚成一股世界性的历史潮流。为此,民族性文化传统历史性转化的实质就是民族文化融入世界发展的潮流,被不同的民族普遍认可和接受的过程。

其二,历史性的文化传统内容要被吸收、转化为某一民族的文化传统,则需要有民族文化的交流。如果一个国家或民族长期闭关锁国,不论主动或被动地导致缺乏与外界的文化交流,其文化发展脱离人类文化发展的总干线,则无法吸收世界优秀文化和时代先导文化,无法把世界先进的文化传统转化为自己的民族性文化传统。也即是说,民族性的文化传统不是固有的,无法依靠珍藏和保护不被侵蚀,而是要通过创造和超越来突显其民族特色。这一创造和超越的过程,就需要不断吸纳历史性文化传统元素进来。历史告诉我们,如果一个民族始终把自己的民族性文化传统固定化、绝对化和狭隘化,那么它将落后于世界,甚至导致民族文化的毁灭。回望中华民族悠久的文化传统发展历史,是一个开放发展的过程,能够不断吸收外域异质文化精粹,结合中华民族的特点化为自身文化的血和肉。中华文化在古代曾受到印度等国文化的影响,吸收了佛教等宗教文化传统,在近代又吸收了欧洲各国的理性、科学、民主等文化精神,并与中国社会生活的特质相结合,它们已成为中国文化传统的组成部分。这种不断采撷世界先进性文化以丰富和发展自身的民族性文化,才更符合时代的发展需要,将民族性不断地发扬、超越和更新,表现出更加鲜明的民族性。尤其是在世界历史发展过程中的今天,文化传播的全球化使得文化的发展超越国家、民族界限,不断实现异质文化的交流。因而,在我国社会现代化的发展过程中,采撷、学习西方的优秀文化传统,不能一概而论地认为是依附于西方现代性的价值理念,这是我国社会生产发展的必然要求。

二、教育现代化的水平与形态

我们在谈及文化传统对教育现代化的作用的时候,常常用的是"促进""阻碍""正作用""负作用"等词汇,这些都只是在评价文化传统对教育现代化的水平的作用。目前对教育现代化的狭隘理解,表现在把教育现代化的水平与教育现代化的形态混为一谈,试图用教育发展的水平来代表教育现代化的整体。然而,教育现代化除了有发展的水平,还有发展的形态,毫无疑问,水平与形态是不可分割的。

（一）提升水平是教育现代化的根本

我们说"教育要实现现代化""促进教育的现代化",很大程度上都是在说提高教育现代化的水平。水平的提高是量的增加,量的增加才能有质的飞越。可见,提升水平是教育现代化发展的根本。

1.对"教育现代化水平"的理解

关于什么是"教育现代化的水平",不同角度有不同的理解。其一,从教育的外部功能来说,教育现代化的发展是为了满足社会现代化发展的人才需要,也是为了促进人的全面发展。教育现代化的水平表明人们从教育中获取了多少促进社会现代化的资源,教育在多大程度上满足人的现代化的需要。从这个角度看,教育现代化水平有很多可量化的指标,国际国内通常是以"教育的社会产出及个人产出""人口识字率""受教育年限""毛入学率""公共教育经费占GDP 的比例""人均公共教育经费"等为量化指标的,这也是当前衡量教育现代化发展水平较为通用的客观标准。其二,从教育的特性来说,教育现代化是"教育现代性"不断增长的过程,教育现代化的水平标识着教育现代性的数量多寡与深化程度。虽然关于"教育现代性"的理解还有很多的争议,但目前人们基本习惯把"教育现代性"作为教育现代化过程中教育呈现出的新特点、新性质、新品质的统称,并认为教育现代性的增长是教育现代化的根本属性,把教育现代性的高低作为衡量教育现代化发展水平的标准。教育的现代性主要包括世俗化、科学化、实用化、大众化、法治化、民主化、信息化、国际化等。一般地,教育中现代性的特质多,就说明教育现代化水平高,反之特质少,则说明教育现代化水平低。比如相对我国的东部地区而言,西部民族地区的教育现代化水平较低,当地教育世俗化、普及化、法治化、信息化、国际化特质的发展相对不足。其三,从教育的内部过程来说,教育现代化是指教育过程的科学技术化,而教育现代化水平就是指教育中现代科技运用的水平和程度。不论是教育外在功能发挥的大小,还是教育现代性特质的多少,都是由现代科技在教育中的运用程度决定的。与现代生产有关的现代科技在教育中运用程度的不同,导致教育现代化发展水平的高低之分。比如,我国西部地区一直是教育相对落后的地区,这与现代科技在西部传播与应用的不足有直接关系。据中国科协发布的《2018 中国公民科学素质建设报告》显示,全国公民具备科学素质的比例为 8.47%,东部地区为 10.77%,西部地区仅为 6.49%,与全国相比存在显著差距。① 显然,西部地区的现代科技水平较低,导致科技应用于教育的程度也较低,现代科技对西部地区教育现代化发展的带动作用较弱,教育发展水平也居于全国的较低水平。

教育现代化的根本是提高教育发展水平。但是,教育发展是教育内外诸因素整体构成的系统性变革和整合过程,影响教育现代化水平的原因复杂,根本的原因还是该地区现代生产的发展水平。发达的经济条件为教育发展提供充足的客观条件,同时提出迫切的教育发展需求,最终提升教育现代化水平。还有一种特殊的情况,即生产方式依旧起决定作用,不过这里不是指一个地区的,而是整个国家生产方式的发展状况,像作为社会主义国家的中国,因为国家生产力的快速发展和公有制的社会制度,有资金余力与制度保障才能有效提升本国落后地区的教育现代化水平。同时,教育现代化水平还受到其他社会意识的影响,文化传统就是社会意识当中的一个影响因素。

---

① 中国科普研究所. 2018 中国公民科学素质调查主要结果[EB/OL].2018-08-19.

2.科技运用的程度决定教育现代化水平

毫无疑问,社会现代化是教育现代化的社会基础,社会现代化水平是教育现代化水平的社会前提。但就教育现代化本身而言,教育现代化的水平是由科学技术在教育中的应用水平所决定的。教育现代化的过程是教育运用先进的科学技术的过程,科技运用得越是普遍、越充分、越长久,教育现代化的水平则越高,广泛运用科技是教育现代化的本质依据,也是教育现代化的规律。

当然,这一科技指的是现代科技。传统科技主要是对生产经验的直接记载和对自然现象的直观描述,具有经验性的特点,传统科技无法根本解决传统生产效率低下的问题。只有现代科技通过先进的工业设备与生产技术,才能真正推动现代生产的发展,才能成为推动现代社会发展的重要力量和教育现代化发展的内驱力。现代科技可以促进教育发展,充实教育内容,改进教育手段,革新教育管理,推动教育研究。一是现代科技在教育内容中的运用,实现教育内容的现代化。把现代科技文化的最新成果及时反映在教育内容中,能打破各门学科界限,促进教学内容的综合化,使教育内容不仅注重学生知识的掌握,且更加重视学生品德、人格、审美的全面发展。二是现代科技在教育手段中的运用,促进教学现代化。教学认识论这一基本规律奠定了科学的教学理论,班级授课制确立了基本的现代教学制度,多样综合的教学模式有效地发挥教学的整体功能,促进教学目标的高效实现。三是现代科技在教育管理中的运用,实现教育制度现代化与教育管理现代化。一方面,现代科技的发展引发现代教育构建终身教育机构系统,无论受过多高水平教育的人,都要适时补充和更新自己的知识。从学前教育到成人教育,教育机构逐渐具有开放性、不脱产性及和生产生活密切联系的趋势。另一方面,现代管理科学引入教育管理领域,促进学校由功能管理向效能管理转变,由部门管理向整体优化管理转变,由重视监督检查管理到重视激励管理转变,由制度化管理到灵活管理转变,由行政方式管理到行政与科学相结合的管理方式转变,促进教育管理现代化。四是现代科技在教育研究中的运用,实现教育研究的现代化。随着新科技革命的到来和教育改革的深入开展,原有的经验性的教育研究方法被改造,现代系统科学的方法引入到教育,构建教育研究的现代化方法体系。传统的教育研究主要依靠不充分的观察,是对实际经验的总结和直觉基础上的思辨,总体而言是笼统地、直观地认识教育现象。现代科学革命冲击了教育中传统的经验论和唯理论,促进了教育研究的现代化发展。首先,拓宽了教育研究的理论基础,现代心理学、生理学、脑科学等众多学科的发展,为教育教学规律的研究提供了新的科学依据。其次,革新了教育研究的思维方式,将教育研究从古代的直观思辨、近代机械的形而上学的思维方式中革新出来,采用综合、辩证唯物主义的思维方式。最后,更新了教育研究的方法与手段。现代科学技术中严密的理论规范、思维方式和科学精神等科学范式,新兴的研究方法和计算机技术,提高了教育研究的科学化水平。为此,顾明远先生提出,教育工作者的使命就是要利用新的科学技术来探索教育的规律,通过教育科学研究促进教育现代化。这直接说明了科学技术对教育现代化的重要作用。

同时,要强调的是,运用于教育的现代科技要有生命力,必须来自现代生产。没有当地现代生产的科技支持与科技需求,教育中科技应用水平的提升是难以持续的。运用于现代教育中的现代科技的依托是现代生产,在教育与生产劳动相结合的过程中,需将现代生产劳动中的现代科技引入教育领域。若没有当地的现代生产作依托,单依靠移植外来的先进科学技术到教育领域中,教育中科技的运用是无根的、虚浮的,没有落地支撑,也难以持久。

3.影响教育现代化水平的原因分析

教育作为社会的有机组成部分,要实现教育现代化水平的提升,前提是社会现代化要达到一定水平,包括生产力、政治经济制度、科技等各种社会因素的发展。

（1）社会生产力发展水平制约教育现代化水平

教育现代化需要一定的经济条件，一定的人力、物力和财力，包括教育资金、技术设备、物质资源及人力资源，这些都需要社会生产力的发展来提供。若没有社会生产力水平的大幅提高，教育现代化是不可能实现的。社会生产力发展到什么水平，教育现代化才可能达到什么程度。若抛开社会生产力水平而盲目发展教育，就违背生产力发展水平与教育现代化水平一致性的客观规律。社会生产力的发展和提高，也对教育提出了客观要求，要求教育随着生产力的现代化而现代化，以确保教育能够满足社会现代化所需要的各种专门人才和熟练劳动力。并且，社会生产力发展的水平决定生产所需的各种劳动力的数量和质量，这就对教育要培养多少劳动力和什么样的劳动力提出了要求，决定了教育的发展规模和速度，也决定了教育现代化的发展水平。

（2）政治经济制度直接影响教育现代化水平

社会生产力为教育现代化提供物质基础，并对教育现代化水平起决定作用，是在一定社会关系、生产关系条件下实现的，因为社会生产力总是在一定生产关系前提下对教育起作用的。政治经济制度就是生产关系的体现，它决定着教育现代化的各个方面。首先，政治经济制度主要决定着教育现代化的领导权和支配权。政治经济制度直接影响教育现代化的投入，而教育硬件设施、教育软件如教师素质等水平的提升，无不需要合理的政治经济制度来确保公共教育投入的增长。其次，政治经济制度影响教育的普及化。阶级社会的政治制度是统治阶级利益的保障，其确保的统治阶级的受教育权，必定会制约教育大众化与教育公平，影响人的全面发展。最后，国家政治管理形式制约着教育管理形式，国家治理现代化的水平必定制约着教育管理现代化的水平。国家治理现代化水平的提升，可促进教育管理的科学化、民主化和法治化进程，提升教育现代化水平。

（3）科技现代化是教育现代化水平提升的动力源泉

现代科技运用于教育的程度，就是教育现代化的水平，科技现代化的水平直接影响教育现代化的水平。一方面，科技本身的发展水平肯定会影响教育中科技的水平。如果教育中的科技含量高，但是都是低水平的传统科技，而不是现代科技，那也无助于教育现代化水平提升。一个国家或地区只有科技现代化水平提升，能够综合运用各种科技资源，抢占世界前沿科技，才能将其用以加速社会各个领域的发展，包括教育。另一方面，科技现代化也需要教育现代化的推动，从这一角度来说，科技的现代化能推动教育现代化水平。也即是说，一个国家科技现代化水平越高，国内的高科技和高技术产业、创新体系越受到高度重视，则会对教育提出更高的要求，需要教育培养更多高科技的人才，需要教育开展科技普及和基础科学研究，需要教育实现科技转移等，进而增加教育中科技的含量，促进教育现代化水平的提升。

（二）教育现代化具有多元形态

在教育中运用先进的科学技术是大趋势，但是科技是在不同的社会文化场景中应用的。各国、各地、各民族在教育中运用科技的方式是不同的，有什么样的科技运用方式，就会形成什么样的教育现代化演进道路和发展形态。什么是教育现代化的发展形态？教育现代化是现代科技在教育中的广泛运用，运用水平的高低是教育现代化的发展水平，而运用形式的差异则是教育现代化的形态。教育现代化的发展形态，既包括不同国家、地区、民族教育呈现的不同的教育样态，也包括教育发展过程中不同的发展模式，如教育各层次发展速度、发展顺序的不同。例如，在教育现代化过程中，是不是都遵循先发展教育硬件再发展教育软件的模式？还有，不管生产的特点和地域的气候，是不是实施统一的教育管理体制？是不是教育现代化就是要城乡地区都教授同样的教育内容？是不是都追求升学率？这些问题都涉及教育现代化发展的具体形态与模式。

1."教育现代化形态"的概念

教育现代化的形态,可以视为不同模式下的教育现代化类型,它涵盖静止的形态与运动的形态,即包括教育现代化的实践形态与教育现代化的演进形态。它是整个教育实践形式与教育发展形式的多层次的整体系统,它表明人们如何发展现代教育与如何开展现代教育的本质特征。

（1）教育现代化的演进形态

教育现代化是一个历史演进的过程,其本身有自己的运动轨迹,不同地区的教育现代化有其不同的发展路径,这就是教育现代化不同的演进形态。教育现代化的演进形态包括教育现代化这一发展过程的起点、重心、路径、速度、动力来源以及与社会现代化的关系等方面。就教育现代化的起点而言,不同的国家具有不同的起点,可以说从世界范围看,教育现代化是多起点的,西欧一些国家的教育现代化起点从文艺复兴时期的人文主义教育开始,而日本、印度、中国等国的教育现代化起点则不同。并且,就教育现代化的发展重心而言,不同的地区有不同的重点,并不是所有的教育现代化都适合从硬件现代化开始再到软件现代化的发展道路。笔者在调研中发现,西南地区不少民族地区的学校,存在师资严重不足的问题,但当地行政部门开展教育现代化不是把有限的资源用于配备和培养师资,而是把钱都用来建校舍、配备最先进的教育设备。可是由于师资数量与水平不足,先进的设备购置之后只能闲置在角落里,教育的软件未能到位,这就导致硬件不能发挥有效的作用,阻碍教育的发展（图 4.1）。为此,甘孜一位教育局领导说:"我们很多学校的教育教学设备,比沿海发达地区学校的还要先进和新潮,但很多老师根本不使用。一个原因就是很多的乐器、实验设备,缺乏音体美的师资,老师们都不会操作;还有就是师资不足导致老师工作任务重,完成常规教学工作都很吃力,根本没有时间学习使用新设备。"

图 4.1　德格县玛尼干戈镇一学校陈列的崭新的电子琴设备

另外,关于教育软件现代化的问题,师资现代化尤其是乡村师资现代化是西部地区教育的薄弱环节。虽然近年来,国家大力提高乡村教师收入的政策已有一定成效,教师的收入绝对值比之前确实有所增加,但是与周边农民的收入提升幅度相比,教师的收入不再具有比较优势。据笔者调查黔南水霞村所获得的乡村教师与村民收入对照表可知(表4.1),随着外出打工、大型种植养殖业的普及,农民收入显著提升,逐渐超过乡村教师收入。因而,对于村里现在的读书人、大学毕业生来说,由于难以接受相对较低的收入,教师岗位对乡村精英、能人的吸引力越来越小,西部地区教师现代化问题亟待解决。

表 4.1　黔南水霞村乡村教师与村民收入对照表(单位:万元)

群体	年龄(周岁)	年均收入	收入主要来源
乡村教师	25~35	4.6	工资及补贴
	36~45	6.0	工资及补贴
	46~55	7.2	工资及补贴
村民	25~35	5.2	务工收入+种养收入
	36~45	6.5	务工收入+种养收入
	46~55	5.8	务工收入+种养收入

可见,要根据不同地区的实际情况实行不同的教育现代化演进道路。如我国的北上广深等经济发达地区,九年义务教育甚至是高中教育都基本普及,高

等教育开始通向农村,因而这些地区的教育现代化应以硬件设备的现代化为重心;相反,西部经济欠发达地区,各种原因造成人们相对薄弱的文化基础和现代意识,教育硬件的更新常常造成闲置与浪费现象,因而西部地区大多应以软件的现代化如增强师资队伍、更新教育观念为重心。

总体而言,教育现代化的演进形态分为内源性教育现代化和外源性教育现代化两种。内源性教育现代化也是早发内生型教育现代化,是指在世界上发动时间最早并主要依靠本国内部因素来推行的教育现代化运动,例如英国、法国、德国及俄罗斯等欧洲国家就属于此演化形态。这类教育现代化有三大特征:一是自发性,即一些教育改革最先起于民间的自然行为,后为社会认可得到政府正式推行;二是渐进性,因其是自发性的,最先实行的同时也面临多种问题,在多次实验经历较长时间后才能得到认可推广,是一个渐进演化的发展过程;三是走自下而上的发展路径,新教育改革总是先从学校实验开始,在成功并达成共识后才被纳入国家法规形成制度。相反,外源性教育现代化是后发外生型教育现代化,指发动时间较迟且注重依靠采借外域经验来推行的教育现代化,如一些发展中国家的教育现代化就属于此类。其具有三大特征:一是革命性,在外力入侵等巨大生存压力下由国家强行启动,各种冲突激烈;二是示范性,以模仿引进国外教育模式来推进教育改革;三是走由上而下的道路,主要依靠政府行为发动教育改革。这种教育现代化推进力度大、变化大、跃进大,因此内在矛盾较大,各种问题较多。①

(2)教育现代化的实践形态②

教育现代化的实践形态,是指作为历史过程的教育现代化在某一时刻静态的存在状态。这是因为尽管全球化、国际化的趋势日益凸显,但民族国家现在是并将在未来很长的一段时间内依然是政治经济和文化的根本载体和重要的

---

① 冯增俊.论教育现代化的本质特性及实践形态[J].教育现代化,2014(1):1-8.
② 这里的"实践"是指"现实""实际"的意思,"教育现代化的实践形态"是指教育作为一种现实的活动所呈现的样式。这里并非指教育活动是一种哲学意义上的实践活动,笔者认为教育活动本质上其实是一种认识活动。

理论与实践单位。因而,从各国的现状来看,民族国家仍是教育现代化的最根本的空间或者说地理基础,教育现代化的发展以民族国家为单位。因而,教育现代化的实践形态,其实就是教育与多元的社会、政治、经济文化的内在联系,以及教育现代化在多形态的民族国家的呈现状态。教育现代化的实践形态的构成要素包括教育理念现代化、教育内容现代化、教育方式现代化、教育评价现代化、教育治理现代化、办学条件现代化、办学模式现代化等方面。教育现代化的实践形态就是现代教育的特质在这些方面的具体体现。

　　虽然教育现代化要不断地增加教育现代特质,但它却没有统一的式样与表象,要依靠不同国家、地区、民族的教育实践形态体现出来。不少学者归纳了教育现代化的特质,虽然这些特质并不能完全反映教育现代化内涵和外延的丰富性、全面性,但也在一定程度上代表目前教育现代化呈现的主要特点,其中包括教育的世俗化、理性化、民主化、科学化、普及化和国际化等。我们要强调的是,这些特质在不同国家、地区与民族的教育中,其增长与变迁的速度、进度、范围是不一样的。一方面,不同国家教育现代性特质的发展是不均衡的,比如有的是教育的"生产性"先行发展,有的是"科学性"先行发展,还有的则是"民主性"发展更快。另一方面,教育现代特质在不同国家会有不同的表现。如对于教育"世俗化"这一现代特质,西方国家与中国迥然不同,西方在基督教文化的长期影响下,其教育的"世俗化"过程是教育摆脱宗教束缚的过程,宗教战争后,宗教信仰的宽容与自由原则普遍确立,西方的各种教育活动才呈现了"世俗化"的现代特质;而中国不仅儒家文化本身具有较强的世俗性,且具有悠久的中央集权传统,因而中国教育的世俗化不仅是教育与宗教的分离,更多的是实现封建专制主义向民主制的转变,教育要提高受教育者的社会责任感,增强受教育者的社会参与度与理性化程度,同时还要避免因过度的世俗化带来的教育功利化问题。同样地,教育的"普及化"在不同的地区也会有不同的发展模式。比如我国广东沿海地区,由于发达的制造业需要大量技能型人才,其教育的普及化是通过职业教育实现的;而上海徐汇区,因为教育高度发达,学校教育已基本满足社会人才要求,该地的教育普及化是以社区教育作为切入点满足市民终身学习的需求。① 还比如,同样是教育治理的现代化,美国、德国是一种联邦制的、分权制的教育治理模式,而法国和日本则属于中央集权制的教育治理模式。

为此,有学者指出,教育现代化的评价是一种形成性评价,不仅要鉴定它的水平,也要评价它的模式选择是否有利于地区发展,不仅要考察现代化努力已经"到达何处",更要明确今后该"如何前行"。② 评价教育现代化不仅要衡量教育现代化的发展水平,还要关注教育现代化发展的形式与样态。

2.教育现代化多元形态的成因

为什么教育现代化会有不同形态? 其根本是科学技术在教育现代化的运用因不同国家、民族以及不同的历史发展阶段而呈现不同的方式,所以教育现代化呈现的形态、发展道路也不同。具体而言,教育中科技运用的方式不同,是由于不同的国家、地区、民族给予教育发展的条件不同,为科技在教育中广泛运用提供的现实条件有差异。现实条件的形成与供给原因往往是错综复杂的,既有历史条件,也有现实条件,既有地理环境、生产方式、社会制度、文化场景等客观条件,又有人的主观能动性等主观条件,正是这些条件的交错,形成了独特的作用于教育现代化的实现条件,促成独特的教育现代化发展道路。

教育现代化的多元形态,包括多元演进形态和多元实践形态,关于两者的成因,社会经济、政治、文化都发挥了重要作用,但是这些因素对两种形态的重要性还是有区别的,因而需要分开阐述两种形态的成因。

(1)教育现代化演进形态多元化的主要成因

教育现代化演进形态有差异的原因很多。不同国家教育现代化的起点不同,发展的路径不同,有的自上而下、有的自下而上。教育现代化的特性的增长也不是齐头并进的,有的国家的教育现代化优先于经济社会的现代化,有的则落后于经济现代化,这都是教育现代化演进形态的差异。演进形态差异的产生

---

① 谈松华.教育现代化的区域发展模式及其机制[J].教育发展研究,2006(13):48-52.
② 杨小微.在"化"的意义上评价教育现代化[J].教育发展研究,2015(23):3.

主要由于以下原因：

其一，社会现代化的演进形态决定了教育现代化的演进形态。

不同国家与地区教育现代化的演进形态主要与其社会现代化过程本身的形态有关，内源性的教育现代化主要诞生于先发型的现代化国家，而外源性的教育现代化则多出现于后发型的现代化国家。

纵观世界各国的现代化进程，没有两个国家的现代化起点、路径、动力、政策、速度、水平是完全一样的，不同国家的现代化进程都存在差异。例如，在现代化进程的时间上，发达国家完成第一次现代化平均用了160年的时间，有些发达国家的第一次现代化经历了挫折和反复，如法国和西班牙的民主制度的反复；许多发展中国家是20世纪独立的，迄今他们进行第一次现代化的时间不到100年。在现代化的模式上，英国模式是工业化为主导，以工业化促进民主化；法国模式是科层化与民主化为主导，工业化是迟到的；而德国模式是科层化和工业化为主导，民主化始终缺失。① 可见，不同的国家具有不同的现代化演进形态，从而影响教育的现代化演进形态。

至于社会现代化的演进起点有先有后的原因，国内外已有许多著名的学者与经典的理论对其做了说明，比如韦伯从新教伦理的文化视角做了解释，布莱克认为科学革命、知识、技术是现代化的动力，阿普特关切的是意识形态、动机、流动性等政治因素对现代化的推动作用，西奈则从社会组织与体制视角来看现代化的变革，而马克思则将现代化的动力归于现代资本主义生产方式……我们在此不再深究世界上不同国家的现代化演进为什么会有如此多的形态，但是从以上内容、足以看出，教育现代化的演进过程也是一个众多综合的因素共同作用的复杂过程。

其二，文化传统影响教育现代化演进形态。

一是文化传统价值观念中与现代教育理念的矛盾冲突的大小，会直接影响

---

① 何传启.现代化科学：国家发达的科学原理[M].北京：科学出版社，2010：202-203.

教育现代化的过程形态。两者的冲突越大,教育现代化演进过程的起步越艰难、速度越缓慢、道路越曲折,反之,两者的冲突越小,演进过程起步越快、速度越快、进展越顺利。例如笔者调研的甘孜藏族聚居区,宗教文化传统的价值观念与现代教育理念有较大的冲突,尤其在对科技的态度与教育世俗化方面,文化传统与现代理念的立场存在一定的矛盾对立,导致教育现代化的发展更为艰难和缓慢。而文化传统阻力相对较少的地区,教育现代化的过程则相对顺利,这在一些长期被殖民的国家中表现得更为突出。在拉丁美洲地区,因为古代印第安人创造的玛雅文化和印加文化被殖民者破坏殆尽,传统文化只有少量遗存,使得传统教育空缺,西方殖民者就把宗主国的文化与教育移植过来,后来获得独立的国家在教育上直接从欧洲移植教育现代化的模式,其教育现代化的起步比较顺利。比如智利善于向发达国家学习先进技术和管理经验,不断缩小与发达国家的差距,在拉美国家中率先进入发达国家行列。但是,这里只是强调文化传统与现代理念的矛盾冲突情况,而不是说文化传统越少,教育现代化的演进越顺畅。因为文化传统观念与现代教育观念并非完全不相容;相反,有的文化传统能够适应、促进现代教育的发展。实际上,拉丁美洲的有些国家正因为缺少本国、本民族的优秀文化传统的积淀,教育现代化反而缺少了厚重的基础,难以持续性地获得长足的发展。

二是民族文化传统对教育现代化的精神动力作用,会影响教育现代化的演进形态。在后发型的教育现代化国家中,还存在"应激追赶型"和"内生追赶型"等不同的演进形态。俄国、韩国、德国和日本都是追赶型教育现代化国家的典型代表,尤其是日本经过明治维新之后,仅用 30 年左右的时间就高水平、高质量地完成由落后的封建传统教育向现代教育的转变;俄国的民族主义精神也伴随着其现代化的进程,激励俄罗斯民族赶超西方先进强国,促进了其现代化进程。从"追赶"一词,可以感受到这些国家在教育现代化过程中的力量与速度,从文化传统的角度看,这与传统的民族性格、民族心理有关。这些国家与民族都具有较高的民族自尊心,能在相对落后时利用"忧患意识"把压力转化为动力,把追赶世界教育现代化先进国家作为目标,能够用较短的时间完成先发国家曾花费较长时间才完成的教育现代化任务,在较短的时间内达到或超过先发国家的教育现代化水平。

(2)教育现代化实践形态多元化的主要成因

教育现代化实践形态多元化的实质是科技在教育中运用的形式不同。造成教育现代化多元形态的原因主要包括:

其一,科技在生产中的运用形式不同,决定了教育现代化实践形态的差异。实现教育现代化的途径,就是教育与生产劳动相结合,以此达到教育与现代先进科技结合的目的。不同国家、地区、民族生产劳动的具体形态的差异,是教育现代化形态多样的基础与来源。虽说科技是第一生产力,但它只是潜在的生产力,只有进入生产过程才能转化为直接的生产力。科技要转化为生产力有一个过程,即分别与生产力三要素有机结合。为此,有学者运用公式展示科技转化为生产力的过程:生产力=科学技术×(劳动者+劳动资料+劳动对象)。劳动者、劳动资料和劳动对象是生产力的三个实体性因素,它们在生产中直接发挥作用,是生产力的实体。科学技术要进入生产过程并转化为生产力,必须渗透和物化到生产力三要素中。一是通过教育和训练,科技可以武装劳动者,增加劳动者的生产知识和劳动技能,提高劳动生产率;二是科技转化为劳动资料,特别是创造出新的生产工具、劳动资料;三是科技作用于劳动对象,提供新理论、新工艺、新方法,以扩大对劳动对象的利用和开发。值得注意的是,科技与三要素的结合不是随意的结合过程,必须实现相互匹配的优化关系,才能形成巨大的现实的生产力。

科技要达到与生产的优化匹配与结合,必须与不同国家、地区、民族具体的生产力要素结合。因为各地的自然环境不同,具体的生产活动方式也不同,由此产生了不同的劳动者素质、劳动资料和劳动对象。从事不同生产活动的劳动者,往往具有不同的生产经验、劳动技能。以生产工具为代表的劳动资料也呈现多样化,例如不论是技术革命之前使用的手工工具,还是之后转变为机械化、电气化、自动化的生产工具,其具体形式因劳动活动的不同而呈现多样化,像渔猎与农耕的工具就是完全不同的。劳动对象更加具有区域差异,不同的地区具有不同的自然资源,如煤炭、金属、石油、水力、地热等,这些差异性必然导致科技应用于生产过程的差异性。可见,科学技术在生产中的运用因不同国家、地域的差异呈现不同的方式,因而必然会影响教育的现代化形态,尤其是教育内容的现代化、教育方式的现代化等。

笔者在走访了甘孜藏族聚居区和三都水族聚居区之后,发现两地的生产方式各有不同,现代科技在生产中的应用形态也不同。现代科技在甘孜农牧业生产中的运用形式,主要是提供高原畜牧养殖技术、农作物的栽培技术、珍贵藏药的种植与加工技术、农牧产品保鲜和加工科技等。而在三都山区的农业生产中,当地的经济作物除了水稻之外,主要是李子、茶叶、菌菇等,传统农业依靠肩挑背驮,现代科技则可以提供机械吊缆、传送带甚至直升机运送农药化肥、农产品,或在山上建工厂将农产品加工制成半成品或成品,减少运输的成本,提升生产的效率。这些都是现代科技在不同地域,为贴合不同生产形态而产生的不同运用形式,它也会导致这些地区的教育现代化形态的不同。首先,最明显的是教育内容的不同,教育内容必须结合当地生产的实际,甘孜的教育主要以牦牛养殖技术、大棚种植技术、农畜产品及藏药的加工科技为内容,而三都的教育内容则主要包括水果种植技术、菌菇类培植技术、米酒加工技术,并拓展为加工业、运输业、建筑业等生产技术。其次,这两个地区教育结构的形态也会有差异,甘孜由于地广人稀,产业结构调整引发人们对科技的多层次、多样化需求,教育要构建与牧区经济密切结合的结构体系,就要实现基础教育、职业技术教育、农牧民成人教育的相互沟通和协调发展。再次,两地的办学形式也具有不同,在学制上,藏族群众由于放牧需跟随牧草迁徙,家校距离不定,加之季节性因素,因而学制上实行与三都不同的学习计划,为长短学制结合的模式。笔者在甘孜州道孚县龙灯乡一学校调研时发现,某校长就因地制宜地将该校的教学安排做了修改,为了方便牧区学生回家,一个月连续上 3 周课,给学生放 1 周假,这是教育贴合当地生产形态的良好体现。

其二,文化传统影响教育现代化的实践形态。为什么教育理念、内容、方式、教师队伍、评价、治理、办学条件等的现代化会有不同? 根本原因还是社会生产方式的不同。当前,现代生产方式不是一刀切的,不同国家、区域、民族处于不同的历史发展阶段,生产方式仍然具有地域性、民族性,决定了教育现代化各异的实践形态。但是文化传统在其中也有一定的作用。

首先,文化传统通过影响教育主体的思维与精神,影响教育现代化的实践形态。从本质上说,教育是一种社会意识,它是社会存在的反映。但人对客观世界的反映在本质上并不是一种"反射"现象,而是主体和客体在实践活动基础上形成的精神关系,是人对周围环境及自身的一种精神的把握和表现方式。因而,对教育而言,人的作用尤其是精神作用是不能忽视的。教育实质上是一种主体间的认识活动,目的是提升主体的实践能动性。从实际上看,它是教育主体的一种精神活动,教育主体包括办教育者、教育者、受教育者。因而教育主体的思维与精神在其中起着重要的作用,文化传统对人的精神与思维的影响很大。文化传统的多样性使教育主体存在思维与精神的多样性,也必然导致教育实践形态的多样性。即使是属于同一演进形态类型的国家,其教育现代化的实践形态也有差异。比如,德国与美国同是先发型的教育现代化国家,两者的高等教育现代化发展却采用完全不同的模式,德国倡导学术自由,坚持科研与教学并重的传统"精英教育"的大学模式;而美国则完全不同,基于其移民国家的多元文化与追求创新的民族精神,坚持实用主义原则,鼓励创业精神,发展出大学直接为社会服务的"威斯康星"新模式。

其次,文化传统通过影响公共文化精神,进而影响政府在教育现代化中的行为,最终影响教育现代化的实践形态。公共文化是由政府主导的为满足社会公众的共同文化需要而形成的文化形态,不同国家、地区、民族在不同时期具有不同的公共文化精神。公共文化精神可以分为理性化和经验化两种。具有理性化公共文化精神的社会,人们普遍奉行理性与契约,经济运行上具有理性化特点,公共权力上具有民主化特点,行政管理上具有科层化特点,公共领域上具有自律化特点。而在具有经验化公共文化精神的社会中,人们普遍奉行的是家国同构的宗法专制的政治制度,遵循人情化的社会交往与社会活动模式,在"无讼"礼俗文化基础上导致社会法制的缺位。这两种具有不同公共文化精神的社会,政府对教育的干预作用是不同的,有的是弱政府、强市场,有的则是强政府、弱市场,也导致教育现代化的实践形态的差异。在亚洲的一些国家和地区,如新加坡和香港,由于市场经济发展较快而形成理性化的公共文化精神,其教育现代化进程更多地由市场机制驱动;而韩国、中国大陆,由于公共文化精神的理性化程度还不足,政府调控市场资源的力度较大,在教育现代化发展道路上政府的作用则更为明显。

因此,我们在谈及教育现代化整体质量的时候,不能只盯着教育现代化的水平,同时也要关注教育现代化的形态。教育现代化的发展形态涉及教育发展是否适应不同国家、地区经济社会的发展,是否促进不同民族人的现代化等关键性问题,它也是教育现代化发展质量的重要组成部分。

(三)教育现代化是水平与形态的统一

各个国家、地区、民族的教育现代化,都具有追求高水平的普遍性目的,同时又表现为差异性的教育发展形态。因而,教育现代化的水平与形态的统一关系,其实就是普遍性与特殊性的统一。教育现代化是水平与形态的统一表现在:一是二者密不可分、相互依存。教育现代化的水平寓于具体的教育形态之中,没有脱离教育形态而抽象存在的教育现代化水平;同样,也没有不反映教育现代化发展水平的教育形态。人类社会由低级到高级的发展,教育水平由低级到高级的发展,都是社会发展不可逆转的趋势,这是社会发展的共性、普遍性与一般规律。教育现代化的发展具有普遍性,就是追求教育发展的高水平,以不断满足社会现代化发展对教育提出的需要,这是世界各国的教育发展的共同本质。提高教育现代化水平是教育符合社会发展的趋势,具有必然性、确定性。它作为教育进程中一般与普遍的追求,并非以纯粹的形式表现出来,而是以极其错综复杂、多种多样的具体方式表现出来。列宁说:"多样性不但不会破坏在主要的、根本的、本质的问题上的统一,反而会保证这种统一。""世界历史发展的一般规律,不仅丝毫不排斥个别发展阶段在发展的形式或发展的顺序上表现出特殊性,反而是以此为前提的。"[①]教育现代化水平的提高存在和展现于各个国家、地区和民族的教育发展的各个进程、阶段、方式的千差万别之中,离开了现实的教育发展的多样性,教育现代化的水平的普遍性就无从展现。二是教育现代化水平的发展才能促进教育现代化的形态形成特色,高水平的教育现代化是教育形态形成特色的前提。这是因为:第一,教育现代化水平越高,现代教育各方面的基本发展已经完成,才有足够的条件从具体的、差异化的教育发展形态中去生发出自己的教育特色;第二,随着经济全球化的发展,教育现代化发展水平越来越高,各国教育之间的交流也越来越多,利用交流的机会各国可以更好地吸收他国教育的优点来发展自己的优势,使得自身教育现代化形态的特色更加突出。可见,要发展本国教育现代化的个性与特色,首要的前提是提升教育现代化的水平。三是教育形态的特色是教育现代化水平的保障,没有特色,事物会被消解。个性是事物独立存在的条件,没有个性的事物,则会成为其他同类的附庸。教育也一样,一个国家的教育要想立于世界民族之林,必须要有自己的个性特征。没有个性特征的教育,会淹没于其他国家的教育洪流之中。在教育高水平发展的背景下,只有发展自己的个性,才有资本与筹码和他人相互交换资源,实现优势互补。

可见,教育现代化是教育现代化水平与教育现代化形态的统一。只从教育现代化发展水平出发,很难对教育现代化作出全面、科学的评价。教育现代化是否适应当地政治、经济的发展,能否促进人的发展,不能简单地从水平上得出结论。一是,在具有同一性质和基本特征的教育条件下,完全可以有不同的教育现代化发展水平。在我国的社会主义教育中,不同地区的教育现代化发展水

---

① 列宁选集:第3卷[M].中共中央马克思恩格斯列宁斯大林著作编译局,译.北京:人民出版社2012:382.

平不尽相同,东部地区的教育发展水平较高,西部地区的教育现代化水平则较低,就属于这种情况。二是,同等的教育现代化水平完全可以有不同的形态。发达国家如德国和日本,同样具有较高的教育现代化水平,教育的普及率、教育投入比、教育产出、教育为社会发展的贡献率相似,但是两个国家的教育现代化发展的起点、与社会现代化的关系却不同,并且教育内容、方法、治理等方面的现代化呈现出不同特点。可见,教育现代化是教育现代化水平与教育现代化形态的统一。

也就是说,教育现代化是一个集共性与个性于一体的过程。教育的现代特质是普遍的,是教育为适应现代社会所应该具有的复合品质,而教育现代化的具体形态是多样、相异的。没有哪两个国家、地区的教育现代化是完全一致的,教育现代化是一个具有多样化模式的过程。对此,可从教育现代化繁杂的指标类型窥见一斑。教育现代化的指标体系五花八门,有国际的指标,有国家的指标,还有各省或地区的指标,有城市、乡村的指标,有东部地区、西部地区的指标,有民族地区的指标。可见,教育现代化的量化指标体系,具有阶段性、地域性、动态性的特征,这不仅反映出教育现代化的水平差异,不同阶段有不同的差异,同时也反映了教育现代化的形态差异,不同地区有不同的特点。因此,文化传统对教育现代化的作用,不可能只影响其中的一个方面,而是既会影响教育现代化的水平,也会影响教育现代化的形态。

5

文化传统作用于教育现代化的过程

前面我们分析了文化传统的内容和教育现代化的发展维度,这一章具体分析文化传统如何影响教育现代化的过程。应该说,关于文化传统对教育现代化作用过程的分析,是分析作用机理的重中之重,是揭示作用机理的核心问题。

"作用过程"应该体现文化传统对教育现代化"作用启动—作用开展—作用结果"的程序,展示出作用行动的始态到终态的变化经过。因而,我们不仅要从历时态的维度上看到文化传统影响教育现代化水平的进步过程,也要从共时态的维度上看到文化传统影响教育现代化形态的变化过程。无论揭示哪一个层面上文化传统对教育现代化的作用过程,都具有重要的意义。

首先,在历时态的维度上,历史性的文化传统影响教育现代化的水平。我们可以通过考察具体某个民族的文化传统与现代生产方式之间的关系,来窥视其中历史性的文化传统对教育现代化水平发展的作用。显然,有关文化传统作用于教育现代化水平的过程讨论,可以深化我们关于文化传统对教育现代化作用的认识。

其次,在共时态的维度上,民族性的文化传统影响教育现代化的形态。各民族根据自己的价值观念、民族性格、民族思维、民族心理,采用不同的教育内容、教育方法、教育制度,形成不同的师生关系和交往方式,最终形成不同的教育现代化形态。如即便随着教育现代化水平的提升,我国依旧奉行以教师为主导的讲授教学,这与美国普遍实行以学生为中心的探究教学有明显的区别,这是与美国人、中国人传统的思维方式和民族性格差异有关的。民族性文化传统对教育现代化形态的作用,是显而易见的。然而,以上作用的具体过程如何,值得我们进一步探讨。

一、历史性的文化传统作用于教育现代化水平

文化传统虽然诞生于旧的生产方式,但它不是静态不变的,内部在不断地更新换代,其中有快速改变以适应时代发展的内容,也有长期积淀下来的反映人类发展需要且仍然符合与适应现代生产方式的内容,它们都可以促进现代生

产发展,也必然促进教育现代化的水平。正如顾明远先生所言:民族文化传统中代表整个人类发展方向的内容与元素,不属于旧质文化,"相反,它们能在现代化潮流的冲刷下焕发出更加旺盛的生命力"①。

因而,历史性的文化传统作用于教育现代化水平,是指历史性的文化传统会通过影响现代生产方式,进而影响教育现代特质的增加与减少,影响教育现代化的水平。

(一)作用中介:现代生产方式

如前所述,在整个社会有机体中,文化传统与教育现代化两者没有决定与被决定的因果关系,但是它们处于普遍联系之中,两者是相关关系,会产生相互作用。为此,要研究文化传统对教育现代化的作用,就要从普遍联系中把两者抽出来,孤立地考察它们,并找到两者关系的联系点,也就是文化传统与教育现代化相冲突的矛盾点及相促进的结合点,这就是文化传统对教育现代化的作用中介。笔者认为,教育现代化是由现代生产方式决定的,文化传统对现代生产方式具有反作用,文化传统通过现代生产方式来作用于教育现代化,现代生产方式就是文化传统作用于教育现代化的中介(图5.1)。

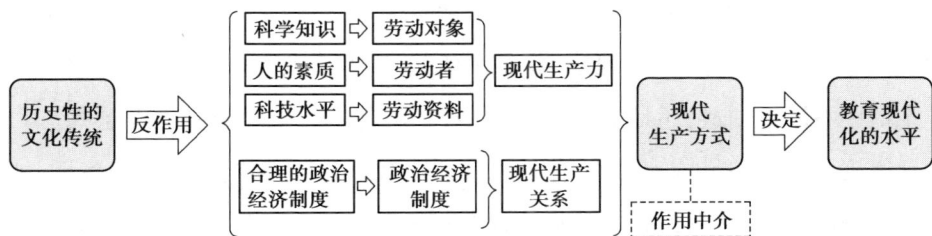

图5.1　文化传统反作用于现代生产方式影响教育现代化

1.物质生产的科技含量决定教育现代化的水平

如前所述,教育中科技含量越高,教育现代化的水平越高。那么教育中的科技是从哪里来的呢? 实际上,教育中的科技绝不是通过行政或支援的外力附

① 顾明远.民族文化传统与教育现代化[M].北京:北京师范大学出版社,1998:22.

加给它的,而是来源于教育所处社会的物质生产中,通过教劳结合将生产中的科技引入教育,只有物质生产中的科技含量高了,教育现代化的水平才能提升。

(1)生产劳动中的科技含量决定现代生产的水平

关于现代生产与现代科技的关系,许多人都会有疑问:到底是现代生产的水平决定生产的科技含量,还是生产的科技含量决定生产的水平? 实际上,两者是一个相互促进的过程。从根源上看,由于生产力的发展达到一定的水平,为现代科技的产生创造了条件和需要,才产生了现代科技。进而科技最大程度地促进了现代生产力水平的提升,转化为现代生产的第一生产力。因而,越是发达的现代生产力,必定在物质生产中具有更高的科技含量。现代化就是科技的社会化,是现代科技广泛运用于生产生活中。生产中的科技含量越高,现代生产的水平则越高。

现代科技能够跨越国家的界限、穿越民族的壁垒,进入各个国家、民族的物质生产中,成为现代生产的动力。这是因为,历史唯物主义认为,生产物质生活资料是人类的首要历史活动。人都有生存发展的需要,把最先进的科技运用于生产以提高生产力、创造生产生活资料,这是人类的普遍需求。利用科学技术不断提高生产力,创造丰富的生产生活资料,这是受到人的生存发展需要的驱使。不管是什么国家、什么地区、什么民族的人,都需要科学技术,不管是在生产生活中不断地创造,还是通过借鉴学习他人,都不会排斥科技甚至会想方设法地得到最先进的科技。为此,各个国家都在努力进行科技创新、科技发明,或者通过复制、学习他人最先进的科技,把它引入自己的物质生产中来提升生产力。因而,物质生产劳动中往往是最先进的科技首先获得或诞生,越是先进的生产力,生产中的科技含量就越高。

(2)教育与生产劳动相结合,影响教育中的科技含量

教育中的科技,只能来源于现代生产,通过教育与生产劳动相结合来实现。这就是为什么我们说"教劳结合是教育现代化的实现途径"。教育现代化要实现,就是教育要与最先进的生产相结合,就是要把生产中最先进的科技引入教

育。关于教劳结合,不能不提列宁的著名论断:"没有年轻一代的教育和生产劳动的结合,未来社会的理想是不能想象的:无论是脱离生产劳动的教学和教育,或是没有同时进行教学和教育的生产劳动,都不能达到现代技术水平和科学知识现状所要求的高度。"①这个论述明确表明,教劳结合可以实现生产劳动现代化,也可以实现教育现代化。正因为生产劳动对先进的科学技术最为敏感,先进的技术总是最先、最快地进入生产领域,使得现代生产富含科技,教育同生产劳动结合,就是教育同最新的、最前沿的科学技术相结合,有利于实现教育现代化。

也即是说,科学技术作为教劳结合的结合点,它把"现代生产劳动过程"和"现代教育过程"两个相互独立的社会过程联系起来。教育中科技含量的高低,取决于生产劳动中科技含量的高低,最终由现代生产的水平所决定。一个国家、地区和民族的生产发展水平低,生产中的科技含量就低,教育与低水平的生产结合,教育的科技含量就低,教育的现代水平就低;反之,生产发展水平高,生产中的科技含量就高,教育与高水平的生产结合,教育的科技含量就高,教育的现代化水平就高。

在西南民族地区走访中,笔者发现一个共性问题,不少家长和教师都反映了一个现实矛盾,即儿童读书越来越有保障,但是读书之后的就业却没有保障。为此,很多家长都不约而同地提到了一个词"读书无用"。他们认为教育投资没有足够的经济收益,教育回报率过低,对读书持否定态度。这些地区都有一个共性,就是经济发展水平和生产劳动中的科技含量较低。比如在甘孜藏族聚居区,农牧业仍然停留在低水平的层次,普通百姓多以放牧、挖虫草为生;在贵州纳雍,生产方式还停留于传统农业,百姓主要依靠种植玉米、养牲畜过活;在三都水族聚居区,人们也主要依靠种植水稻、上山采菌过活。由于本地缺乏现代的产业,青壮年都外出打工,笔者走访的苗族和彝族寨子里都是留守的老人和

① 华东师范大学教育系.列宁论教育[M].北京:人民教育出版社,1990:26.

儿童。在这些经济不发达地区,人们的生产劳动中现代科技含量较低,虽然偶尔使用简单的农业生产机械设备,但总体上劳动基本不依靠现代科学技术。因此,虽然近些年国家大力发展民族地区的教育,当地教育现代化发展很快,教育普及化程度高,教育设备现代化程度高;教育内容也与发达地区接轨,向学生传授先进的科学技术知识,教育中的科技含量增加。但是,这种教育中的科技并不是从当地的生产中内生的,教育现代化中的科技无法发挥它的功效,同时教育现代化也就不可能持续性发展。可见,生产中的科技含量才是教育现代化的科技含量的水之源和木之本。

2.文化传统通过反作用于现代生产方式影响教育现代化

因为现代生产方式决定教育现代化,文化传统对教育现代化水平的影响要通过现代生产方式起作用,现代生产方式就是文化传统作用于教育现代化的中介。

(1)生活方式反作用于生产方式

在历史唯物主义理论框架中,虽然生产方式在社会生活中起着基础性的作用,但生活方式并不是消极被动的,它会反过来影响生产方式,对生产方式有反作用。认识生活方式对生产方式的能动反作用,有利于认识文化传统对教育现代化的作用。

生活方式对生产方式的反作用,主要源于生活方式具有自身相对的独立性。即生活方式的发展变化与生产方式的发展变化,不是完全同步进行的,生活方式存在着超前或滞后的情况。一方面,当生产方式发生剧变时,生活方式并不是一下子就能跟上生产方式的变革步伐的,它必然还带有许多明显的旧社会的痕迹,不少人还习惯按旧的生活方式行事。如我国已进入社会主义社会多年,但有的人还受着封建社会小农经济的影响,习惯于墨守成规、乏于进取的生活方式,也有人存在着追求资产阶级生活方式的倾向。另一方面,当生产方式处于量变阶段时,生活方式也在不断地发生变化,也可能出现与更新的生产方式和社会文明相联系的新的生活方式的因素。如欧洲封建主义生产方式还占统治地位时,已出现资本主义的萌芽,相应地出现了具有资本主义因素的生活方式。具体而言,生活方式对生产方式的反作用,主要体现在对生产方式中的生产力和生产关系的影响。

第一,生活方式对生产方式的影响直接表现在产生新的社会需求。因为生活的主体是人,生活就是人的生命形态。人的生产和再生产活动最终是为了满足人的生存与发展的需要,生产在人的生活需要指向下成为有意义的社会行动。正如马克思所说:"历史事实证明,人们怎样生产,他们就怎样生活;同样,人们怎样生活,他们也就怎样生产。消费是生产的最终目的,没有消费,也就没有生产,因为如果不这样,生产就没有目的。"①不难理解,适宜地促进消费不仅为生产的进一步发展提供了广阔的市场,而且直接表现为一种新的社会需要,从而促进生产的发展。生活方式会影响人的需要,不仅包括生理需要,也包括精神需要,如价值观念、审美等需要,生活方式的变化引发社会新的需要或人们需要的改变,进而推动满足需要的物质生产的发展。正如目前所处的"互联网+"时代,互联网已经将生产、流通、消费等环节紧密地联系在一起,人们的消费方式如消费心理和习惯已经在很大程度上影响了社会生产。同时,随着生产力的发展,人的生活需要领域的扩大,使得生活方式的丰富性也对社会生产的全面性提出了要求。

第二,生活方式对生产方式的反作用还表现在它影响劳动者素质。劳动者是生产力的重要因素,劳动者的素质如何,对生产力的发展和社会进步将起直接的影响。生活方式会影响劳动者的体力、智力,以及技能、审美、道德、心理等因素。健康、科学、文明的生活方式可以促进劳动者体力的恢复、智力和技能的提高,劳动者整体素质的提高最后反过来促进社会生产的进一步发展。如前所述,作为生活方式的文化是有先进落后之分的,积极、健康的生活方式,能够使人在物质需要、精神需要等方面得到较大的满足,使劳动力在最优越的条件下

---

① 马克思恩格斯选集:第2卷[M].中共中央马克思恩格斯列宁斯大林著作编译局,译.北京:人民出版社,1972:94.

生产出来,产生极大的生产积极性,促进生产的发展。相反,消极、落后、腐朽的生活方式,可能损害人的身心健康,生存与发展的需求得不到满足,劳动力也不能在必要的条件下再生产出来,从而就会影响甚至阻碍生产的发展。

同时,生活方式也会对人群的性格、心理、价值观产生影响,也就是我们常说的对国民性的影响。例如,从事农耕的民族与从事畜牧、狩猎的民族,两者的心理、性格是有很大差异的。农耕生活具有集约经营的特质,集体的灌溉、收割活动更具有价值,因而导致推崇集体、宗族的社会生活方式,形成追求一致、踏实保守的性格;而在狩猎、游牧文化中,"毛毡帐裙""食唯肉酪"的粗放生活方式,铸就勇武豪爽、豁达开朗、不拘小节的性格。同时狩猎、游牧民族中个人的活动往往比集体的活动更有价值,因而在狩猎民族的性格中呈现更多的是个人英雄主义,更喜欢冒险和挑战的生活方式,比如藏族群众在日常生活中开展摔跤、赛马等富有挑战性的游戏活动。这些不同的民族性格会对社会生产力的发展产生不同的作用。

第三,生活方式影响生产关系。生产关系包括生产中人们的社会地位、生产资料归谁所有、产品如何分配的关系,体现出生产中人们的交换、消费关系。生活方式具有强烈的社会属性,因此往往体现出明显的生产关系特点。在西方的生产方式研究中,一直将生活方式作为区别阶级的重要指标。马克思也曾把生活方式用作辨别阶级的重要特征,例如对法国农民阶级的分析就采用了生活方式这一指标。他说:"既然数百万家庭的经济条件使他们的生活方式、利益和教育程度与其他阶级的生活方式、利益和教育程度各不相同并互相敌对,所以他们就形成一个阶级。"[①]可见,生活方式的一致会形成地位群体,地位群体以生活方式的认同为内部凝聚和外部排斥的机制,使得生活方式作为区别阶级的一种社会现象、一种指标。因此,生活方式中的行为模式、思想观念、道德规范等,会影响社会生产关系的改进。生活方式中尤其是旧的生活方式中所形成的风

---

① 马克思恩格斯选集:第 1 卷[M].中共中央马克思恩格斯列宁斯大林著作编译局,译.北京:人民出版社,1972:693.

俗道德、管理制度、社会规范等,都可能带着它脱胎出来的旧社会的痕迹,导致社会财富的争夺和分配的不公、社会关系中不合理因素的存在,阻碍社会经济制度和政治制度的优化、生产力的发展,从根本上影响生产方式的发展。

(2)文化传统反作用于现代生产方式

作为传统生活方式的精神观念体系,文化传统诞生于传统生产方式之中,带有当时的生产方式特质,与现代生产方式的有些特征是有冲突的,当然也有相适应的内容,文化传统对现代生产方式具有反作用。

其一,现代生产方式具有新的特征。

一方面,现代生产力具有一些新的特征。蒙昧时代、农业经济、工业经济是马克思对生产力发展阶段的划分。现代生产力是工业经济之后的生产力,它是对古代与近代生产模式的扬弃,具有新的特征。

第一,科学技术是第一生产力。从机器大工业开始至今,科学技术迅猛的发展成为社会生产力的主导力量。科学技术渗透到现代生产过程中,与各种生产要素相结合,从一个知识形态转化为现实形态,成为直接的、现实的生产力。特别是从20世纪中叶开始,科学技术进入全新的时代和全新的阶段。以微电子为标志的信息技术、以核能为标志的新能源技术、以超导为标志的新型材料技术、以人造卫星为标志的空间技术、以基因工程为标志的生物科技等新兴科学技术,与人类的联系日益紧密,促进了产业技术的升级加速。科技已与生产成为一体,其对生产力的促进是一种指数倍增作用,科学技术成为推动和影响人类社会生产力发展的原动力。

第二,生产力发展的全球化。它是从资本主义的殖民扩张逐步发展形成的。一般意义上的当代经济全球化,是由于高新科技特别是信息技术及其产业的迅猛发展,导致运输和通信成本的大幅度降低,从而直接推动了国际贸易、跨国投资和国际金融的迅速发展和高新科技的广泛传播,使得世界经济空前紧密地联系在一起。具体表现为,一是凭借发达的信息手段和运输工具,使生产、交换、消费和分配等各种经济活动在全球范围内快捷便利地运作,彻底摧毁了空间与时间障碍。二是使得"文明"成为世界性的,一项新发明的问世可以迅速在全球推广开来,使生产力成倍地加速发展。三是经济日益自由化,冲破传统民族国家的疆界,形成一个不断扩大的统一的世界市场。

第三,生产力的可持续发展。可持续发展是生产力发展的现代特征。现代经济区别于传统经济以土地、石油、煤炭等不可再生的自然资源为主要依托,而是以可以创造、传播、扩散的智力资源为重要因素。一方面,科技知识为开发太阳能、风能、水能、地热能、生物能等生态资源提供了技术支持,有助于节约资源,优化生态条件,保证后一代人的生存条件。另一方面,知识本身作为一种生产资源,具有不守恒性、绝对增值性、共享性与无污染性,决定了现代生产力的绿色性、循环性和可持续性。知识的特性使现代生产呈现成本递减与收益递增的新特点,它改变传统生产中产品主要由大量原材料和少量信息构成的局面,能够将大量的知识信息技术融入产品中,虽然前期研究开发需要投入大量的成本,但随着后期应用范围的扩大收益则呈几何级数增长。

另一方面,现代生产关系具有新的特征。马克思主义生产力理论的基本原理认为,生产力与生产关系是社会的两对基本矛盾。现代生产力进步的社会要求会对生产关系的发展提出新的要求。为此,现代生产关系也有新的特征。

第一,构建合理的政治经济制度。现代生产力的不断进步要求建立起充满活力的推动生产力发展的新体制,包括建立合理的资源配置方式,把有限的资源有效地配置到社会各个部门,实现资源合理配置。第二,优化生产力的主体条件。人是生产力的首要要素,劳动资料的发明与使用、劳动对象的开发与利用,都需要劳动者的能动性、主动性和创造性的发挥。尤其在现代知识经济形态中,劳动者的素质和技能是生产力发展的不竭源泉。因而,在政治、经济、文化制度上保证人才资源数量的增长与质量的提升,是现代生产关系的重要特征。第三,增强科技第一推动力的作用。科学技术是推动生产力进步的首要力量。不过,科学技术不会自动地或自发地转化为现实的生产力,而是需要一定的制度保证,才能使其作为一种要素广泛渗透于社会生产力结构中,成为直接的生产力。现代生产关系中最为重要的就是形成一个能够促进科学技术转化为生产力的有效机制,包括科技创新机制、成果转化机制等,用科技推动现代生产力的进步。

其二,通过我国文化传统对现代生产方式的反作用,来阐明文化传统对现代生产方式的作用。

文化传统对现代生产方式的作用,终究只是社会意识对社会存在的反作用,不是决定作用,相对于生产方式内部的动因来说,它属于外部的因素,只是对生产方式的发展起着促进或延缓的作用。为了更好地说明文化传统对现代生产方式的反作用,在此以我国文化传统为例,阐明其对现代生产方式的反作用。

第一,对现代科技的作用。我国文化传统中对现代科技起重要作用的是传统科技观念,中国传统科技观虽然造就了古代科技的成就,但也在一定程度上阻碍现代科技的发展。首先,重实用技术的科技价值观,使中国人更注重的是科学技术的现实功用,相对忽视对原理的探寻,不利于我国现代科学研究的发展。其次,从"天人合一"中生发出的有机、整体的自然科技观,形成了中国人统一性、联系性的思维方式以及辩证性、包容性的思维习惯,不利于深入探索事物本质,某种程度上限制了现代科技的发展,使其始终包含在思辨哲学和其他文化形态中。再次,"重经验总结、轻理论创造"的科技方法论,局限于经验层次的操作记录,缺乏对规律的概括和总结,难以升华到系统的理论层面,在一定程度上限制了我国自然科学的进一步创造发展。

第二,对劳动者素质与技能的作用。现代生产对劳动者的主要素质与技能提出要求:一是现代生产中的市场经济体制,对商品质量的要求提高,迫使生产者提高劳动技能。二是现代产业结构升级要求劳动者专业技能升级。高能耗、高物耗、低效率的传统产业向新兴产业转型,增加了产品的科技含量和技术附加值,对设计人员、技术专家和操作工人素质的要求更高,要求劳动者具备创新设计、运用信息化工具、操作与维护智能化设备等技能。虽然我国部分传统的人生观、价值观则有利于现代劳动者素质的提升,如"天行健,君子以自强不息"的人生观,有利于劳动者形成积极向上、努力拼搏的精神;又如传统的"不义而富且贵,于我如浮云"的价值观,则有利于端正劳动态度以及形成良好的劳动品德,提升劳动者素养。但是,我国传统的人才观、职业观总体上不利于现代劳动者素质的形成,如重文轻理的人才观、"学而优则仕"的职业观,不利于培养和选拔出高素质的职业技术人才。

第三,对市场经济体制的作用。市场经济是竞争经济,强调个体的理性经济行为,需要市场主体的竞争性、首创性;市场经济也是开放经济,具有平等性、规范性,强调法治与合作;市场经济还是创新经济,需要市场主体的创造性与冒险性。我国长期以来的农耕文化传统形成的文化氛围、行为模式,对市场经济体制的构建与完善具有两重性。一是有很多文化传统与市场经济的要求是冲突的,如传统的集体意识与市场经济中个体理性经济行为的冲突,传统中"不患寡而患不均"的公平偏向与市场经济的竞争经济相悖,传统的偏重礼教、以情代法与市场经济的法制经济运行原则矛盾。二是也存在与市场经济互利的文化传统,如传统的"义利观",有利于维护市场经济的基本商业道德,勤俭的精神有利于生产的发展与积累。

(二)作用内容:教育现代化三要素

教育现代化的核心三要素是:以实现人的现代化为目的、以科技的运用为内容、以教劳结合为路径。以上三个要素的完成程度,是衡量教育现代化水平的重要指标。历史性的文化传统对教育现代化的影响,也集中体现为对以上三个要素的影响。

1.影响人的现代化的教育目的的实现

众所周知,人的发展是受遗传、环境、教育、人的主观能动性四方面因素共同影响的。其中,教育是影响人发展的重要外部因素,教育的目的是实现人的发展。教育现代化的根本目的,在于实现人的现代化,即实现人的全面发展。

马克思主义原理告诉我们,人的全面发展不是指人可以掌握全部的知识和技能,不是指人的无限度发展,而是指人从自然奴役中解放出来,从人压迫人、剥削人中解放出来,充分利用社会提供的现实条件来发展自己的状态。可见,实现人的全面发展的社会必备条件包括两个:一是高度发达的社会生产力,二是公有制的生产关系。要实现人的现代化,根本在于应具备相应的社会生产方式。虽然实现人的现代化这一教育目的的决定因素,不能简单归结为文化传统,但是文化传统确实也影响着人的现代化这一教育目标的实现。

(1)传统的人才观影响教育目的

传统的人才观是人们长期以来形成的对于人之才能的认识及其价值判定,是文化传统中的重要价值观,也是文化传统在教育中的集中反映。人才观依照人的功能和价值,以人类活动中的地位、作用、贡献或影响为判定标准。传统的人才观形成于传统社会的生产方式,由于具有相对的独立性和凝固性,人才观会跨越时代成为一个民族深层的理想与追求。虽然不同的国家、地区、民族有不同的人才观,但是诞生于古代社会的传统人才观存在一些共同的特点:第一,重视培养统治人才,塑造的人才是维护统治阶级利益、制度的。在以人与人之间的隶属关系为价值观的传统社会,人们以特权作为衡量人才的标准,依附权力(世俗权力或宗教权力)的社会统治者被视为社会精英。第二,重视培养道德的完人。传统社会除了凭借种族、等级、宗教治人,还主要依靠经验和情感统治社会,管理社会更重要的是依靠"德治",因而把具有完满的道德视为理想的人格,尊崇社会纲常和礼仪道德的人才能有威严和说服力。这在国内外的古典教育理想中可见一斑,古代雅典认为"身心既美且善"的个人才是合格的公民,苏格拉底提出"美德即知识"的观念,柏拉图要培养的"哲学王"也必须具有"善"的特质,即使是在中世纪,奥古斯丁也提倡现世的人必须修养道德以赎罪;我国古代的思想家、教育家也在人才培养上"求德",无论是孔子培养的"士"和"君子",孟子塑造的"大丈夫",荀子造就的"大儒"和"成人",还是朱熹成就的"醇儒",都是具有完美道德品格的人。第三,重视人文知识的掌握,比如古罗马时期培养的"演说家",重视人的辩证法、文法、修辞学的知识;英国的骑士教育,训练的是能够骑马打仗、忠于封主、懂得宫廷礼节的军人;中国古代的六艺,培养人的"礼乐射御书数"技能。即使教育中出现了少量科学知识和技能训练,比如算数、几何、天文的教育,也是农业生产者为了在生产中丈量土地、观测天象之用,并未成为古代社会普遍认同的"人才"的必备知识。

人才观影响社会所期望造就的人在功能和素质结构上的要求,影响教育目的和培养目标。也即是说,教育目的、培养目标是人才观的集中、具体、直接的体现。在现代社会,大多国家已经统一制定了现代教育的培养目标,传统人才观的影响主要体现在教育目标的落实与实现过程中。一是传统的人才观影响人的全面发展,不利于人身心和谐、充分、自由的发展。传统的人才观是片面的,只重视人的某一方面的发展,忽视其他方面的发展,比如重视智育、忽视体育的倾向,导致部分青少年学生"大脑发达四肢体弱",影响身心和谐发展;传统的人才观是压制的,阻碍人的自由发展。教师、家长不是关注学生本身而是关注成绩,忽视学生的特长、特质,不论是否适合,一律执行同样的要求和标准,人不能按照自己的意愿、兴趣发展。二是传统的人才观影响职业的选择。很多家长仍持旧有的专制、人治社会的人才观念,给孩子选择传统社会所尊敬的职业,而不是新兴的职业,并认为出人头地的人才是人才。受传统人才观影响,依然有不少家长一味地要求孩子考学、考公务员、考"铁饭碗",有的家长宁愿孩子做一个"村干",也不愿意让其创业。在今天社会人才结构多样化、职业多元化的时代,还普遍看低读职业学校学习技术、成为技术人才。这些传统的人才观与现代化社会格格不入,阻碍了现代教育目的——培养现代人的实现,但不是所有的传统人才观都阻碍人的现代化,诸如注重人的道德修养、集体意识等传统的人才观,也能促进现代人的塑造。

(2)文化传统影响人的精神的现代化

人的现代化的核心是精神的现代化,只有充满现代精神的人从事现代化建设,才有可能实现现代化。为此,英格尔斯曾经说:"许多致力于现代化的发展中国家,在经历长久的现代化阵痛和难产后,才逐渐意识到国民心理和精神还被牢固地锁在传统意识之中,构成了对经济和社会发展的严重障碍。"①

文化传统的核心是价值观,传承久远的、根深蒂固的价值观在人的精神现代化中具有深远的影响。一是影响人的主体意识和思想独立。主体性是现代人的基本特征。② 古代社会是专制社会,人是依附性的,少数人是主人,大多数人是奴仆,他们没有人身自由,没有平等的地位,更没有民主的权力。所以人是没有独立个性的,没有主体性的人,这种精神上的依附性会长期存在于文化传统的价值观中,影响人的精神的现代化。文化传统中的宗教信仰、特权思想、等级观念等价值观,使人在精神上难以摆脱依附性,表现在安于已有的生活经验,难以接受新的思想观念、行为方式;思路闭塞、思想保守,缺乏开放性和开拓精神;没有个人自由和平等的观念,丧失独立的人格。二是影响人的理性文化心理图式的构建。现代意义上的人,最核心的是按照科学、理性、技术自觉地再生产,其心理图式是理性的。传统的图式是以传统、习惯、常识和经验为要素的经验主义活动图式,具有自然性、经验性和人情化的特点。因而,文化传统对人的理性精神的培养而言是一种深层的文化阻滞力。

2.影响教育内容与手段的科学化

具体而言,文化传统中的价值观念和民族性格会影响教育内容与手段的科学化,会影响科技在教育中的运用水平。

（1）传统的社会价值取向影响科学教育的地位

以我国传统的"重人文轻自然"的价值观为例,其影响自然科学的地位。中国传统的儒家文化价值观一直是谋求人与自然、社会的和谐的"天人合一"的价值取向,具有"重道轻器"的倾向,儒家经典一直被尊为千古不易的"真理",将探索自然的好奇心和行为视为"玩物丧志",把改造自然的技艺当作"奇技淫巧",必须"绝巧弃利"。

实际上,中国古代不是没有自然科学,但是其地位始终被人文科学压制。

---

① 成有信.现代教育论集[M].北京:人民教育出版社,2002:363.
② 孙喜亭,成有信,褚洪启,等.人的主体性内涵与人的主体性教育[J].教育研究,1995(10):34-39.

比如古代中国对天文现象的观察是仔细而系统的,甲骨文、《淮南子》中不乏对日食、彗星、太阳黑子等世界上最早的观察记录。可是,我国古代科学家们却没有对这些天象观察记录进行深入的分析,以寻求其中的规律。著名的哈雷彗星从春秋到 1910 年共出现 31 次,每一次在我国史籍上都有详细的记录,但是谁也没有去认真分析一下,从而发现它们是平均 76 年出现一次的一个彗星,把这个发现权留给了 1682 年的英国天文学家哈雷。这是什么缘故呢? 至少有一个重要因素:中国古代观测天象只是为了"观象授时",它固然是生产之需要,但更是显示天权皇威的。"天人合一"是观测天象的一个主导思想,以预测社会和皇室的凶吉祸福。① 可见,中国古代自然科学的着眼点不是探求宇宙自然的奥秘,而是社会管理的理论与技术,自然科学只是为社会管理服务,居于从属地位。

科学的社会地位必然影响科学教育的地位。中国传统教育把道德教育作为教育的首选,教育追求的是"求善"而不是"求真",所以教育目的也是培养"得道"的圣人、君子,大教育家是大思想家而不是探究自然的大科学家。受此教育观念的影响,古代知识分子将一生交付于"圣贤书",不屑从事技术实践与科学创造,导致了科学技术教育的边缘化,严重削弱了科学技术教育的地位。

(2)民族性格影响科学素养的培养

科学教育的目的是科技人才的培养,其中很重要的是培养人的科学素养和科学精神。科学素养不是人掌握了多少科学知识,而是人的动手操作和动脑思考的技能,敢于质疑权威、主动探索的精神。民族性格作为一个民族长期保持并比较稳定的思想活动特征,反映的是文化主体的心理和气质。民族性格会影响人的科学素养和科学精神的塑造。

当然,民族性格不是天生和遗传的,而是在长期的自然地理环境、生产方式、社会制度下形成的。中国大陆的地理条件、农业生产方式、宗法制度等客观条件综合造就了中国人特有的民族性格。内陆环境的闭关自守、长期的小农生

---

① 中国科学院《自然辩证法通讯》杂志社.科学传统与文化:中国近代科学落后的原因[M].西安:陕西科学技术出版社,1983:198.

产方式以及建立在此基础上的封建宗法制度,使得中国人以保持群体和谐为中心,人们趋于求同存异、克己守道、循规蹈矩,使中华民族形成一种中和、谦让的民族性格。这种民族性格不是说完全不利于科学素养的发展,其谨慎、坚持的优点,也有助于科学探索,但不得不承认这一民族性格对科学研究也存在一定的负面影响。

3.影响教劳结合

教劳结合是教育现代化的基本特征之一,指教育与现代生产相互影响、相互作用、相互渗透。教劳结合的前提是教育与生产劳动要相互独立,根源是现代生产,关键是现代科技。因而,文化传统对于教劳结合水平的影响,主要是文化传统影响现代学校教育与当地生产的结合,即文化传统使得教育脱离当地的经济与生产。

以我国为例,具体来说,一是"学而优则仕"的狭隘的教育价值观,使得大众追求高学历,重视文凭,追求好大学,看中"铁饭碗",因此不同地区、不同水平的学校教育遵循基本一样的标准、模式。一定程度上导致教育与产业分离,学校教育不贴合当地的生产生活实际,不适应当地劳动力市场的需要,当地的经济也失去了教育的支持。二是以经验为中心的传统价值观念,不重视科学技术对生产劳动的价值,劳动者尤其是手工技艺者习惯以上一代传承的直接经验为圭臬,较少将现代科技与生产劳动相结合。三是传统社会延续下来的对体力劳动的轻视观念,认为只有脑力劳动的职业才高贵,导致读书人对体力劳动的蔑视,导致普通学校教育忽视综合技术教育、劳动教育,忽视对学生的职业训练和职业指导,也导致对其他教育类型如职业技术教育和继续教育的轻视,不利于教劳结合的实现。

（三）作用结果：正负作用

历史性的文化传统对教育现代化水平的促进作用或者阻碍作用,是文化传统对教育现代化的作用力的方向,促进作用是正方向,阻碍作用则是负方向。

这种正负作用到底是由什么所决定的呢？这里涉及文化传统与现代生产方式的关系问题。

1.文化传统对教育现代化的正负作用的透视

如前所述,文化传统虽然由传统的生产方式所产生和决定,但文化传统对于现代的生产方式具有反作用;文化传统与现代生产方式之间的关系,决定了文化传统对教育现代化的作用性质。

为了能够更加清晰地分析,在谈文化传统这一理论概念的时候有所抓手,这里选择一个少数民族的文化传统做个案分析——以黔南水族文化传统为例,通过分析水族文化传统对其教育现代化的促进和阻碍作用,进一步探讨文化传统对教育现代化的正负作用。

三都水族自治县,隶属于贵州省黔南布依族苗族自治州,位于黔南布依族苗族自治州东南部,是中国唯一的水族自治县。全县总面积 2 400 平方公里。2019 年全县总人口 38.13 万人,其中少数民族人口 37.08 万人,水族人口 25.57 万人,占总人口的 67.06%,全国 60% 以上的水族人口居住在三都。笔者选择的主要调研点为三都县九阡镇。九阡镇是贵州省黔南布依族苗族自治州三都水族自治县下辖的一个镇,地处三都水族自治县东南端,政府驻地距离三都县城 65 公里,全镇面积 430.7 平方公里,共辖 6 个村,161 个自然寨,全镇现有人口 30 678 人,其中水族人口占总人口的 90% 以上,是一个典型的水族聚居区;九阡镇平均海拔 813.5 米,属亚热带湿润气候,年平均气温 14～18 ℃,无霜期 310～340 天,平均降雨量 1 657.3 毫米,平均降水日数 140～180 天;全镇耕地总面积 15 512 亩,以传统农耕生产方式为主,种植水稻、玉米、桐油等农作物。九阡镇民族文化传统浓郁,保留了传统的生产生活方式。其中,"卯节"是当地水族人民最为隆重的传统节日,"卯节"当天,卯坡上聚集几万群众互对情歌,交流感情,结识朋友,被誉为"东方情人节"。九阡镇的义务教育已通过了"两基"验收,学生入学率一直保持在 93% 以上,镇里有 1 个中学、17 个小学(其中有 12 个完小）、1 个公立幼儿园。

作为一个水族聚居乡镇，九阡镇的水族文化传统典型且浓郁。九阡镇的水族百姓居住在适应水稻生长的环境，继承和发展了本民族以稻为主的农耕文化传统，表现出典型的农耕文化特色，保留了农耕文化的重要标志——水族特有的《水历》和《水书》；并延续了根据稻作生产方式传承下来的特有节日：水族的端节与卯节；形成了特有的家庭生活方式和闲暇生活方式：喜欢酿酒饮酒的酒文化生活方式。水族百姓居住在传统的干栏式建筑中，并且保留着直观体现水族文化的民族服饰、民族饮食、民俗事相。民俗包括以祈雨、祈求五谷丰登为内涵的祭祀活动与禁忌事项、崇敬神灵的各种习俗，还有对耕牛、马匹的爱护与崇拜之情，对"神器"铜鼓的独钟，婚丧嫁娶等种种礼仪及丰富多彩的节日娱乐活动。水族先民流传至今的神话与古歌，记录了他们唯心与唯物杂糅的"哲学"思想和独特的精神文化。水族的民族宗教具有原始宗教崇拜的特点，兼有自然崇拜、鬼神崇拜、祖先崇拜、图腾崇拜。在长期的农耕生产方式影响下，水族百姓形成了尊老、团结的约定成俗的朴素道德规范。在长期艰苦的生存实践中，也孕育出水族百姓简朴的饮食价值观念、低调内敛的衣饰审美情趣以及坚忍不拔、待人为善的民族性格。

在此主要通过分析水族文化传统对教育现代化的促进和阻碍作用的过程，来透视历史性文化传统对教育现代化产生正负作用的内在缘由。

一方面，探讨水族文化传统对教育现代化的促进作用。笔者在此通过水族的家庭教育传统、基层民主精神、务实的民族性格等，细致地探讨其对水族教育现代化的促进作用。

第一，家庭火塘教育传统有助于教育的世俗化。

在水族社会中民间信仰占据重要地位，虽然难以将水族社会称为整体的宗教化社会，但是水族一直秉承着以鬼为中心的生存哲学。"鬼"一直是水族社会秩序的表征，水书先生、鬼师、过阴婆都在水族民间信仰中扮演重要的角色。念鬼仪式、算卦、过阴等仪式，一直是水族重要的信仰活动，也是水族教化本族成员的重要活动。一直以来,水族借助宗教、超自然信仰来教化成员,维持日常社会秩序,这也可以从水族文字(图 5.2)——水书的传承轨迹中窥见一斑。

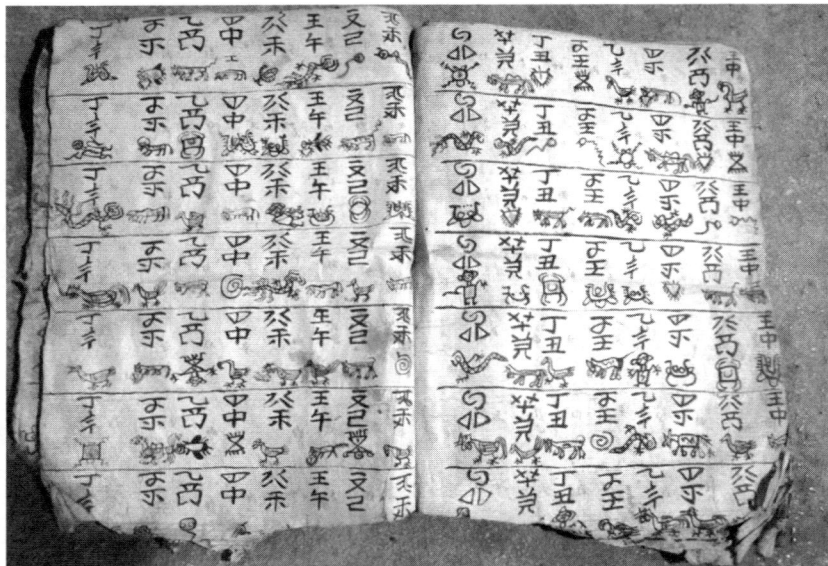

图 5.2　黔南三都水族自治县水霞村水书先生的手抄本《水书》

长期以来,水书一直在水族社会的宗教活动中发挥着重要作用,但没能在水族社会的知识传承、文化教育过程中产生作用或发扬光大。与此相反,在水族的家庭火塘教育活动中,教育的主体从宗教头领转变为家长,教育的内容从宗教教化变成贴合社会生活的伦理道德,教育活动也从传统的宗教活动转变成日常家庭教育,使得水族的家庭火塘教育,成为水族社会教育世俗化的一个重要开端。

火塘是水族家庭中的重要教育场所。水族的传统建筑为木质干栏式建筑,房屋为两层或三层建筑,楼下为牲畜的圈舍,而人居其上。二楼作为起居饮食的地方,是住宅的主要空间,以三开间的住宅而论,明间为堂屋,其余为家长和长子的卧室。堂屋是全家主要的共享空间,家庭的主要活动均在此进行。水族人常在堂屋设置火塘,即直接在木质楼板上铺设泥土,下挖成凹坑或用石块构成一定形制的火炕。火塘内通常烧柴火,家庭成员会围坐在火塘边,把铁锅架在火塘的三脚架上,将肉和菜放入汤锅内边煮边吃。火塘不仅承载着家庭成员的一日三餐,还是水族百姓在家取暖、照明、待客、议事的重要场所,火塘在水族家庭生活中占据重要的地位。人们以火塘为中心规划生活半径,使得火塘空间成为重要的家庭教育场。在这一方空间中,全家老小围坐在火塘边,家族中的老人们教育孩子,孩子听老人讲先辈的业绩、宗族的故事,以及世代相传的农耕生产技术、生活技能,还有家规家风、礼仪道德。

水霞村的一位村民回忆小时候父辈对他和兄弟姐妹的教育,提到火塘(图 5.3)是一个非常重要的场所:"父母结束一天的农活后,经常是吃饭、烤火的时候,就会在火塘旁边总结当天的生活,或者讲故事、村里的见闻,以此教导我们。小时候学的规矩,很多也是火塘边受到的教导。"

图 5.3　黔南水族家庭的火塘

可见,家庭火塘教育传统具有独特的文化传承功能和社会教育功能,虽然相对而言是分散的、缺乏系统化的,其计划性和目的性也显得不足,但火塘教育有助于家庭教育的自觉,它综合语言教育、行为教育、心理教育等多种教育形式,最重要的是与独特的地理系统和各族群的家庭、村落等社会组织紧密相连。水族的家庭火塘教育传承的少量的生产技术知识,注重提升人的现世生活的品质;传承的民俗事相和礼仪规范等人文知识,则有助于唤起水族人强烈的民族意识和社会责任感,增进社会成员情感的传递和沟通;火塘教育的空间布局,及其在其中开展的饮食起居和各种社会生活活动,传递了长幼尊卑、奉先思孝的社会秩序和伦理道德;而火塘教育中非宗教式的教育形式,则体现了教育世俗化、理性化的现代性趋向。

正如康纳尔指出,人类注重教育的社会功效,是现代教育的觉醒。家庭火塘教育活动有助于水族社会的教育世俗化,有效地促进了其教育现代化的发展。它将教育活动从宗教活动中分离出来,可谓是水族族群民间信仰的一个"祛魅"出口。在家庭火塘教育中,宗教制度、超自然信仰及与此有关的事物逐渐变得不重要,人们的思维方式和世界观开始改变,水族群众趋向于现实化、理性化,积极参与社会事务,开始具备现代社会公民应有的求实、理性、负责任的态度,他们更加关注现世生活价值,而不是来世的生活方式,也增进了他们的社会参与度。

第二,议榔制度为代表的民主精神促进教育治理现代化。

水族社会延续了千百年的父系氏族社会体制,以血缘关系为纽带的家族宗族观念根深蒂固。水族社会秩序的维持多是以宗族的形式进行的,通过宗族来处理日常事务如协调族内关系、族际关系、村寨联系等。为此,在水族社会中,形成了一个十分复杂的宗族与宗族之间的关系网络。为了公平而合理地处理宗族集团所涉及的利益及事务,村寨内的宗族构建起了基层民主制度——议榔制度。议榔制度作为维护水族家族或宗族礼仪的习惯法,是一种涵盖了民主决策、民主管理、民主监督的制度。通常,村寨中每个宗族辈分较高、年龄较大、处事公正公平的男性,拥有寨中事务的抉择权、处理权,这些人被称为村寨的"寨老"。一般地,议榔的首要任务是制定本村寨的"榔规",即"乡规民约"。这些条款多由寨老分别代表各自的家族共同协商制定,以维护同一个社会组织中的共同利益和规范各个成员的行为。水族的议榔制度是由一个村或是几个村共同构成一个小榔,而这样的若干小榔则构成一个大榔。每个小榔派出寨老共同商议、制定榔规,榔规制定好后,组成大榔的各个小榔共同遵守和执行。这样制定出来的乡规民约与家谱家规相较,更多是对社会事务进行约束和惩戒,其内容很丰富,包括维护山林树木等环境保护问题、组织椰内生产活动、维护生活秩序等。比如,三都县三洞乡板龙村寨共同议定的椰规的主要内容就包括:

1.偷禾谷、蔬菜、鱼等处罚;

2.偷牛盗马的处罚;

3.砍伐竹木的处罚;

4.内勾外引盗窃者的处罚;

5.强奸妇女、拐带女人的处罚;

6.共同对付外敌的措施等。

在笔者调研的水霞村里,由潘姓的八大家族构建了议椰制度,组建了民主决策团队,自称"八大金刚",即每个家族派出一名代表,对村寨里的共同事务进行民主评议和管理。他们制定了自己宗族的椰规,椰规主要列举了一些公序良俗,涵盖了家庭关系、婆媳关系、邻里关系、一事一议、公共设施建设等各个方面的内容。这个椰规条文被誊写在册,存放在宗祠里。

议椰制度主要管理村寨成员的公共事务,其中也自然涉及村寨成员的教育问题。纵观水族乡村学校教育治理实践活动的发展历史,其在学校"去行政化"、教师参与学校管理、教育的社会支持、班级民主管理、学生自我管理等方面表现突出,村寨中教育的各相关利益群体能够通过一定的制度安排进行合作互动,多元协商共同管理教育公共事务。因而,从某种程度上说,议椰制度对于水族教育的民主化管理具有一定的促进作用,具体体现如下。

一是水族村寨中长期存在的基层民主自治的习惯法制度,激发了村民参与教育治理的能力和动力,有效地促进了教育领域多元主体的互动和合作。

在传统的农村教育管理中,基本是政府"一元独治"的教育治理模式,政府是教育的唯一管理者,而其他的利益相关方如学校、师生、村民则缺失话语权。而在水族的很多村寨里,长期形成的、良好的村寨民主管理制度,使得乡村教育治理实践活动中的各利益主体,能够共同参与到教育管理工作中来,达成共同的教育发展目标,通过"多元共治"达到教育的"善治"目标,实现教育治理现代化。

在调查中,水霞小学的一位校长回忆起学校一路建设的艰辛,村小在建设困难时期,学校的校舍修缮和维护都是由村民自发捐赠、出力完成的。

"特别是在20世纪80年代,当时学校的教学楼只有一栋木板楼,木板不结实,要定期修补,一到冬天,教室里到处漏风,全都是村民带来木板帮忙修缮的。还有学校在浇筑这个水泥篮球场的时候,当时只领到了水泥,也是村民到河边挖的沙子,一担担用肩膀挑到学校帮忙施工。没有村民的出力,学校当时的建设和运转是很难的。"

并且,不少村寨还成立了民间的村级教育基金会,增强社会组织参与教育治理的程度,为贫困家庭的学生提供教育的经济支持。据调查,自20世纪90年代,在三都县某镇的一个村,民众自发组建了民间的教育基金会,以此鼓励村内的年轻一代求学,教育基金会规定:凡是考上本科大学以上者,由基金会承担其学费和住宿费。后来,教育基金会在村委会的引导和民众的监督下良性运行,能够通过积极参与学校决策咨询、制度制定、教育教学评估等方式来提升参与学校治理的深度,得到了村民的积极响应。

二是有利于形成乡村学校内的民主精神和民主氛围,促进了学校内部各主体之间的理性交往,提高了学校自主治理能力。笔者在调研水族的乡村时发现,其教育民主管理不是停留在组织结构和制度设置的层面,而是成为一种生活方式,一种学校师生整体的、共同的、自觉的自主治理风气。

教育治理的现代化推进取决于教育治理主体间关系的协调性。在学校内的教师关系建设中,乡村学校的"去行政化"局面,有助于形成校长、中层领导、教师等学校内部各治理主体间相互依存、互帮互助、相互合作的共生关系,促进了教职工参与学校治理的积极性。笔者在调研中也发现,水族乡村学校校长与教师、教师间、师生间的关系非常融洽,师生同甘苦、共患难,保证了教师参与教学与管理的积极性和创造性,使得学校各方的治理能力充分发挥,能够优化内部治理关系和治理结构,真正实现民主管理、自主发展。

水霞村小学任教时长16年的W老师在谈及同事关系时说道:"我们就像一家人,工作的气氛是很民主的,如果有问题直接说明,校长也会根据工作量合理分配任务,我们也不是机械接受命令,而是真正地一起把事情做好;工作上有什么意见也在吃饭、喝酒、打球(图5.4)的过程中相互挑明,直接讲清楚。"

图5.4　水霞村小学经常开展教师篮球友谊赛

正如陶行知教学做合一的思想所要求的:民主的教育方式只有建立在民主的"做事"或"生活"方式上才是可能、可靠的。水族的村寨在世代相袭的传统基层民主制度的基础上形成了民主教育管理方式,作为人们生活化的行为方式,已融入了各教育主体做事的过程中,因而更加真实、有效。

水族先民在依靠自然、克服自然的农耕生活中,产生艰苦劳动、务实求实的民族心理。务实求实的价值观使水族百姓重视现实、坚韧不拔、勇于开拓。具体来说,水族百姓的日常生活体现了其务实的民族性格,一是表现在差序的节日安排上。端节、卯节是重要的水族传统节日,但不同于其他少数民族的节日均固定于某一天,水族的端节、卯节分批分期进行,节日安排是差序的,过节时间按照水族历法来推定。水族的端节俗称"瓜节",相当于汉族的春节,是一个庆祝丰收、辞旧迎新的节日。水族过端节的时间,从水历年末的十二月到岁初的正月或二月(相当于农历八、九、十月)逢亥日分批分期进行。[①] "过端"一般大致分七批,前后相隔 49 天,端节被称为世界上最长的节日。从具体地域来看,端节大致分为两个系统:第一个系统是,大河镇的鸡场、富河、潘洞三个乡过第一个亥,水龙乡的拉右、打物等地区过第二个亥,水龙乡的水龙、安塘、旁寨等地区,大河镇的甲倒、石奇等地区以及地祥乡过第三个亥,中和镇过第四个亥。第二个系统是,三洞乡的水东地区过第二个亥,恒丰乡、廷牌镇、周覃镇的水维村以及独山县的天星屯过第三个亥,三洞乡的上、下三洞过第四个亥,三洞乡的腊岭、马场坪,九阡镇的水昂、系大等地区过第五个亥。上述地区的水族人民非常重视端节,他们一年就过这一个节日。[②] 卯节也称"过卯",水语称"借卯"。"借"是吃的意思,"卯"为"茂",言万物茂也。过卯节的时间,一般是每年水历的九月、十月(即农历五、六月)内择一卯日举行,此时是初夏时节,正是栽秧上坎之际,过卯节主要是祈祷秧苗茂盛。水族的卯节也是分期分批过的,一般来说分四批,每个卯节节期为两天,各卯中间相隔 10 天。过节的先后和地方,水族民歌是这样唱的:"第一卯,水利的卯;第二卯,洞宅的卯;第三卯,水扒、水浦卯;第四卯,九阡的卯。九阡卯宽,吃卯奠后。"[③]而九阡的卯节其实也是分三批过,不同地区会间隔一天,分别是母改村、水各村的水各大寨以及水各村的母下寨、板拉寨,这些村寨过卯节时分别赶的三个坡被称为寅坡、卯坡、辰坡。卯节被称为"东方情人节"或"歌节",青年男女在卯坡对唱情歌、眉目传情。

虽然关于端节与卯节的起源及为什么分批分期过节的神话传说很多,有的说敬供神灵,有的说歌颂爱情,都颇被水族百姓信奉,广为流传。但文化的形成必定有其生产方式的根源。水族作为传统农耕民族,在重要的农事活动中,需要亲友在耕田、栽秧、收割的时节相互帮忙合作。这一方面是由于地理环境差

① 潘朝霖,韦宗林.中国水族文化研究[M].贵阳:贵州人民出版社,2004:504.

② 朱志刚.传统节日中的传说、历史记忆和文化认同:基于三都水族的研究[J].韶关学院学报,2014(7):59-65.

③ 潘朝霖.试论卯节:稻作丰收与人口增殖并重的水家年节[C]//贵州省水家学会.贵州省水家学会第三届、第四届学术讨论会论文汇编,1999.

异,农事活动在时间安排上有差异,另一方面亲属、邻里之间错峰安排农事,也有助于实现生产经营上的互惠。为了维持亲友之间的生产联系和族群网络,水族百姓在农事活动结束之后会以聚会、宴请的形式表达感谢,形成了卯节、端节的节日习俗,而为了使兄弟、亲友能互相拜访,便形成了轮流过端、过卯的规矩。这种分批错峰过节的习俗,其实就是水族百姓在生产中形成的智慧,也是水族人重视生产的务实作风的体现。同时水族百姓务实的心理还体现在,虽然端节、卯节都是水族重要的节日,但是为了节省过节的花销,在端节、卯节两大类节日中,水族百姓形成了"过端不过卯,过卯不过端"的习俗。水族百姓好客,在节日中有"喊端""吃转转饭"等习俗,呼朋唤友地过节,形成一个巨大的"节日圈",因而节日消耗较大。过节时每家每户需要的鱼和肉少则几十斤,多则数百斤,有的还要杀猪甚至杀牛过节,过一次节花费数千元甚至上万元已不是什么新鲜事。为此,为了节约不必要的消耗,水族百姓在端节和卯节中择一个节日庆祝,也是务实的民族性格的一个侧面反映。

　　水族百姓务实的民族性格的表现之二,即使有崇拜鬼神的信仰,也不脱离现实生活,念鬼问鬼最终是为了改善现实的生活。并且,从事宗教活动的过阴婆、鬼师和水书先生,也仍然参与社会生产。水族的鬼灵崇拜具有明显的功利性,多是为了祈雨、求子、求家庭平安、求财源兴旺等。可见,虽然水族人在生活中依赖于巫术、宗教等神秘的、非理性的方式,但最终是为了指引人们的现实行为,为现实生活"消灾纳福",仍然坚持理性务实、经世致用的价值观。水族的鬼神信仰文化中涉及民族经济生活、农业生产的内容很多。比如,宗教活动中依据的水历是干支纪日,以种植为岁首,以收割为岁末,是水族农业生产的历法,它可以有效指导地处亚热带山区的水族农民进行日常生产,对水族群众的农耕生活发挥了积极作用;水族隆重的"祭霞""拜霞"仪式,其目的在祈求风调雨顺、五谷丰登,"霞"是一方雨水的保护神,拜霞活动最终是为了保障当地的农业生产。

　　从事宗教活动的过阴婆、鬼师和水书先生,虽然被称为"能与鬼神沟通的人",在水族社会具有较高的民间地位,但他们也没有过着封闭、保守的生活。他们平时与水族的普通百姓无异,积极参与社会生产,在不耽误农事活动的基础上,利用农闲时间开展宗教活动,为水族百姓提供精神慰藉和心理满足。他们并不依靠水族信众的供养,主要依靠生产劳动为家庭提供经济支持。为此,过阴婆、鬼师、水书先生都没有在水族社会中成为一个隔离的群体,而是很好地融入世俗生活中,村民认为"他们和我们一样"。笔者在调研中发现,普通村民的小孩也会去过阴婆家或水书先生家找他们的孩子玩,大人也会跟过阴婆和水书先生聊天,普通村民并不会畏惧他们,也不会敬而远之,而是把他们当作普通的村民一样看待。

水族人的务实不仅是一种民族性格,也是其追求的价值观,这可以从乡规民约、民歌谚语中窥见。水族很多乡规民约都有"务农为本,勤俭为生"这一条。崇尚勤劳节俭,在水族许多歌谣、谚语中都有反映,如"回味甜是入药的甘草,最幸福是劳动后的收获""家业旺,勤俭为上""干活吃得饱,摇宝(赌博)死得快""勤是摇钱树,懒是钻心虫"等谚语,均表明水族人崇尚劳动、重视生产、鞭笞懒惰,以务实、劳动为荣,以懒汉、摇宝为耻的价值观。为此,水族人不管从事何种职业,都要各尽其责,这是水族务实心理融入祖祖辈辈的生活模式中的体现。

求实务实的民族心理在克服了自然经济的消极因素后,对于教育与生产劳动相结合,促进经济发展和脱贫致富有着十分重要的现实意义。具体体现在学校教育、家庭教育能与传统手工技艺的现代化生产相结合。

一是家庭教育传承并创新传统手工技艺。水族姑娘从小就在母亲指导下,学习平面刺绣、结线刺绣、盘线刺绣、边埂穿挑刺绣等技法,用以制作背带、裙饰围腰、翘尖鞋、儿童帽、荷包以及围腰带。这些刺绣品不仅自用,也会在赶场时拿去出售,实现一定的经济价值。现在,水族姑娘手中的马尾绣不局限于传统图案和传统绣品,而是根据现代生活和审美作了改良,制作成适应现代生活的钱包、皮包、鞋子、吊坠、杯垫、家居装饰品等产品,通过网络销售到全国各地(图5.5)。

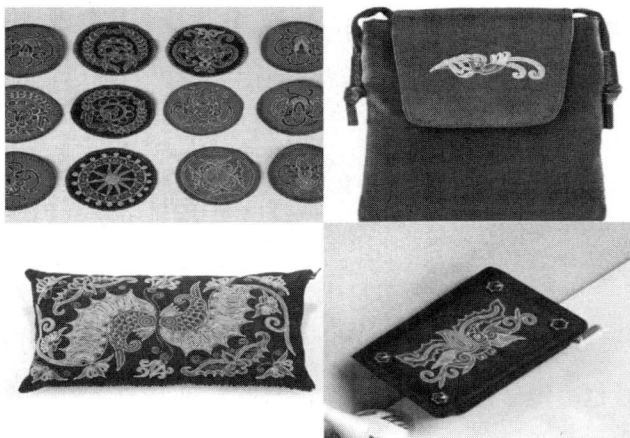

图 5.5　水族传统马尾绣制作的现代生活用品(杯垫、女包、枕套、钱包)

另外,三都县廷牌乡的甲乃、拉外、甲王,塘州乡的高本、务旦等村寨,都是远近闻名的银匠村。这些村子的银饰工艺原本在家庭中代代相传,银匠高温熔炼银锭、银元等白银,铸入模具,通过手工的锤、冲、压、拉、焊、刻等工序,制作成精美的银饰如银角、银簪、银花、银铃、耳环、项圈、围腰链、雅领、戒指、手镯等,多供水族妇女、小孩在节日、婚礼中佩戴。这些银匠村因为家族世代传承的手艺能够获得一定的经济收入而改善生活,也成为当地比较富裕的村寨。现在,这些银匠基本都举家搬迁到县城或旅游区开设银饰实体门店和网店,不断改良、扩展银饰品的制品种类和样式,以适应现代生活需要和现代审美。

二是普通学校课程中加入了一些与水族的优势农业生产技术与传统手工技艺相关的内容。如三都一些中小学利用综合实践活动课传授民间传统技艺的内容,包括种茶叶、种李子、养马、酿酒、马尾绣等相关的知识和技能。

三是为了适应传统技艺的现代生产,实施教育分流,在职业教育中增设水族传统技艺的内容,并开展传统技艺的现代化革新。如水族传统的马尾绣、银饰制作、蜡染、石刻、酿酒技术在职业教育中不仅可以继续传承,也能够有所创新和发展。

另一方面,探讨水族文化传统对教育现代化的阻碍作用。水族文化传统中也存在一些对教育现代化起阻碍作用的内容,比如父系制家庭导致的重男轻女思想不利于教育的普及化,人文价值观影响传统科技的现代化推广,泛鬼神论对普及科学知识的阻滞,下面对其进行详细分析。

第一,父系制家庭导致的重男轻女思想不利于教育的普及化。

水族"重男轻女"的文化传统是由父系制的人口生产关系所决定的,究其根源是由物质生产关系决定的。一直以来,受独特地理环境、生产力水平的制约,水族村寨一直延续"饭稻羹鱼"的生产方式,作为农耕主要劳动力的男性具有重要的经济地位,也决定男性具有更高的社会地位,进而产生相应的财产制度,男性才具有继承财产的资格。"在水族家庭中,父亲是当然的家长,有支配经济和决定全家事务的权力。"[①]"传宗接代"的父系制社会制度,进一步维护和巩固水族男性的地位,并使女性依附于男性。

水族重男轻女思想主要体现在:一是男女出生比例高。20世纪90年代以来的相关统计数据表明,三都县的出生性别比长期处于偏离正常值的状态,在2004年达到133.4的数值,显示性别比已严重失调;并且,数据显示二孩及多孩性比远高于正常值,说明水族地区人工干预二胎及多胎性别现象普遍,民间女婴非正常死亡现象普遍,溺婴弃婴现象较严重,民间"怀男"秘方暗中流行。[②]二是传统社会水族女性地位较低,不接受教育,基本不外出,甚至不与男人说话。据文献记载,水族女性从12岁左右开始在家由长辈传授刺绣、纺织、印染技术,接受的传统道德教育包括:"女性不许从客人面前走过,只能提起衣服下摆,轻轻从客人身后走过。"[③]

水族重男轻女思想对教育现代化的负面作用是阻碍教育的普及,女性受教育率低。根据国家实施九年义务教育第二年即1987年的数据,三都水族自治

---

① 三都水族自治县志编纂委员会.三都水族自治县志[M].贵阳:贵州人民出版社,1992:163.
② 杨军昌,等.西南民族地区出生人口性别比失调问题研究[M].北京:民族出版社,2010:267.
③ 黔南布依族苗族自治州史志编纂委员会.黔南布依族苗族自治州志·民族志[M].贵阳:贵州民族出版社,1993:205.

县全县 12 个民族乡小学中,女学生仅 1 197 名,仅占全体学生总数的 12.1%。[①] 2000 年的数据显示,1994 年入学的女学生只有 13.4%完成小学学业,有 86.6% 的女学生在六年间陆续流失。[②] 女性辍学率较高必然导致水族女性文盲率较高,据贵州黔南自治州 1983 年的调查统计显示:水族 12 岁以上的女性文盲、半文盲率高达 91%。[③] 笔者在水族村寨调研中发现,水族长期的重男轻女观念,导致水霞村里年龄在 35 周岁以上的妇女大部分没有接受过学校教育。她们大多没有文化,不说普通话、不识汉字,与外界沟通的能力欠缺,一般只能在家务农和操持家务。虽然村中的很多男性都已经外出接触现代的生产,但水族妇女依旧延续旧式的生产方式。她们终日在田地里劳作,或在适宜季节上山采捡菌菇,完成农活后的空隙则在家纺织、锤布、刺绣。由于所从事的家务劳动和运用的传统农业生产技术简单,水族社会忽视女性教育,导致女性价值低,加重了重男轻女的思想,进一步阻碍女性接受教育。

第二,人文价值观影响传统科技的现代化推广。

在长期传统小农经济基础上形成的水族文化,是一种以伦理道德为核心的文化体系。水族传统文化主张尊老、崇古、入世,所以水族难以产生普遍的科学成就欲求和自由探索精神。水族传统文化体系更重视人文伦理道德,对科学技术存在压抑和排拒作用,这导致水族社会形成了"重道德轻科学、重人文轻技术"的人文价值观,进而形成"士农工商"的等级观念和"重做官轻技工"的人才观。水族社会中"学而优则仕"的"官本位"思想依旧存在,仍然以"当官"作为主要追求目标,家长并不鼓励孩子做技工或成为科学家。水族家长普遍不论学生的兴趣与个性,也不谈当地的职业适洽与否,都希望自己的孩子能通过高考这个"独木桥"进入大学,以获得考公务员的准入门槛。相反,民族传统技艺的

① 三都水族自治县志编纂委员会.三都水族自治县志[M].贵阳:贵州人民出版社,1992:631-641.
② 丁月牙.传统性别文化视角下的女性教育问题:水族个案[J].贵州民族研究,2005(2):111-115.
③ 黔南布依族苗族自治州史志编纂委员会.黔南布依族苗族自治州志·民族志[M].贵阳:贵州民族出版社,1993:206.

学习者和传承人则越来越少。即使有学习传统技艺或乐器的学生，也不打算从事相关的工作，只是希望能够借艺术特长实现高考加分或被相关专业录取进入大学。

问卷调查显示，水族家长对孩子未来职业期望的排序依次为：公务员（43.6%）、教师（24.5%）、医生（19.7%）、技工（5.4%）、商人（4.1%）、其他（2.7%）。对于笔者提出的"技工的工资待遇并不比文职、公务员差，为什么不让孩子从事此职业？"的疑问，水族 W 姓石刻工人的说法很有代表性，他说：

"做工的人社会地位低，有很多难处，工作很辛苦啊，挣钱不容易。现在小孩子学工都不是正规学历，没有文凭的话，以后很难在社会上立足的。我是希望他们（子女们）能够好好读书上大学，将来可以考个正经的工作，不用那么辛苦，生活轻松和安稳一点。"

深究水族人文价值观形成的原因，是因为在传统的农耕生产方式中，科技不是第一生产力。由于长期处于封闭、半封闭状态，一直受自给自足的自然经济思想影响，水族地区仍然依靠投入传统生产要素来提高产量，没有将科技作为最重要的促进经济增长的方式，未能充分地认识和重视现代科技的进步和传统科技的现代转化对经济增长的决定作用，导致社会观念陈旧、认识滞后。虽然有少量的手工业发展，但是以家庭作坊为主，具有经济效益低、影响范围小的显著弱点。因而，水族人难以认识到传统科技的重要作用，更谈不上传统科技的现代转化、创新及推广。

实际上，水族的传统科技十分丰富，主要包括：①生产劳动中的科技知识，如特色的农业生产工具，特别是驯养马作为山区运输工具，以及"饭稻羹鱼"的劳作经验和智慧；②社会生活中的科技知识，如手工纺织和印染的青布、干栏建筑、石刻、马尾绣、银饰、酿酒，工序复杂，技艺高超；③精神生活的科技知识，如水书；④历法和生产技术，如水历等。以上传统科技是基于水族百姓所处的自然环境和人文环境而产生的，经过世代的传承，已完全融入水族百姓的生产与生活,可以满足水族人衣食住行等多方面的需要。但是,由于受到地理交通、价值观的制约,水族的传统科技大多处于原始科技阶段,长期以来以家庭作坊的形式存在,局限于小范围的发展,没有很好地得到传播、推广、现代转化。

水族的传统科技难以得到推广和创新的深层归因是人文价值观,这种价值观直接导致现代学校教育在其中的缺位,加剧了水族传统科技人才的断层,影响传统科技的现代转化。具体而言:

其一,水族民族传统科技的内容难进校园,一定程度影响了传统科技的推广和传承。虽然教育部明确要求普通中小学校要开展劳动技术教育,要在国家统一课程之外设立地方课程、校本课程,以此结合本地实际教授学生现代生产的基本原理和基本技能,为学生未来的生产生活作准备。但是由于学生家长受传统人才观影响,一心"望子成龙",认为子女高分升学才是成才,当地教育行政部门也盲目追求升学、高考指标,并不重视此类非考试课程。"应试教育"使得多数学校削减、变相占用劳动技术课课时,地方课程、校本课程也多为虚设,这就使得传统科技的内容失去了进入校园的主要入口。加之由于缺乏课程资源、缺少师资等实际的困难,传统科技的内容难以进入基础教育学校的课程当中。即使有少量的中小学校开设了马尾绣、水书等课程或课外辅导活动,也是迫于上级下达的"民族文化进校园"的要求,更多的是将其视为艺术、美育课程,而非劳动技术教育课程,未能充分挖掘其中的科技价值,也没有与当地的经济发展相结合。

其二,受根深蒂固的人文思想影响,水族社会并不重视下一代科技人才的培养,更别提工匠、技工人才的科技素养塑造、科学思维培养和科学精神养成,导致传统科技人才的断层和科技素质的缺乏。笔者在走访三都民族中等职业技术学校时发现,针对传统科技的现代转化,该校虽开设了与水族传统科技相关的专业,比如蜡染、马尾绣、银饰制作等专业,但仅仅着眼于民族传统科技的"工艺"部分,学生的主要任务是单纯学习某一工艺,将原材料、半成品加工处理成为产品。实际上,"工艺"与"技术"是不同的,"技术"包括生产工具、机器的构造、使用、维修及其工作原理,从发明创造、产品研制到推广应用乃至"三废"的处理,其涵盖的范围广,是最能生发出传统科技的现代转化生长点的基础知识,对于传统科技的现代转化有着重要的作用。但是,这在水族的职业技术教育中却是薄弱环节,严重影响传统科技在农业工业生产中的推广。并且,职业教育对传统技工人才的科学协作、合作交流精神的培养不足,导致技术人才的协作精神较弱,缺少技术交流与思想碰撞,也一定程度上阻碍了传统科技的现代转换。

第三,泛鬼神论对普及科学知识的阻滞。

水族是一个笃信鬼神的民族,其崇拜的鬼神名目繁多,且鬼神不分,鬼的概念大于神的概念。据说水族有名有姓、能呼出其名的鬼多达 313 个,加上其他无法呼出名字的鬼,水族信仰的鬼神多达七八百个。[①] 因而,与水族共同生活的其他民族常说"水家的鬼多",这是对水族泛鬼神信仰的代表性概括。这些鬼神几乎涵盖水族日常生产生活的方方面面,有的负责婚姻丧葬,有的掌控时辰吉凶,影响着水族百姓的日常行为。水族鬼神崇拜的最大特点是认为鬼有善恶之分。水族百姓将能够庇护全家乃至全家族的鬼称为善鬼,包括"开天地造人烟"的创世女神"牙俣"、水书创造者"拱陆铎"、送子的生母娘娘"尼杭"等,都是水族极为崇拜的善鬼。而水族的恶鬼也很多,主要有"腊鸟""脚盯""君""歹别""腊八""腊牢""占""星""打""别""丈""落瓦丈"等,水族百姓相信这些恶鬼给人们带来病痛、水灾、火灾甚至死亡等灾难,因而需要通过祭祀的方式以取悦恶鬼,请求他们手下留情,不再降灾于己;而对于自认为是恶鬼已经带来的灾祸,水族百姓则常常通过占卜、巫术等方法请善鬼驱除恶鬼,通过放鬼驱鬼的方式以保护自己和家人。[②]

鬼神崇拜在水族民间依然绵延不绝,是占据水族社会的重要思想形态,现今还有很大的生存空间,这对科学知识的普及、传播与运用具有一定的阻滞作

① 潘朝霖.中国水族文化研究[M].贵阳:贵州人民出版社,2004:563.
② 潘朝霖.中国水族文化研究[M].贵阳:贵州人民出版社,2004:564.

用,具体体现在:一是,通过调查我们发现,在一些水族村落还有不少人尤其是老人,若是患了久治难愈的疾病,不愿继续寻医问药,而是喜欢找水书先生或者过阴婆问鬼占卜。人病了不看医而看卦,希冀借助巫术的力量来消除病魔,这表明鬼神的信仰影响了水族人对现代医学知识的信任度,甚至医生的家人患病也求助于念鬼仪式。水霞村卫生室的一个医生是黔南民族卫生学校毕业的医学生,2020 年时 28 岁,已经工作 6 年了,他曾无奈地表示,他家里有老人生病了也不愿意和他提起,反而跑去找过阴婆。

二是,游离于鬼神信仰与现代科学之间的水族人,其科学观具有不稳固性,还是存在较多的对科学的不信任感。他们也不是完全不相信科学,而是相对其他民族更加承认科学的无力,认为周遭存在很多科学无法解释的神秘现象。当面对无法克服的灾难、死亡而产生恐惧和绝望时,鬼神信仰可以给予水族人以心安。笔者在黔南三都调研时发现,水霞村中的一个水书先生今年 58 岁,是村里仅有的 3 名水书先生中的一位。他关于水族鬼神信仰的看法有一定的代表性:

"我是跟父亲学的水书,我父亲是跟我爷爷学的,这是家里一直传下来的,等我儿子想学的时候,我也会教他。水书是水族的历史遗产,我觉得它有一定的依据。有些事情就是如此神奇,你不能完全不信。比如我们村里上次有家人建房子,选日子没有算好,后面就出事了,后来我给他们重新选了一个吉日,建房就很顺利。"

笔者在调研中发现,水霞村有一户水族家庭的女儿从小有一些"异常"症状,比如手脚发抖、乱说话,说一些大人没有告诉她或者其他小朋友不知道的事情,而且到医院看过之后始终未见好。其父母非但不会感到担忧,反而对于女儿可能被鬼"选上"表示默许与支持,认为被选上当"尼候"("过阴婆"的水语表达)是一种命运的安排,必须服从鬼的意愿。面对笔者关于为什么不多走几家医院或到州府、省城的医院为女儿看病的疑问,女孩父亲的原话既带着一丝无奈,又带着一点懵懂的理性:"去了几个医院,医院也不知道原因,我就请人特意算了她的生辰八字,都是命里注定的。这也没有办法,被选上是无法反抗的,不做它(指鬼)不放过,家里会有灾的。"女孩的身体健康不被当成影响她自己未来身心发展的大事而得到重视,反而是被当作事关家庭全体成员生死利弊的大事而顺其自然地忽视,这也是鬼神信仰对人生理和心理的无形控制。

三是,泛鬼神论导致水族百姓在生活方式上重迷信、轻科学。调查发现,有很多生活小事,当地的水族人也会郑重其事地询问鬼神,比如为了小孩今后上学能够有出息,会去咨询水书先生具体的上学时间;而年轻人外出打工的出发日期、出行的具体方位,也会特意向过阴婆或水书先生问询。

当然,水族的鬼神文化是历经漫长历史形成的,具有原始宗教意识的思想基础,是水族文化的重要组成部分,而且具有一定的道德教化作用。但是,宗教与科学在理解和把握世界的方式及其社会功能方面存在显著的差别,是两种不同的认知世界的方式。科学宣传的是无神论,这与水族泛鬼神论的民间信仰是冲突的,泛鬼神信仰难免会对科学知识的普及带来阻滞影响。虽然随着社会的发展进步,水族的泛鬼神信仰已开始淡化,但不可否认,泛鬼神论导致的某些陋习仍然存在,是科学传播和普及过程中的障碍,消除它们的不良影响也是现代科学教育所承担的重要职责。

从水族的案例中我们可以发现,水族的各种文化传统的诞生、传承都有其生产方式之根;并且,虽然在此分析的是水族这一民族特有的民族性文化传统,但仍然要从中提炼出其所包含的历史性文化传统特质来,才能分析出文化传统对教育现代化的正反作用。因而,文化传统之所以能对教育现代化产生促进或阻碍的作用,终究是源于文化传统中历史性文化传统与现代生产方式之间存在的适应与冲突的关系。因而,要判断文化传统对教育现代化的作用,首先要分析其与现代生产方式的关系。

2.文化传统与现代生产方式的不同关系及其产生的不同作用

关于文化传统对教育现代化的作用性质或作用方向,以往文献已有学者归纳出了促进作用、阻碍作用和激励作用等不同作用,我们可以从文化传统与现代生产方式之间的关系来依次分析这些作用的实质。

(1)促进作用——文化传统适应现代生产方式

文化传统产生于过去的生产方式中,经过长期的积淀成为人们稳定的行为方式和心理模式。虽然现代生产方式迅速取代了传统生产方式,但这些旧的生产方式中有一部分仍然适应于新的生产方式,促进生产现代化的发展,符合社会现代化的要求。无论是传统生产还是现代生产,两者对人的素质要求仍然会有共同点,比如勤劳、钻研、务实,这些优秀的劳动者品质,既是在传统的落后生产力条件下激励劳动者克服自然困难的支撑力量,也是在大机器工业生产中继续鼓励劳动者开创业绩的精神动力。文化传统中能够适应现代生产方式的那一部分,有助于促进现代化的发展。既然是有助于现代生产的,那就必须要通过教育附加到劳动者身上来,因而,这一部分文化传统在教育中也能焕发"第二春",可以继续在教育中发挥作用,促进教育现代化的发展。

例如中国的儒家文化传统,是在旧式的生产方式上诞生并传承下来的文化传统,但其中的一部分价值观仍然有助于现代生产。现代生产方式要求的经世致用、勤奋努力、大局和责任意识,在儒家文化传统中也可以找寻到。儒家文化的责任意识、大局意识、奉献精神、经世致用精神、自然观与生态伦理观,以及基于儒家价值观形成的"无讼""自治""实体正义导向"等基层社会治理制度,这些传统对于现代企业发展、现代社会构建来说,仍然发挥着积极的意义。适应于现代生产方式的文化传统,必然需要通过教育把这些传统的价值观教给下一代,这在我国现代教育上的具体体现,就是儒家的文化传统有助于现代公民教育。公民教育的目的在于培养民主、平等、自由的现代公民,不过中国公民教育的立足点不是西方自由主义公民教育模式中那种原子式个人,而是以儒家文化传统为核心,立足"关系"中的人,它虽然珍视和尊重个人及其自由和权利,但却是从关系、共同体的视角去实现个人的平等与自由。这明显受到中国儒家文化传统重视社会责任、社会共同的善、社会和谐的价值观影响,因而造就了具有中国特色的现代公民教育。这一点从各国民众应对疫情的表现也可以看出，与西方民众因崇尚个人自由、保护个人隐私进而抵触防疫措施的行为截然不同的，是中国公民基于"义务先于权利""群体重于个人"的价值观，能够做到限制出行自由、扫码出行，利人利己地积极防疫，最终实现个人生命的平等和自由。这其中，儒家文化传统在现代公民教育中起了积极的促进作用。

（2）阻碍作用——文化传统阻碍现代生产方式

文化传统的根源是旧生产方式，肯定与新生产方式存在矛盾和冲突。我国由于经历了长期的奴隶社会和封建社会，文化传统相当大一部分是奴隶社会和封建社会的意识形态和思想文化基础，反映了中华民族与过去的时代相适应的陈旧的生存方式和生活经验。文化传统阻碍新的生产方式的实现，就是阻碍教育现代化的发展。

例如笔者在黔东南的村寨调研时发现，由于长期处于小农经济、自给自足的传统农业生产方式下，农民普遍形成了小农观念、封闭自足、轻视科学、封建宗法、宿命迷信的意识，这些观念一定程度上阻碍了先进的现代农业生产方式的创立。现代农业生产方式具有布局区域化、生产专业化、经营多元化、服务社会化、农村经济产业化、运行机制市场化、城乡一体化、与国际经济全面接轨等特点，而黔东南农民的某些传统观念意识并不利于传统农业向着这些现代特质转型。笔者在贵州纳雍县下辖的一个苗族彝族乡调研走访时，当地国家非物质文化遗产传承人 W 是这么描述村里的扶贫情况的：

"村里的人好客又重人情，家里的条件很困难，但是遇到红白喜事也大吃大喝，把鸡、猪、牛都杀了来请客，有的村民把送来的扶贫小牛犊立马宰了来招待客人。""有的即使开始养牛了，也没有技术，还是按照经验在喂，反正牛生病死了也不用赔，政府还会重新再给小牛犊。"

事例鲜明地反映出当地村民淳朴但又非经济、反积累的传统观念，也反映出其不重视科学技术、"等靠要"的思想观念，这些传统观念和行为一定程度上阻碍了现代农业生产的转型。

笔者在黔南水族村寨调研时正值枯水期,上下游相邻的上寨和下寨因为水源问题争执不休,上寨的村民自称水不足以满足本寨的灌溉需求,直接截断下寨的水源,村干部和驻村工作人员协商多次无果,并承诺要为上寨加深加高蓄水池、清理淤泥、修建水道。面对有利的协商条件上寨不为所动,仍旧截断水源,直接导致下游村寨停水一周,封闭分割的小农观念可见一斑。相应地,当地的百姓在关于九阡李、九阡酒等农副产品的经济活动中也通过自给自足或"圩场"等集市贸易形式,以满足周边小范围的需求为主,市场分割严重,导致商品经济不发达,难以实现运行机制的市场化。

以上的传统观念、民族性格及其行为习惯与现代农业生产的部分规则和理念存在一定的矛盾与冲突,阻碍现代经济活动的顺利进行,进而也影响到教育的现代化。因为现代农业生产的发展受阻,传统的农业生产对现代科学技术的需求较小,在生产中难以获得教育的红利,所以黔东南地区少数民族村寨的百姓普遍轻视儿童的教育。村寨里有大量的留守儿童,存在适龄儿童辍学现象,学生厌学现象普遍,未成年学生初中毕业就外出打工。谈及自身几个孩子的教育问题,W 也毫不隐瞒地说:

"我的三个孩子有的小学读完就没有读了,最高学历就是初中毕业,现在都在外面打工……即使去读了职校在本地也没有就业的岗位,而且学术不精,读完出去打工也没有优势,考工作(公务员)也没有优势。"

可见,文化传统对教育现代化的阻碍作用是有其背后的深层原因的,那就是文化传统对新的生产方式的阻碍,导致现代生产方式无法顺利地实现,使人们丧失了对现代教育的需求,也就阻碍了教育的现代化发展。

从第一、二点可知,因为现代生产方式的中介作用,文化传统与现代生产方式之间的关系决定了其对教育现代化的作用性质。文化传统与现代生产方式之间的关系,成为衡量文化传统对教育现代化正负作用的重要标准。当传统生活方式与现代生产方式是和谐的促进关系时,文化传统对教育现代化起正作用;当传统生活方式对现代生产方式产生阻碍作用时,文化传统对教育现代化起负作用(图5.6)。

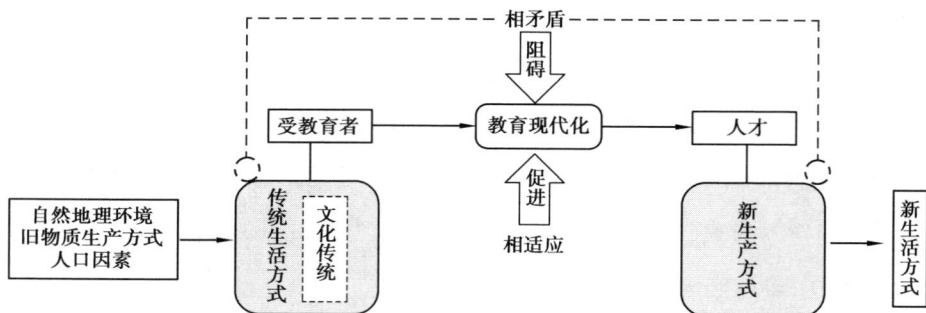

图 5.6　文化传统对教育现代化产生正负作用的机理

(3)激励作用——文化传统自觉调适现代生产方式

文化传统对现代化、教育现代化的激励作用,是指文化传统能够凝聚成民族精神,激发民族活力,为民族现代化发展提供精神动力。深入探究其中的原因,实际是这样的一个过程:文化传统中具有相对独立性和稳定性的部分,有利于文化主体发挥主观能动性,使得人们从一种集体无意识到增强主体意识,成功地应对和解决面临的时代问题。这种文化自信对文化主体的活动具有调节、指导作用,进而使群体能够自觉、积极地调适、改造或更新旧的生活方式使之与现代生产方式相适应。

这种文化传统的激励作用在后发型现代化国家更容易出现,这是因为,文化自信往往更容易在两种异质文化的碰撞中产生,它难以在文化的圆满状态中产生,相反,文化危机才是其产生的诱因。在面对强势的现代文化的传播和侵入时,传统社会的文化主体才能更自觉地审视自身的文化传统,从中寻找具有旺盛生命力的元素,以应对文化的冲突与困境,表现出积极的态度和建设性的行为,进而加速现代化的过程,减少发展的阵痛和代价。值得一提的是,文化主体能否积极地调适旧的生活方式以适应新的生产方式的态度与行为,才是文化传统激励作用的关键。否则，可能出现两种情况，要么文化主体对旧式的生活方式全盘否定，全纳新的生活方式，要么就是对旧式的生活方式呵护备至，排斥新的生活方式，文化冲突最终会走向文化激进主义和文化保守主义的极端。

人们所要调适的旧的生活方式里，自然也包括传统的教育，因而这一过程也会影响教育现代化。人们不得不依据新的生产方式的要求去改革传统的教育，使其走向现代化的道路，使教育更加迎合现代生产方式的需要。并且，教育作为前瞻性的社会意识形态，是社会有识之士、时代先锋的聚集地，具有先进性。面对新旧生产方式的转变和社会转型、文化冲突的时候，教育往往比其他社会因素更具有敏感性和自觉性，能较早地改造自身以适应新的生产方式，发挥冲锋在前的引领作用。因而，关键时候教育主体能走在时代的前列充分发挥文化自觉性，在教育领域率先调适教育传统以顺应现代教育的趋势。可见，文化传统的激励作用在教育现代化的过程中更具有先导性。

纵观中国现代化的历史，有识之士在面对民族危机之时，多从教育入手进行社会的改革，他们抓住我国传统教育的症结，率先改革教育以培养适应现代生产方式的劳动者和具有现代意识的先进知识分子。虽然教育作为社会意识形态，是由社会存在所决定的，从根本上说，只有先建立现代生产方式，才能最终实现教育现代化。但是，就文化传统对现代化的激励作用来看，这种对自身旧生活方式的自觉检视往往更容易从教育领域开始。鸦片战争之后的中国，以龚自珍、魏源、林则徐、曾国藩、左宗棠为代表的志士仁人均从变革教育中寻求民族独立的道路。他们以中华文化传统作为强大的内源性力量，凝聚了强烈的忧患意识和爱国精神，意识到传统教育的问题，尤其是察觉到科举八股对人才的摧残及对社会的阻滞，但又并不完全否定传统，主张"中学为体、西学为用"，秉承传统教育经世致用的合理内核，大力倡导实学，学习西方科学技术，"师夷长技以制夷"，认为重教方可得治国人才。为此，洋务运动改革科举，创办了新式学堂，派遣留学生到西方学习，顺应了历史的潮流，推动了中国教育现代化的进程。

可见,文化传统作用于教育现代化,实质是其与现代生产方式的互动,通过生产方式这一作用中介,文化传统产生出对教育现代化水平的各种不同作用(图5.7)。

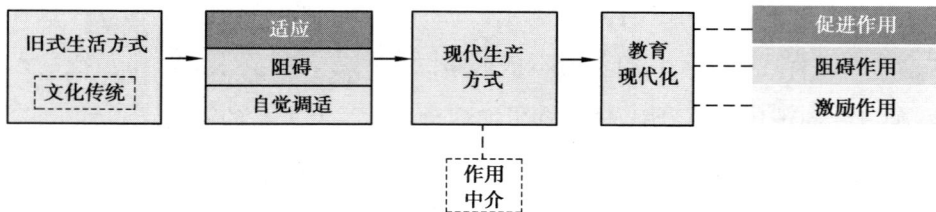

图 5.7　文化传统对教育现代化产生的多元作用

二、民族性的文化传统作用于教育现代化形态

教育现代化形态的差异,源于不同主体教育需求的差异。民族性文化传统不仅是由不同的民族主体所造就的,同时也制约民族主体的思想与行为,包括教育的需求与行为,并呈现与其他民族群体不同的教育需求,进而使教育现代化的实践形态呈现与其他民族不同的鲜明特色。

(一)作用介入点:教育需求

关于文化传统对教育现代化的作用,可以参看图5.8,此图展示了文化传统与教育现代化之间相互作用的闭合循环过程。如图所示,生产是生活的基础,生产方式决定生活方式,其中的文化传统是生活方式的精神部分,是过去传承到现在的主导的群体价值观。生活方式对生产方式的反作用之一,就是生活方式会影响人的新需要的产生,而新需要的满足对社会生产方式提出了新的要求,要求更新或改造生产方式。新的生产方式的产生不是凭空的,需要教育培养人才,尤其是需要人才运用科技的力量,也就是通过教育的现代化过程,进而创造出新的生产方式。在这一闭合循环的过程中,展现了文化传统对教育现代化的作用过程,这一过程是随着生产方式的发展,永无止境地循环发生的。不言而喻,社会生产力越发达,生产水平越高,社会生活方式就越丰富,对教育的要求也就越高,必然能够提供更多满足教育现代化发展的客观条件,教育对提升社会生产的作用也就越大。可见,文化传统对教育现代化的作用过程中,人的需要是一个重要的作用介入点。

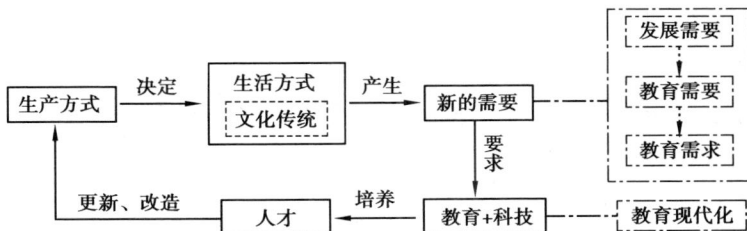

图 5.8　文化主体教育需求的内驱力作用图示

1.教育现代化的原动力是人的发展需要

需要是人们活动的原动力和原目的,人的全面发展的需要是人的终极需要。把人的发展需要作为教育现代化的内驱动力,绝不是用人的某种主观的需要或精神来解释教育现代化,而是在社会实践本身中寻找教育现代化发展的动力。这主要依据的是马克思和恩格斯对于"需要"的解释,它的内涵不停留在个人身上,而是从社会存在中去阐释人的需要的产生。满足人的全面发展的需要的社会条件是高度发达的生产力及公有制的生产关系。教育现代化对人的全面发展的促进作用,就体现在通过现代教育传播最先进的科学技术,促进生产力的发展,为人的全面发展提供充足的条件。

(1)教育现代化的内部矛盾是人的发展需要与受教育水平的矛盾

矛盾是对立统一的关系,教育现代化从它产生之日起,其内部就包含有差别的和自身的否定因素,这种差别造成双方相互排斥、相互对立的倾向。现代社会对人才的需要所引发的人的发展需要与受教育者的发展水平之间的矛盾,是教育现代化变化、发展的根本原因。有学者认为,教育现代化是教育的现代性不断增加的过程,其实是忽略了教育现代化的内部矛盾,把教育现代化的过程当成一个外在特征数量的增减过程,从外部而不是内部去寻找教育现代化发展的根源。事物内部包含着相互对立的成分,一方面相互联接、相互贯通,另一方面又相互排斥、相互对立,这就是矛盾。分析教育现代化内部矛盾的两个方面,即现代社会对人才的需要所引发的人的发展需要与受教育者的发展水平,它们是相互联系又相互对立的。人的发展需要反映了人的发展目标,受教育者的发展水平则反映了人的发展现实,两者既对立又统一。

不过,世界上矛盾的事物很多,当它们未能处于一个统一体中时是互不相干的,并不能构成现实的矛盾。也就是说,教育现代化的内部矛盾,必须是处于教育这个统一体当中的。虽然教育现代化的矛盾,表面上体现为社会对人才的需要与教育质量之间的矛盾。但是,现代社会对人才的需要,并不处于教育的范畴,只是现代社会的范畴。为此,要探讨教育现代化的内部矛盾,就必须在教育的范畴内寻找矛盾的统一体。我们发现,社会对人才的需要会转化为人的发展需要,教育培养的人才的质量则转化为受教育者的发展水平,此时,人的发展需要与受教育者的发展水平都处于教育这一统一体中,并且矛盾的两个方面在一定条件内能够相互转化。教育现代化的内部矛盾的两个方面也是一样能够实现相互转化的。在现代社会中,在不断提升现代教育水平与质量的条件下,人的发展需要最终可以转化为受教育者发展水平的提升。

事物的内部矛盾是事物发展的源泉与动力,承认内部矛盾也就找到了事物变化和发展的内在根据。矛盾即联系,事物的内部矛盾即事物的内部联系,一事物与他事物的矛盾,实际是一事物与他事物的联系。内部矛盾是事物的一种最本质的联系。复杂事物包含许多矛盾,这些矛盾是不平衡的,必定有主有次,其中主要矛盾是该事物存在和发展的主要根据。教育现代化作为一个复杂体,其内部包含有众多的矛盾,比如教育发展现状与发展目标的矛盾、传统与现代的矛盾、普遍性与个性的矛盾,这些矛盾都不是教育现代化最为本质的矛盾。现代社会对人才的需要所引发的人的发展需要与受教育者的发展水平之间的矛盾,才是居于主导的、支配地位的矛盾。这一矛盾的冲突程度、发展情况会影响到其他矛盾,教育现代化的其他矛盾都要受到它的规定和影响,只能在它所制约的范围内进行矛盾运动。

（2）个体教育需求是个体发展需要的转化

首先要确定的是，"个体的教育需求"绝不是"个体的发展需要"的同义反复。个体的生存和发展需要的是人的本性，个体的教育需求是一种社会实践的诉求，是个体在体验到了自己的发展需要之后，把需要转化为对教育实践的欲求。个体的发展需要决定了人的各种具体活动和日常行为的具体目的，而个体的教育需求则决定了人对各种教育活动的欲求。个人发展需要的满足，可以通过各种活动来实现，包括改变生物遗传条件、改善周围环境、接受教育、增加个人的主观能动性，教育仅是其中的一种促进因素。而个人教育需求的满足，主要就是通过参与各种教育活动、接受各种教育训练、获得各种教育成果来实现的。

个人的发展需要之所以能够转化为个人的教育需求，这是因为教育对个人发展有重要作用。教育在个人的发展过程中起主导作用，人的发展需要主要通过教育来实现和满足，因而，个体的发展需要通常会转化为个体对教育的需求。个人的发展需要中，无论是知识增长的需要，还是技能增加的需要，或是精神发展的需要，教育都是实现这些需要的有效途径。并且，在生产活动中，人会不断地满足自己的需要，进而产生新的需要。马克思的需要上升规律认为："由于人类自然发展的规律，一旦满足了某一范围的需要，又会游离出、创造出新的需要。"[①]人的需要无论在量和质、横向和纵向方面都呈现不断上升的发展趋势。人的发展需要也是如此，从低到高不断地提升，相应地，个人对教育的需求也会不断地攀升。

值得注意的是，个人发展的需要不是原原本本地转化成为个人对教育的需求，而是在转化的过程中有所变化。这里要区别"需要""想要""需求"几个概念。"需要"是人们基于生存和发展的本性而体现出来的一种内在的总体趋势和客观要求，"需要"具有真实性，它依赖于生存与发展的客观状态，不取决于个

① 马克思恩格斯全集：第47卷[M].中共中央马克思恩格斯列宁斯大林著作编译局，译.北京：人民出版社，1979：260.

人的偏好和主观的意志。"想要"不同于"需要",人的各方面需要是不是被意识到,变成"想要"或通过"想要"表达出来,是另一回事。也即是说,"想要"更多地取决于人们的主观看法或偏好,具有强烈的主观性,人可能会想要一些他客观上根本不需要的东西。"需求"则是"需要"在一定条件下的具体体现,是客观的需要在不同条件下的表现,例如食物是人们生存的需要,但不同的个人、民族在不同的历史条件下,对于食物的具体内容和形式的需求是不同的,同时"需求"里面也夹杂着个人的主观选择。在教育中,个人的教育需求表现为个人对教育的选择,他选择的出发点包含他的生存发展需要、他已有的内外部条件、他对教育作用的理解等主客观因素。因而,教育需求不仅基于需要的客观性基础之上,也往往带有人的主观性,带有主体对自己发展需要的理解程度、处理方式和处理能力,同时也带有对教育观念的理解。可见,个人发展需要是个人在自然社会条件制约下的一种客观的发展需要,是个人"需要发展成什么样子",而个人教育需求带有"想要什么样的教育"的意思。也即是说,个人发展的需要能不能被意识到,并付诸教育的需要,是个人发展需要转化为教育需求过程中的一个重要环节。如果个人发展的某种需要被忽略了,或者意识到了自己发展的需要,却对教育本身的作用有质疑,也会影响个人的教育需求。

2.民族性文化传统影响文化主体的教育需求

虽然在个人的发展过程中,教育起了重要的主导作用,个体的发展需要通常会转化为个体的教育需求。但是,个体的教育需求是复杂的,不仅受客观因素的制约,也受主观因素的影响。

(1)区别个体的"教育需要"和"教育需求"

个人的"教育需求"是指个人对教育活动不断表现出的缺乏和要求、依赖和倾向。① "教育需求"是人自我实现的内驱力,也是教育现代化的原动力。人对教育的需求使人有了接受教育的追求,有了全面发展的追求,是人的全面发展

① 张旸.教育需要的个体发生机制研究[J].华东师范大学学报(教育科学版),2016,34(2):62-67,117.

的积极性、自觉性的源泉,是人对教育的原始根据和原初动力。不过,人的教育需求具有复杂性,个人对教育的种种需求,既是一种事实,又是一种价值。因而,教育需求通常包括两个方面。

一是人的客观的"教育需要"。"教育需要"本质上就是人的发展的内在的客观要求。人对教育的需要,其实就是人的自由全面发展的客观需要。教育在人的全面发展过程中起着至关重要的作用,能够帮助人认识自然、社会以及自身,增强个人认识世界和改造世界的能力,并促进人在社会实践中完善自我,实现人的自由全面发展。人的自由全面发展是一个长期的过程,不同的历史时期、不同的发展阶段,对教育的需要也不同。因此,个人客观的教育需要具有自然与社会的双重制约性。一方面,人作为生物有机体,其自然需要如维持生命存在与种族繁衍等基本的生产需要,是人的教育需要的组成部分,同时,其自然条件是教育需要的前提。如一个盲人或有其他身体缺陷的儿童,其教育需要与健康儿童的教育需要肯定是不同的。另一方面,人的生存与发展需要受到社会生产、社会物质条件的制约。正如马克思所说,个人的需要本质上"不是纯粹的自然需要,而是历史上随着一定的文化水平而发生变化的自然需要"①。在马克思看来,现实的人是能动性和受动性、自然性与社会性、个体性与群体性的统一。现实的人的需要,是人与现实世界的联系而产生的。也即是说,个人客观的教育需要,是由其所处的社会历史条件所决定的,不管个人认识到了与否,它都不会改变。

二是人的主观的"教育需求"。个体主观的教育需求不同于客观的教育需要,它是由个体主观意识和精神所决定的。教育需求的主观性主要来源于:其一,个人发展需要的主观性。人的发展是由遗传、环境、教育与人的主观能动性所共同起作用的。对个人而言,其生物遗传条件、外部社会环境、社会提供的教育基本是确定的,但人的主观能动性这一条件则具有强烈的自我意识。一个人

---

① 马克思恩格斯全集:第47卷[M].中共中央马克思恩格斯列宁斯大林著作编译局,译.北京:人民出版社,1979:52.

不会只局限于外部条件来发展自己,他可以是有目的地去发展自身的。个人可以为自己设置预定的发展目标,并为实现既定的目标而奋斗。这些预定的目标是需要通过教育来实现的,人会对其目标的实现提出相应的教育需求,这就是主观教育需求的来源。其二,由于教育的功能不仅能满足人的生存与发展需要,更重要的是,教育可以满足人的精神发展需要。因而,教育的需要不仅是人的发展需要、社会需要,还是人的精神需要,具有很大的主观性。教育需求是人对精神生产及其享受的依赖和要求,包括科学教育、文化娱乐、道德信仰等各方面的需要。人的主观教育需求随着人的成长和发展会越来越具有个体意识,随着个体意识和精神的逐渐成熟,人会不断调节和改变个体教育的需求。因而,个人的主观教育需求的形成和改变,文化传统在其中起着很大的作用。

(2)民族性文化传统对文化主体教育需求的作用

在讨论文化传统对人的现代教育需求的作用之前,我们要肯定的是影响人对现代教育需求的因素很多,如生产方式、经济收入、社会流动、现代教育的规模与质量等,其中生产方式对人的教育需求起决定作用。比如在环境气候等自然条件优越,以低水平种养和简单的劳动能自给自足的传统农业模式下,人们不需要很多知识和技术,必然造成人们对教育较低的需求。然而,正因为个体的教育需求不仅是一个事实问题,也是一个价值问题,必然存在个体主观意识和精神的参与,所以文化传统这一精神观念因素会对其产生重要的影响。下面就分析几个主要的文化传统因素对个体教育需求的影响。

其一,传统的教育价值观影响教育需求的大小。

文化传统中的价值观念,尤其是传统的教育价值观,影响着文化主体重视教育的程度。虽然人的教育价值观不是生而有之的,是在特定的生产方式下形成的,但是一旦成为民族的教育价值观并传承下来,则会对文化主体的教育需求产生深远的影响。

其二,文化传统影响教育需求的内容。

个体对现代教育的需求有程度的大小之分,也有内容的差异区别。值得注意的是,个体教育需求的不同不仅仅是指对教育内容的需求不同,也包括对教育类型、教育方法和途径的需求不同。

一是传统的人才观影响教育类型的需求。长期以来,中国儒家的教育目的在于从平民中培养德才兼备的从政君子,轻视生产劳动技术,把"人才"的范围局限于未来社会的统治者和管理者之内,在人们的思想意识中形成了根深蒂固的人才观:把读书与做官联系起来,认为只有考取功名才是人的成才之路,才能光宗耀祖、出人头地。受此传统的人才观的影响,中国的读书人也一直把读书为官作为成才的目标和受教育的动力,决定了他们所需求的教育类型就是普通教育,而把培养专业技术人才的职业教育作为替补。当前,中国仍然普遍存在学生争先考入普通高中、再考入普通高校的现象,高职、中职则是落榜之后的无奈选择。普通教育一直作为家长和学生们心目中的首选,导致从家庭与个人的角度来说,普通教育的需求量很大,国家虽然不断扩大普通教育的规模,也难以满足众多学子求学的要求;而职业教育的需求量则较小,职业院校一直存在生源不足、质量不高的局面。但是从国家现阶段发展的客观需要的角度来说,普通教育与职业教育必须是均衡发展的,不可偏废其一,否则影响人才培养的多样性,阻碍国家经济的发展。可见,人的教育需求在一定程度上影响整个国家不同类型教育的发展局面。

二是传统的职业观影响教育内容的需求。传统的职业观作为一种教育目的的引导,必然会影响个体对教育的需求。为此,我们可以通过比较四川甘孜藏族与广西东兴京族的传统职业观,说明传统职业观对教育内容需求的影响。

表 5.1　甘孜藏族与东兴京族家长对子女职业的期望比较(单位:%)

民族＼职业	公务员	教师	医生	工人	商人	僧侣	其他
藏族	25.3	18.5	15.4	4.1	1.8	31.6	3.3
京族	22.7	15.6	14.3	3.9	40.5	0.0	3.0

由表 5.1 可见,藏族群众对子女未来职业的期望由大到小排名前五的依次为僧侣、公务员、教师、医生、工人;而京族家长对子女未来职业的期望是:商人、公务员、教师、医生、工人。通过考察两地的教育,我们可以发现受不同传统职业观的影响,教育内容的需求也不同。职业观会影响当地人对教育内容的需求,藏族群众倾向于把孩子送入寺庙学习佛经,将来从事僧人职业;或者把孩子送去学校学习,通过考入普通高校获得考公务员的"入场券"。广西东兴的京族与越南的主体民族越族具有共同的语言和文化。在中华人民共和国成立前,京族群众以渔猎为生,生活贫苦;改革开放之后,京族三岛成为沿边开放城镇,京族百姓利用区位条件开展边境贸易和旅游业,百姓生活富足。因而他们的职业观带有自己的特点:一是体现出对经济利益的追求;二是对"铁饭碗"的追求。独特的职业观影响了他们对现代教育的需求。京族群众对现代教育内容的需求也具有自己的特点,他们对商人这一职业更有包容度,对经贸、会计、英语等专业的职业教育的需求量较大,对普通教育的需求则更小,只有少部分的家长支持子女经过普通教育升学,走上做公务员、做教师等稳定的职业之路。

三是传统的思维方式影响教育方法的需求。思维方式即人们看待事物的角度和思考问题的方法。由于思维与语言密切相关,思维方式与一民族的语言具有紧密的联系,是一民族文化心理特征的集中体现,并对人的言行产生制约作用。不同国家、民族的人具有不同的思维方式,因而对于教育方法的需求也是有差异的。比如中国人传统的思维方式是经验型的,偏重主观的直觉和经验,在教育中偏向知识的积累,偏重经验的传授;注重人与自然的和谐相处,坚持以和为贵,含蓄内向,缺乏冒险精神,对教育方法的影响是使中国人比较喜欢以讲授为主的教学方法。

其三,文化传统会导致主观教育需求与客观教育需要的脱节。

一般地,个人的主观教育需求会略高于客观的教育需要。人具有实现自我的需要,会在充分利用影响自身发展的外部条件的基础上,寻找更高的发展目标,进而提出更高的教育需求。不过,受文化传统的影响,也可能导致主观教育需求落后于客观教育需要。尤其是，严重滞后的文化传统及落后的教育价值观，会导致人的主观教育需求与现代社会对人的教育需要的严重脱节。如笔者在调研中发现，甘孜藏族聚居区的适龄儿童大多有接受寺院教育的需求。但是，从当地经济社会发展需要的角度来看，当地对掌握现代科技知识的人才需求很大，客观上对新一代的适龄儿童提出了接受现代学校教育的要求，并且转化为当地儿童对现代学校教育的客观需要。还有我国当前个人职业教育的需求与社会职业教育的需要的脱节，也受到了文化传统的深远影响。受经济转型的影响，我国技术工人的缺口大，社会对职业教育的需求也大，但是长期以来我国受重文轻理的传统观念影响，难以激发个人职业教育的需求。这时，文化主体主观教育需求与客观教育需要的严重脱节会导致不良的后果：严重阻碍当地教育现代化的发展，影响现代教育的建设、先进科学技术的传播，制约当地经济社会发展，影响社会的现代化和人的全面发展。

可见，即使是人的主观的教育需求，也并非没有底线，也并不是越高越好，它是有评价标准的。个体对自身的发展需要的主观认识和期望所形成的教育需求，也涉及评价优劣的问题。在个体的诸种教育需求中，既有正当的、合理的、文明的、积极的促进人的全面发展的需求，也有不正当的、不合理的、不文明的、消极的阻碍人的发展的需求。有的需求有较高的价值，有的需求有较低的价值，可以衡量教育需求的价值高低。教育需求是好是坏，是否有价值，不是看它本身的高低，而是看它是否满足个体发展的需要。教育需求到底能否促进人的现阶段的全面发展，则依赖于它是否能够首先满足社会对个体提出的客观的教育需求。因此，应该不断满足人的正当的、合理的、积极的、文明的教育需要，这是教育现代化的重要内容和重要途径。

（二）作用内容：教育现代化四层次

民族性的文化传统对教育现代化的形态的作用，主要体现在影响教育观念层、教育制度层、教育知识层和教育器物层的形态。

1.影响教育观念层的形态

教育观念层面的现代化,是教育现代化的主旨层,对其他各层面具有定向和引领作用。任何一种教育思想或理念,一旦被人们所认同和选择,就一定会体现在其他各个层面。文化传统对教育观念层现代化的影响最为彻底,不同的文化传统导致不同的教育观念,包括教育理论、教育思想、教育价值等的差异。在此我们可以举例说明,如中西文化传统的差异,造成了在教育现代化过程中不同的教育目的的价值取向。中国重宗族伦理的文化传统,推崇的是"社会本位"的教育目的观,西方国家的个人主义文化传统,则推崇"个人本位"的教育目的观。

具体而言,中国社会是一个伦理社会,由伦理派生出重人际关系、面子哲学、讲义气重情感、家族中心、心理契约、等级化生存等特征,表现到教育的价值观上,则是推崇社会本位的教育目的观。重视教育培养出来的人才的社会地位与社会价值,与个人价值相比,更强调教育活动以社会的需要和社会的价值为出发点。受此价值观的影响,形成了我国育人为本、德育为先、素质教育、全面发展的教育思想。

2.影响教育制度层的形态

教育制度层的现代化指的是教育制度体系、制度运作方式和行政管理能力的现代化。各个国家、地区、民族的教育制度的现代化具有基本的共同目标,即以法治为保障,以共治为路径,最终实现善治的过程。对于这一共同的目标与特质,受中西不同的文化传统的影响,教育治理现代化也会呈现不同的形态。从古希腊开始雅典就实行民主政治,政府对学校的控制很少,雅典几乎所有学校都是私人创办的,学园也是自由开放的。这一传统并未受到中世纪的影响,到现代西方教育,基本实现学术自由与大学自治,教育的主体性获得应有的尊重。高校内部的治理组织结构是分权的,学术权力与行政权力分离,通常由教授治学和董事会治校两套人员与机构运作,各司其职、互不干涉,呈现出行政管理和学术管理的双重特性。这很大程度上保证了科研和学术的自由,同时能够保证学校管理的高效运转,切实提高办学效益。权力主体呈现多元性,学术权力与行政权力具有互补性。中国的传统社会是一个等级化的社会,由等级化的社会派生出尊卑有序、三纲五常等社会文化传统,深入到国家治理体系中,形成了我国"家国一体""德法并治"等独特的治理智慧。以上治理经验表现到教育制度和教育治理上,呈现的最大特点就是"政府主导"。虽然,在我国的教育治理现代化过程中,一定程度上缺乏学术自由的文化传统,但高度统一的政治权威体系,牢固地确立了实现教育现代化的核心地位,国家规制始终引领教育治理现代化的正确发展方向。国家统一的教育法规制度体系,为教育现代化提供了强大的制度支撑,也为培育政府、社会、学校和社会组织共同开展科学、民主、依法和有效的教育治理提供了防护手段。

3.影响教育知识层的形态

文化传统会在不同侧面影响教育内容、教育方法等的现代化,产生不同的形态。早有学者阐述过不同文化传统孕育的不同文化生态会导致当地教育内容与方式有着明显的差别,认为游牧型和定居型这两种类型的文化生态对教育的影响都十分明显:在游牧型社会里,由于社会的食物积累水平较低,因而在教育儿童的过程中,人们大多注意培养儿童的"自主性";而在定居型社会里,人们则倾向于培养儿童的"依从性"。①

中西方不同的文化传统,也会影响教育内容和教育方法现代化的形态。中国传统的教育方法带有较强的直觉经验色彩,缺乏严格的逻辑推理与实证科学方法,对价值与意义的阐释多于对事实与问题的客观分析,因而教育内容注重阐释经典而非探究新知。回顾中国传统社会的教育内容,秦汉之前较为多元丰富,如西周的"六艺"教育、春秋战国时期的诸子百家学说,造就了中国教育的黄金时代。但自汉武帝开始独尊儒术,教育即以儒家经学为主,尤其是科举制度创建之后,中国的教育内容几乎都以记诵"四书五经"为主。一千多年的教育内

---

① 　陈时见.多元共生与多样化发展:西南民族学校教育发展研究[M].北京:商务印书馆,2012:29.

容,都围绕儒家的几部经典展开,形成了影响深远的教育传统。近代以来,在教育现代化的发展过程中,随着西学东渐,近代的科学知识、实用学科开始列入教材,教学内容开始与现代教育接轨。中华人民共和国成立之后,贯彻教劳结合的教育方针,现代科学知识成为主要的教育内容。虽然在教育内容上已保证了人文、社会、自然三大知识领域的完整,但是仍然保存着重视经典、知识介绍的教育传统,在教育内容上依旧注重给予学生知识的介绍、概论、导读,而不是某一问题的深入思考和探讨。在我国实行文化素质教育与美国实行通识教育的背景下,虽然单从学校教育内容我们已经难以看出中美显著的差别,不过,仍然可以通过两国课程的实施过程来看中美在教育知识层面的形态差异。美国的通识教育要求学生在本科四年内要扎实地阅读十几种经典原著,注重通过高强度学习实现学生对某领域的深钻,课程采用讨论与探究的教学模式,有相当的难度和强度,而且有严格的训练要求,获得学分实属不易。而中国的文化素质教育课程,多是走形式的轻松课程,教学以教师讲授为主,考核以考前背诵为主,且课程通过率近乎100%。学生在课程中更多的是开阔视野、培养兴趣,自主探究与逻辑思维的能力训练不足。[①] 由此可见,中西文化传统对教育现代化知识层的形态的影响仍然是显著的,即使是相似的课程知识类型,但教学观与教学方法的差异,仍然产生不同的训练偏向和教育效果,使得教育现代化呈现不同的形态特点。

4.影响教育器物层的形态

教育器物层面是"教育生产力"发展程度的标志,教育的革命性变革首先通过器物展现出来,包括教育空间、设施、仪器、图书、媒体等。尤其是随着教育信息化的发展,教育物质资源的现代化发展水平显著提升,各种现代化设备引入学校教育教学。然而,即使同为先进的现代化教室与教育设备,受不同国家和民族特有文化传统的影响,也会有形式上的差异。

---

① 刘隽颖.中国文化素质教育与美国通识教育的比较[J].黑龙江教育(高教研究与评估),2013(1):78-79.

比如,在中国与西方的教育空间设计上,就体现出不同的风格与特点。一是中国受传统的"师道尊严"师生观影响,教室课桌多采用"秧苗式"的学习空间布局,教师与学生间的教学位置是绝对固定的,更加适应讲授型课堂。虽然有利于将学生的注意力集中到教师身上,也助于教师对不同学生的关注与管理,但却不利于教学的适应性与灵活性,也一定程度上影响学生间合作意愿的激发;而西方受传统师生观的影响,课桌多采用"圆桌式"或"会议式"的空间布局,有助于师生交互、生生协作。二是我国中小学教室的空间格局、资源配置与室内设计呈现同质化的设计风格,而西方是个性化的设计风格。三是受中国长期的"集体主义""重集体轻个人"的文化传统影响,中国教室桌椅的布局为学生预留的私密空间不足,不够关注和照顾学生的心理诉求;西方则相反,不论是储物柜还是桌椅的半包围式设置,都营造了相对私密的个人学习空间。值得一提的是,中西方不同的教育空间具有不同的教育效果,不能笼统地说哪种风格更优秀,这是受中西方不同的民族心理、民族性格制约的,不同的风格为具有不同文化传统的人服务,也可以相互借鉴,实现兼容并包。

(三)作用原则:力度大小随条件变化

民族性的文化传统对教育现代化形态的作用是有一定规律的,即作用力度会因条件的不同而发生改变,体现在两个方面:一是在静态结构上,文化传统民族性的内部成分距离物质生产的远近不同,因而对教育现代化的作用力度不同。二是在动态发展过程中,随着教育现代化水平的提升,民族性的文化传统作为一个整体,对教育现代化形态的作用会越来越大。

1.作用力度随距离物质生产的远近变化

文化传统的民族性成分的内部要素距离物质生产仍然有远有近,导致不同要素对教育现代化形态的作用力度不同。一般来说,距离物质生产越近的文化传统因素,对教育现代化形态的影响反而越小,被称为作用力度的"距离递减率"。

(1)民族性文化传统与物质生产的距离有远有近

民族性的文化传统充斥于生活各个方面,作为生活方式的文化不仅有层次上的区分,也有内容上的区分。生活方式从内容上可以划分为劳动生活方式、社会生活方式、政治生活方式、精神生活方式等。相应地,作为生活方式精神层面的文化传统,也有内容上的划分:劳动文化传统、社会文化传统、政治文化传统、精神文化传统。以上任何方面都可能具有民族个性与特色,有的离物质生产近,有的离物质生产远。离物质生产越近的文化传统越有时代性和普遍意义,虽然它也有民族特色,但其中的内核也容易被异民族所接受;离物质生产越远的文化传统变化越慢,更富有民族特点。这就是为什么文化传统的历史越悠久,越是难以自我更新,因为其在与异文化融合的时候,能够轻易地消解文化融合的创新意义,轻易地将融合过程转变为同化过程。

距离物质生产较近的民族性文化传统,容易随着生产方式的改变而发生变化。毫无疑问,劳动生活方式是距离物质生产最近的文化,因此也是最活跃的文化,具体包括劳动的工具、劳动活动或职业活动、劳动的形式。例如,笔者调研的三都县九阡镇水霞村,随着经济的发展和交通的便利,当地的生产方式逐渐从封建小农生产过渡为社会主义生产,劳动生活方式逐渐从传统耕种转变为机器耕种和外出务工,发生了较大的变化。如生产工具快速地随生产方式的变化而变化,村民一改长期使用的木质、竹制、石制生产工具,普遍使用现代化的犁地机耕地,用碎草机准备牲口饲料,用粉碎机打玉米面粉,这类现代化电器设备能够快速地提高生产效率,容易被接受,变化也很快。因而无论之前使用什么样的传统生产工具和设施,在现代化的更加高效、省力的生产工具传播到水族社区之后,水族居民也快速地接受了现代的生产工具。

除此之外,与物质生产密切相关的生活方式还包括与劳动者吃穿住行密切相关的消费生活方式、社会交往方式、精神生活方式,这三者也容易随着物质生产的改变而变化。在民族地区,现代快餐食品、现代服饰、新式水泥建筑、汽车、现代生活电器、信息设备、智能手机已经逐渐替代了传统的饮食、服饰、住房、生活用品。如现在甘孜的不少藏族群众不爱吃藏餐了,因为随着交通运输业的发达,大米对藏族聚居区的百姓来说已经简单易得,而且藏餐口感不好、营养欠佳,做起来也不如米饭方便,所以逐渐被淘汰;如在苗族和水族地区,交通工具由传统的马车变成了汽车,传统的木质干栏式建筑也逐步被水泥砖块混凝土建筑所替代,因为随着交通的迅速发展,现代建筑材料的运输成本降低,同时又具有比木头更坚实、防火的优点,逐渐成为当地新式的建筑材料。比如在三都水族村寨,与劳动者吃穿住行密切相关的消费生活方式已经发生改变,饮食由原先的自给自足到现在的丰富多样。调研期间,笔者曾搭乘村民的私家车回村里,当天他为自己女儿过生日,特意驱车到县里去定制了一个双层的生日蛋糕①。与生产密切相关的社会生活方式也容易发生变化,水霞村村小的年轻教师 W 反映,他父亲那一辈村民的社会交往多是亲缘、宗族、邻里的交往,一到插秧、收割的时节,都是家族、亲戚相互帮忙,而他们这一辈每个人都有自己独立的职业,宗亲的联系越来越少,大家都更喜欢和同学、朋友、同事交往。并且,即使是相对稳定、不易变化的精神生活方式,其中与生产密切相关的部分也易发生变化,具体包括:一是与生产相关的教育、学习等精神活动的开展增多,随着生产对人的文化水平要求的提高,水霞村的村民开始重视学习科学文化,注重孩子的教育;二是节日的变化,很多水族村民因为在外地打工,不方便回家过水族传统节日,就放弃过卯节、端节,改过春节;三是休闲、娱乐活动也有变化,老一辈的村民回忆,之前大家会在农业生产之余对歌、跳芦笙舞,现在已经很少听到村里有人唱水歌了,手机冲浪、网络游戏开始占据村民的休闲时间。可见,只要是与物质生产距离较近、密切相关的生活方式,不论是器物层面还是精神层面,都容易随着生产方式的变化而变化。

（2）文化传统各要素的作用力度遵循"距离递减率"

有学者研究发现,在文化传播过程中,文化传统的各要素被另一种文化所接受的先后序列,是由于其中的技术只触及人们生活的表层,不致动摇传统的生活方式,故阻力较小,而触及思想行为达到人们内心深处的文化变迁将影响

---

① 老一辈水族人一般不过生日,水族人没有庆生的传统。一是因为水族人有"重生轻死"的传统;二是因为水历是年年变化的,每年的生日日期不同。但是现在水族年轻人已经开始流行庆祝生日了。

全部的传统价值系统,故阻力较大。对于这种现象,汤因比用"文化反射律"来概括,即当一束"文化光"被一个外国社会抗拒而反射为多种光线——技术的、宗教的、政治的、艺术的等,它的"技术光"往往比"宗教光"穿越得较快较深。英国人类学家弗斯在论民族间的相互接触与文化传播的事实时,曾谈到物质文化传播最易,其次为宗教,再次为语言,最难的是社会结构。①

这一"文化反射率"现象虽然反映的是文化在横向传播过程中存在穿透的层次性,也即是人们对于文化的接受度是具有层次性的,但其实文化在纵向传承过程中,也存在类似的变化的层次性。一般地,文化传统与物质生产的距离越远,变化速度越慢,因而文化传统对教育现代化的作用也遵循"距离递减率"。距离物质生产越近、变化越快的文化传统,更能适应现代生产方式,更加顺应教育现代化的发展,对教育现代化的作用不明显;相反地,距离物质生产越远、变化越慢的文化传统,对教育现代化的作用也越明显。

越是接近物质生产的生活方式,其与物质生产的关系就越密切,越容易随着物质生产的变化而变化,比如劳动生活方式与社会生产方式就密切相关,人们在劳动活动中必然要依赖一定的劳动资料,通过以生产工具为主的劳动资料作用于劳动对象。劳动者、劳动工具、劳动对象都是社会生产方式中的生产力因素,随着生产力的提高、生产工具的改进和劳动资料生产的发展,就必然影响人的劳动生活方式。另外,生产力的发展会导致社会分工和劳动专业化的发展,影响生产过程中人与人的关系即生产关系,使得劳动生活方式也随着生产关系的变化而变化。可见,传统的劳动生活方式作为文化传统的一部分,总是随物质生产的变化而快速变化。一旦社会生产快速变革,旧式的劳动生活方式就难见其踪影了。为此,复古、古风的流行,其实就是现代人对趋于消失或已经消失的旧式生活方式的一种挽留和追忆。例如某网红,其视频展示的就是传统劳动生活方式,她远离现代化都市,偏居深山,采用传统的劳动工具进行农耕、

---

① 郑金洲.教育文化学[M].北京:人民教育出版社,2000:122.

采集、饲养以获取生活资料,这种田园牧歌式的生活方式反而对在现代都市生活的人来说是稀有少见的,因而更具有吸引力,使得她能在互联网收获一大批拥趸和粉丝。

同时,提高劳动生产率是不同国家、民族的共识,因而千方百计地将先进的科技运用于物质生产,使得现代生产方式可以快速地在一个地方扎根。教育现代化根据物质生产的要求发生变化,接近物质生产的文化传统因素能迅速适应物质生产变革,就是顺应教育改革方向的,因此对教育现代化产生的阻碍作用小,作用表征不明显;相反,那些远离物质生产的文化传统因素,受物质生产的影响较小,变化的速度较慢,对教育变革的阻碍作用较大,作用的力度就大。

笔者在甘孜调研时发现,虽然藏族聚居区的宗教文化根深蒂固,人们的宗教生活方式还较传统和旧式,但是藏族聚居区的生产已经开始逐步走上现代化的道路。一些藏族群众能够快速地在生产领域更新科技手段和劳动工具,在甘孜州兴建现代产业园,发展现代的农业、畜牧业及相关产业如奶制品、肉制品特色加工制造业,大力发展农牧区电子商务、藏医药业。以道孚县为例,县里大力发展高原特色现代农业和旅游业。利用大棚种植草莓、西瓜、小番茄等蔬果,并在大棚蔬果种植基础上进行畜牧养殖,把鸡粪变成蔬果肥料,形成"鸡—沼—果"现代种养模式(图5.9)。

图 5.9　道孚县大棚蔬菜种植基地

　　道孚县的藏族民居因其奇绝的"大木屋"建筑艺术和独特的建筑风格著称于世,道孚人利用世代智慧在恶劣的高原环境中,以木材、石材、泥土为原料精心打造出吸热采光、冬暖夏凉、抗震性强的居室。笔者调研走访了几处道孚民居,其外部色彩基调相似,但内部各有洞天,木雕、壁画、唐卡、彩灯、壁龛佛像、酥油花,描金绘彩、色彩斑斓,反映了道孚深厚的民族文化和民俗风情,民居成为当地旅游产业发展的名片(图 5.10)。因而,当地藏族群众将道孚民居作为生产增收的资源,利用互联网平台向全世界各地的游客租售民宿。藏族群众拉姆告诉笔者:她家从 2010 年开始做民宿生意,借助互联网平台,房间可以租给全国各地游客,目前共有十多间客房,每天房费从 100 元至 200 元人民币不等,年收入可达 10 多万元。

图 5.10　道孚民居的华丽内饰

　　生产方式的现代化,带来藏族群众与物质生产密切相关的生活方式的现代化,电视、电脑、智能手机、无线网络等现代生活用品在藏区普遍流行,藏族群众开始网上冲浪、网络购物。生活方式的现代化有效地提升了教育现代化的水平,表现在:一是提高了现代教育的普及率。藏族群众普遍感受到科学技术对生产和生活的好处,注重汉文的学习,提出接受现代教育的要求,主动到现代学校学习科学技术知识,有助于现代教育的普及化。道孚县八美学校的校长说:"现在藏族家长对教育的期盼很大,为了孩子上好的学校,宁愿到学校旁边租房陪读。"

二是教育信息化水平提高。学校信息基础设施覆盖率高,广播电视设施覆盖率、固定电话普及率、长途光缆覆盖率达到全国平均水平。八美学校的校长介绍:"我们学校的硬件比对口支援的郫县学校的设备更好,教师听课、备课的形式都是网络化的。""州里还开设了'康巴网校',里面有专门培训师资的赛课室,老师们在网校学习,教学都有很大进步"(图5.11)。藏族聚居区的学生也开始接受和习惯线上教学的形式,调研发现,甘孜藏族聚居区中小学普遍采用"网校模式",将成都实验小学、成都七中优秀教师的实录课堂作为教学示范,藏族聚居区学校教师通过学习模仿,以录播式或植入式呈现教学,有效地提升了民族地区师资的教学水平,提升了教育质量,也有助于教育的均衡发展,促进教育的民主化。

图5.11　德格县第一完小的教师利用远程直播课堂进行备课

相反地,远离物质生产的一些文化传统,虽然因为其不影响现代生产而能够传承下来,但是对教育这一精神生活具有明显的作用,或阻碍或促进教育现代化的发展,尤其是阻碍作用明显,力度也较大。比如说作为精神生活方式的宗教信仰距离物质生产较远,因而不易变化,长期保持着原有的面貌,具有神性、反科学性的特质,与现代教育的世俗化、科学化是冲突的。

2.作用力度随教育现代化发展而增大

从人类社会发展的历史来看,作为生活方式精神层的文化传统,其整体与物质生产的距离会随着社会发展的改变而改变。社会生产力越发达,生活方式与生产方式的界线越模糊,文化传统对物质生产的作用也会越重要。因而,文化传统对教育现代化形态的作用也会随着社会历史发展而发生变化。

(1)文化传统与物质生产的距离随社会变迁而变化

一部人类社会的变迁史就是生活和生产、生活方式和生产方式互动生成的过程史。人类社会中所发生的各种现象不外是人类的两大活动方式即生活方式和生产方式聚合、交织和相互作用的过程。在人类社会不同的发展阶段,文化与生产的关系是不同的,生活方式与生产方式的距离也随社会变迁而变化。随着人类社会的发展,生产方式与生活方式的关系呈现"一体—独立—融合"的变迁过程,文化对社会发展的作用越来越大。

关于生产方式和生活方式的关系,马克思和恩格斯在《德意志意识形态》中作了确切的阐述:"人们用以生产自己必需的生活资料的方式,首先取决于他们得到的现成的和需要再生产的生活资料本身的特性。这种生产方式不仅应当从它是个人肉体存在的再生产这方面来加以考察,它在更大程度上是这些个人的一定的活动方式、表现他们生活的一定形式、他们的一定的生活方式。个人怎样表现自己的生活,他们自己也就怎样。因此,他们是什么样的,这同他们的生产是一致的——既和他们生产什么一致,又和他们怎样生产一致。"①这段话展现了人的生产活动和生活活动的交织过程,表现在:一是生产方式是生活方式的基础,生产方式为人们生产出更丰富的生活方式;二是生活是生产的目的,生活方式为生产提供新的需要,促进生产的发展。因此,两者彼此作用的过程也即人类社会的演化过程。

马克思曾将人类社会划分为"人的依赖""物的依赖""个人全面发展"三大社会形态,相应地,三大社会形态体现着生产方式与生活方式关系的三个阶段。第一,在"人的依赖"社会形态,由于生产力的落后,生产和生活、生产方式和生

---

① 马克思恩格斯全集:第3卷[M].中共中央马克思恩格斯列宁斯大林著作编译局,译.北京:人民出版社,1960:24.

活方式并没有区分开来,此时的生产以维持生存为主要目的,生产方式"吞没"生活方式;第二,在"物的依赖"社会形态,生产和生活分离开来,生活方式真正成为一个独立的领域;第三,在"人的全面发展"社会形态,生产和生活将在否定之否定的基础上归于一体化。但这种"一体化"区别于"人的依赖"社会时代"生产吞没生活"的混沌状态,此时的"一体化"在共产主义时期生产力高度发达、生产关系公有制的基础上,生产方式已超越生存需要,生产方式成为生活的内容,生活方式涵盖生产方式①。到那时,生产消融在生活之中了,即生产力在更大程度上成为生活力的组成部分,工作和休闲的界线模糊了,人们只用很少的时间从事生产劳动就可以创造出丰富的社会财富。并且生产方式"生活方式化"了,生产方式在更大程度上成为个人的"表现他们生活的一定形式,他们的一定的生活方式",从而历史真正进入了以人本身的发展为目的的时代。因此到了未来的社会发展高级阶段,社会发展的动力真正成了"生活力"。生活方式与生产方式的逐步融合,是人类社会发展的规律和走向。随着人类社会的向前发展,生活方式在社会发展中的地位日益上升。

　　上述"三形态"的演进过程,也可以折射出人类社会的变迁脉络:当社会的物质生产力不发达的时候,人类生活的主要内容是为了解决生存问题而进行"物"的生产,我们可以把这样的社会定义为"生产型社会",这样的社会更多面对的是"人对物"的关系;当解决生存问题的"物"的生产已作为前提而存在的时候,人类才开始了"真正的生产",即"生活的生产"、人的全面"生产",我们可以把这样的社会定义为"生活型社会",这样的社会更多面对的是"人对人"的关系。人类社会的发展就是从"生产型社会"向"生活型社会"转型的过程。这个社会变迁的连续体表明,在不同社会生产力发展水平条件下,社会的"属人性""属生活性"是不同的。人的基本生存需要越是得到充分满足,社会发展的"属人性""属生活性"越突出,人自身的发展问题、生活质量问题也就日益成为

①　王雅林.生活方式概论[M].哈尔滨:黑龙江人民出版社,1989:24.

社会主要解决的问题。①

当前，文化这一"生活力"在社会中的重要作用已经初见端倪。随着"互联网+"时代的发展，互联网作为新的先进社会生产力，促进了社会生产中生产与消费的一体化发展趋势，开始形成以消费这一生活方式为主导的新生产模式。当今社会的生产是以互联网为基础和平台的，传统的生产者与消费者的关系发生了根本改变。借助互联网，生产者可以真正及时、全面、准确地了解整个社会的需求和生产情况，尤其是消费者的具体的个性需求情况，提高生产的目的性，减少盲目性。在传统时代，消费者也有意愿和喜好，但是没有或者缺乏表达的平台和条件。互联网信息技术的革命意义就在于，互联网创建了平台，使得每一个人的个性体验都能够以各种数字化的方式分享在网络中，从而使体验、品味和欣赏不再表现为个体化、偶然性的活动，而是人与自然之间的一种普遍性行为。互联网平台能使消费者的信息很容易被生产者所了解和掌握，互联网去除了横亘于生产与消费之间的一切不必要的中间环节，贯通了生产和消费两个领域，生产者根据消费者的需要、愿望和喜好而进行生产，推动社会进入以消费为主导的时代。由此，消费者的意见就渗透进生产过程之中，成为推动生产的原初力量，消费与生产融合为一体。② 可见，随着社会生产力的发展，生活方式与生产方式的距离逐渐缩小，生产与生活逐渐融为一体。

（2）民族性的文化传统随教育现代化的发展发挥越来越大的作用

首先，随着社会向前发展，生活方式对社会发展的作用日益上升，教育发展水平越高，文化传统对教育的影响越大。

教育现代化进程的推进，教育现代化水平的提升，表现在教育与生产劳动结合得越来越紧密。教育与生产劳动之间的关系在历史上不是始终如一的，而是发展变化的，这一点我们通过教育与生产劳动关系的历史变化可以看到。在

① 王雅林.马克思"生活的生产"理论预设的当代意义:关于社会发展理论框架的新建构[J].学术交流,2005(7):7-13.
② 张建云.大数据互联网与物质生产方式根本变革[J].教学与研究,2016(11):53-60.

原始社会,教育与生活是直接同一的。当时,原始人以原始的生产工具进行生产,生产力水平相当低下,没有剩余产品,每个人都必须参加生产劳动和社会生活。在生产关系上,没有私有制,没有剥削,人人平等。在原始人社会化的过程中,随着社会生产和社会生活经验、技术的不断积累,以及语言、文字的产生,教育逐步产生了。但此时的教育并未完全从社会生产和社会生活中脱离出来而成为独立形态的教育,因而原始社会的教育是与生产劳动和社会生活融为一体的。教育在生活之中,通过生活而教育,每个社会成员只要参加社会生产和社会生活,就拥有了教育权和受教育权;教育内容就是原始社会生活最基本的经验和技术,以及处理原始社会关系的最基本的行为规范,教育方法是口耳相授和模仿,从整个教育过程看,教育与社会生产劳动和社会生活是直接同一的。

到了奴隶社会、封建社会,随着生产方式和生产关系的变革、社会分工的出现,"生活"则开始分化为以社会物质生产和交换为主体的经济生活、政治生活、文化生活等多种形式。社会生产方式和生产关系的变革带来了新的社会意识,也使教育与生活的直接同一的特征不复存在,教育在谋求与生活之间的新的平衡关系中运行。教育与生活的关系终究由分化走向了分离,也正是在这种社会背景下,独立形态的教育产生了。但此时独立出来的学校教育只是统治者的教育,是奴隶主和封建主的学校教育,仍然是与科学教育绝缘的,其中心是传授统治术和统治思想。对于劳动者而言,教育过程与生产劳动过程仍然融于一体,劳动者凭借的仍然是直接生产经验和劳动技能,而不是科学知识。对于他们来说,一个独立于生产劳动之外的教育过程是不存在的。

工业革命之后机器代替了手工工具,劳动者从事生产劳动凭借的是科学知识而不是直接的生产经验和劳动技艺,劳动者不掌握系统的科学知识就无法参与劳动。因而,这就决定了与现代大生产相适应的教育必然脱离生产劳动而成为独立的过程,于是现代学校出现了。然而,现代教育与生产劳动虽然作为两个过程相互独立,但是又不可分割地联系在一起。因为现代生产的基础是现代科学,现代生产劳动依赖于现代科学的性质决定了生产工作者必须掌握现代科学,而把科学引入生产则有赖于教育,在现代科学这一共同基础与纽带的作用下,现代学校教育与生产劳动必须结合起来。随着生产和科学的发展,教育和生产劳动的结合会越来越紧密。因为科学越向前发展,现代生产也会越向前发展,生产工作者所需要掌握的科学知识就越深广、越系统,对生产者教育年限、普及教育程度的要求就会越高,学校教育则从涉及儿童和青少年的事业,发展成涉及所有年龄的人的事业,教育会变成终身教育。①

可见,教育现代化的发展是现代生产发展的结果,教育现代化的发展要依托现代化生产力为客观基础,教育现代化的推进就是现代化生产力提高的过程。现代化生产力要提高,必须依赖现代科学技术,而现代科学技术的传承与创新需要教育,为此,由于现代生产的需要,教育与生产劳动在现代科学技术这一共同点上实现了结合。可以说,正是教育与生产劳动的结合,提高了社会生产。马克思关于教劳结合的三个著名论断中,提到"教育与生产劳动相结合是提高社会生产的一种方法"②。同理,教育与生产劳动的结合也成为社会生产提高的标志,社会生产力越高,教育现代化发展越向前推进,教劳结合得越紧密、越好。

同时,教育与生产劳动结合得越紧密,也就意味着社会生产力发展水平越高,生活方式与生产方式的融合越紧密。文化传统作为一种从过去传承至今的生活方式,逐渐与生产方式融合在一起,涵盖了生产方式。这时生产消融在生活之中,人用少量时间的生产劳动就可创造出丰富的社会财富,生活方式在社会发展中的地位日益上升,并影响着教育这一精神生活。生活方式进一步决定教育的内容、教育的方式、教育的组织、教育的时空。为此,已有学者对信息时代教育4.0的未来学校做出了设想,随着生活方式对教育的影响愈来愈大,学校教育将在"互联网+"背景下开展结构性变革,通过相互融通的学习场景、灵活多

① 劳凯声,肖川,丁东,等.教育与生产劳动相结合问题新探索[M].长沙:湖南教育出版社,1998:79.
② 马克思恩格斯全集:第23卷[M].中共中央马克思恩格斯列宁斯大林著作编译局,译.北京:人民出版社,1956:530.

元的学习方式和富有弹性的学校组织,形成个性化的学习支持体系,能够为学生提供私人定制化的教育。① 定制化的教育与个人的生活方式贴合,使得教育受到生活方式的制约作用愈来愈大,自然受到文化传统的制约作用也愈来愈大。

其次,教育现代化越是向前推进,教育现代化水平越高,教育现代化的个性也越突出,民族性的文化传统在其中发挥的作用也越大。

教育现代化发展是水平的发展,也是特色的发展,教育现代化要实现的是有特色的教育现代化。国际化是教育现代化的发展目标之一,但国际化不等于各国家、地区、民族的教育现代化要实现同质化的统一模式。实际上,教育的国际化是指各国在全球范围内介绍自己的教育,把各自的民族教育推向世界,以供相互学习、彼此吸收。在教育现代化的发展过程中,教育发展越是国际化,各国教育越是个性化,教育现代化越发达,教育的特色越突出,展现出多元的教育现代化形态。

越是高水平的教育现代化越是个性化,文化传统的作用也越突出。正如费孝通先生阐述的中华民族多元一体格局的理念:一个社会越是富裕,这个社会里的成员发展其个性的机会也越多,相反,一个社会越是贫困,其成员可以选择的生存方式也越有限。如果这个规律同样可以用到民族领域里的话,经济越发展,亦即越是现代化,各民族间凭各自的优势去发展民族特点的机会也越大。在工业化的过程中,各民族人民生活中共同的东西必然会越来越多。比如为了信息的交流,必须有共同的通用语言,但这并不妨碍各民族用自己的语言文字发展有自己民族风格的文学,通用的语言可以帮助各民族间的互相学习、互相影响而促进自己文学的发展。又比如各民族都有其相适应的生态条件,藏族能在海拔很高的高原劳动和生活,他们就可以发挥这项特点成为发展本地

---

① 曹培杰.未来学校的兴起、挑战及发展趋势:基于"互联网+"教育的学校结构性变革[J].中国电化教育,2017(7):9-13.

区的主力,并通过和其他地区的其他民族互通有无来提高各民族的经济水平。①

同样的规律也可以用到不同民族、地区的教育现代化领域中,教育越发展、越现代化,各民族间凭各自的优势去发展民族教育特色的机会也越大。教育现代化水平越是发达,就越是有特色、有个性。这主要是因为:一是教育现代化水平越高,各方面的发展已经基本完成,才有足够的条件来发展自己的教育特色。二是个性是事物独立存在的条件,没有个性的事物,则会成为其他同类的附庸。教育也一样,一个国家的教育要想立于世界民族之林,必须要有自己的个性特征。没有个性特征的教育,会淹没于其他国家的教育洪流之中。在教育高水平发展的背景下,各个国家只有更加发展自己的个性,才有资本与筹码和他国相互交换资源、优势互补。三是随着经济全球化的发展,教育现代化发展水平越高,各国教育之间的交流也越多,利用交流的机会,各国可以更好地吸收他国教育的优点来发展自己的优势,使得个性更加突出。

对此,有人提出隐忧,担心教育现代化水平的提升,会消弭教育的民族个性。尤其是在经济全球化、一体化的发展趋势下,各民族的现代教育已呈现同质化的趋势,比如教育的普及化、教育的民主化、教育的国际化等。这是因为各民族都认识到同样的教育科学规律并运用到教育过程之中。但相同的现代化特质仍然可以具有不同的表现形式,因而也不妨碍各民族形成和保持自己的教育风格与教育特色,不同民族的教育具有自己的闪光点,相互学习、相互促进、异彩纷呈、差异发展。全球化社会生产的进步不会导致文化传统民族性的消失,反而增强民族的个性,因而教育现代化水平越高,文化传统中民族性的部分对其形态的影响越大,教育现代化越有个性。

---

① 费孝通.中华民族多元一体格局[M].北京:中央民族学院出版社,1989:35.

6

文化传统促进教育现代化的策略

从理论上探寻文化传统作用于教育现代化的内在机理,最终是为了更好地指导我国的教育现代化实践,能够充分发挥文化传统对教育现代化的促进作用。

一直以来,我国在推进教育现代化进程中非常重视优秀传统文化和文化传统的弘扬工作。2015 年《国务院关于加快发展民族教育的决定》提出要"继承和弘扬少数民族优秀传统文化,建设各民族共有精神家园";2017 年印发了《关于实施中华优秀传统文化传承发展工程的意见》,要求全面复兴中华优秀传统文化;十九大报告指出,必须"推动中华优秀传统文化创造性转化、创新性发展";2019 年颁布的《中国教育现代化 2035》在战略任务第二项"发展中国特色世界先进水平的优质教育"里明确提出要厚植爱国主义情怀,不断提高学生文化素养。然而,在教育现代化中弘扬文化传统却一直存在两难困境,比如我们对文化传统的态度,往往更多地关注其民族性而忽视了历史性,因而在教育现代化过程中难免陷入保守,排斥西方的文化乃至先进的科技;当涉及文化传统的现代转化时,又不免对标西方,忽视本土的教育实际。这种二元对立的思想并不利于发挥文化传统总体、完整的作用。还有,完全寄希望于学校通过纯粹的文化知识教育来实现文化传统复兴的举措是收效甚微的,并不能真正实现生活方式的转换。

因此,发挥文化传统对教育现代化的促进作用,这不仅仅是一个理论问题,更是一个重要的现实问题。只有基于文化传统对教育现代化的作用机理,总结文化传统促进教育现代化的行动逻辑,才能作为教育现代化实践的理路和原则,促进教育现代化的发展。具体而言,充分发挥文化传统对教育现代化的促进作用,要重点注意以下三个方面的问题。

一、遵从生产方式在文化传统作用发挥中的限度

以往我们未能关注文化传统与生活方式、生产方式之间的关系,难以发挥文化传统的作用。在此,要遵从生产逻辑去发挥文化传统对教育现代化的作

用,基于文化传统对教育现代化的作用机理,认识生产方式的基础作用,有助于更好地发挥文化传统的作用。

(一)改造生产方式以改造文化传统的消极作用

对待旧的文化传统、冲破文化传统的固有体系,必须改造旧的生产方式,重塑新的生活方式体系,最终才能挣脱落后文化传统给教育现代化带来的藩篱,消除文化传统的阻碍作用,有效发挥文化传统对教育现代化的促进作用。

1.只从精神上改造文化传统是不彻底的

落后的文化传统对教育现代化产生阻碍作用,为此,需要改造落后的文化传统。然而,文化传统的改造与变革是极其缓慢和艰难的。有的人一谈到文化传统的改造,就主张在精神层面上的改造,采用"就文化谈文化、就文化改文化"的方法。比如,在谈及民族文化传统在社会个体身上体现的国民性问题时,不少学者认识到人的国民性问题和劣根性,因而在涉及国民性改造时就有一些理想的倾向:主张通过思想上、精神上的教育、宣传活动,以提升国民品位、养成高尚的国民品格、改造民风民俗。这一点在当下开展的乡村振兴工作中可见端倪。某些政策的制定和执行者一直有这样的理想,认为只要政府工作人员一心一意地改造某些地区百姓的意识和素质,主动地帮助和鼓励当地群众养成打扫卫生、保护生态、改良殡葬的习惯,就能移风易俗,就能改造出符合其理想的好的国民。当然,理想是美好的,但是他们忽视了文化传统的社会制约性,未能认识到精神层次的文化改造最终要依靠社会生产方式的发展。实际上,从目前的中国国情来看,经济发展才是硬道理,发展生产力才能不断提高人民生活水平,提升国民生活品位,最终实现民风民俗的改善。如果没有生产的保障,要改造根深蒂固的落后生活方式,进行所谓的"国民性改造"就是空谈。

文化传统虽然是主体的价值观念,属于精神观念层次,但要改造文化传统,不能只在意识领域与精神领域打转。要实现改造文化传统的目的,只能通过大力发展科学技术和生产力,进一步改善社会关系,改革其所依赖的落后生产方式。例如,20世纪80年代,国家推行"计划生育",想要转变"多生孩子"的文化传统,在农村大力宣传"少生优生""生男生女都一样",但是作用不是很大。因为在小农经济生产方式中,子女尤其是儿子是主要的劳动力,于是导致谁也不愿在村庄人力资源的竞赛中落后,比着生——至少生两胎或三胎,至少要生一个儿子。直到经济发展起来改变了农村的生产方式,生产不再依靠传统人力,而是依赖科学文化知识,农民发现少生孩子生活更有保障,那些超生户养不起多生的孩子,孩子脏兮兮的还读不起书。村庄舆论开始转向为"多生是一件傻事,少生是划算的",不愿多生。可见,文化传统的改造不能仅从精神和思想层面实现,最终要通过生产方式的改造来实现。

2.文化传统的改造最终要通过改造生产方式来实现

文化传统作为传统生产方式下诞生的生活方式的精神内核,虽经历了长时间的传承,但其最终是由生产方式决定的,因而,文化传统的改造,根源在于生产方式的改造。

作为生活方式精神层面的文化传统,其变化受客观条件的制约,最终是受生产方式的制约。一方面,人的生活方式只有在生活条件发生变化的情况下,才有变革的要求。例如,"戊戌变法"到五四运动期间,由于中国社会出现了一系列的新因素,所以先进分子和知识界就提出了变革旧的生活方式和人际伦常的要求。在欧洲,正由于意大利在 14、15 世纪出现了资本主义因素,才诞生了要求改革生活方式、冲击封建神学统治的人文主义思潮。另一方面,要实现生活方式的变革,也要满足一定的生活环境和客观条件。生产方式是不以人的主观意志为转移的,生活方式的形成、发展和变革都受到它的制约。例如,没有劳动生产率的提高,人们的消费生活也就难以改善。没有人们文化素养的提高,封建迷信就难以肃清。因此,改革社会生活方式,必须严肃地、科学地考虑客观条件的成熟程度和现实的可能性如何。只有正确认识、把握了生活环境、客观条件变化的情况,才可能顺利地进行文化传统的变革。当然,文化传统的变革也离不开主体的主观能动作用,但是主观能动作用发挥的前提,是要正确地认识客观条件。然而,由于生活环境、客观条件中的各种因素极其复杂而且多变,人们准确地认识和把握这些因素并非易事,因而在社会生活方式的变革中必然会遇到社会上的各种阻力,所以社会生活方式的变革难免有曲折。个人生活方式的调整,必须清醒地、认真地考虑客观条件和现实可能性,如果不愿意或者不善于考虑主客观条件,贸然行事则必然造成不良后果。

在导致生活方式变化的客观条件中,经济条件是首要的、起主导作用的条件。若社会的经济条件变动较快,则社会生活方式必然变化较快,如果整个社会的经济变动迟缓,则社会生活方式的变动也必将缓慢,甚至长期凝固、板结,我国经历的长期的封建社会就是如此。为此,在社会主义社会时期,要在我国整个社会形成文明、健康、科学的生活方式,必须努力实现社会主义现代化并以经济建设为中心。

不过,既然生活方式是全部自然条件和社会条件、客观条件与主观条件的综合反映,在有计划地进行社会生活方式的变革时,也必须有计划、有步骤地创造经济条件以外的其他方面的条件,例如政治的、地理的条件等。没有高度的社会主义民主和极大的全国人民文化素质的提高,要改革旧式的、落后的文化传统,在全社会形成文明、健康、科学的生活方式,是难以实现的。

(二)传承适应现代生产方式的文化传统

适应现代生产方式的文化传统,才有助于现代生产的发展,才能够促进教育现代化的发展。因而,文化传统对教育现代化促进作用的实现,首要的是筛选出适应现代生产方式的文化传统予以主动、积极地传承。

1.以适应生产方式为标准辨别文化传统的先进与落后

如前所述,文化传统流变的原因在于生产方式,阻碍现代生产方式的文化传统已被社会自然淘汰,成为属于过去的历史文化。留存至今的文化传统,肯定是不阻碍现代生产方式的。但是,不阻碍现代生产方式的文化传统却不一定都是适应现代生产方式的。根据其与现代生产方式的关系,文化传统可分为两个部分:一是适应现代生产方式的部分;一是不适应现代生产方式但是远离物质生产因而不影响生产的部分,它也能被保留下来,而且占据了文化传统中较大的一部分。这一部分文化传统迟早要随着现代生产方式的变化而变化,但是它暂时不会随着生产方式的变化而被迅速革新,能继续保存和传递下去,直至生产方式彻底改变,这部分文化传统才会最终消失。

为了促进教育现代化的发展,我们要传承与弘扬的应该是适应现代生产方式的这部分文化传统。但是在当下复兴和弘扬民族文化传统的实际工作中,却未能坚持此标准来辨别文化传统的先进与落后,使得实际的操作受到诸如"崇古思维""农业思维"等思维影响,最终导致不能传承真正优秀的、先进的文化传统,影响其促进现代生产方式的发展。以适应现代生产方式为标准,辨别文化传统的先进与落后,应该把握以下几个要点:一是不能以形式代替内核,应关注文化传统的核心精神价值。如前所述,文化传统与传统文化是不同的,传统文化是具体的文化事相、实体,是文化传统的具体表现形式,文化传统是传统文化背后的精神与内在力量。中国优秀的文化如国粹京剧、书法、国画、民乐、皮影等都是具体的传统文化,单从这些传统文化的外在形式看,似乎难以肯定它们对物质生产的促进作用。但是,依托这些具体的传统文化所体现出来的文化传统,如勤劳善良的民族性格、仁义孝节的儒家文化精神,则对人们从事物质生产具有积极的促进作用。因而,在评价某一文化传统时,要学会辨别形式与内核。二是不能以文化传统距离物质生产的远近作为辨别标准。因为有的文化传统距离物质生产近,产生的促进作用更加明显、更为直接,而有的文化传统距离物质生产远,不代表没有促进作用,只不过是间接发挥的,如精神动力的作用,也值得传承与弘扬。

2.主动传播优秀异质文化传统与本民族文化传统

在筛选了优秀文化传统之后,需要主动地传播文化传统。具体而言,需要做到:第一,加强国际文化交流,不惧怕引进新文化元素。有的学者对此产生抵触,认为理想的中华文化传统的体系必须依靠本土文化的自我调节和独立发展,尤其是关于人们的价值观念,他们对借鉴异质文化的价值观充满戒心。实际上,面对其他国家、民族能够促进现代生产的优秀文化传统,学习和吸收其文化元素并不可怕,不会影响我们的文化自信,更不会撼动中华文化传统的地位。我们知道,历史性的文化传统是与一定社会发展阶段相适应的,它符合该阶段社会发展的一般规律,能够成为社会前进的动力。它所呈现的一些基本的、本质的文化精神和价值尺度,能够适应社会生产方式的发展,对于处于这一特定阶段的任何国家、民族的社会发展都是有益的。因而,我们在面对他国的、他民族的顺应社会发展潮流的、先进的异质文化传统时,要敢于学习、借鉴、引入到我们的文化传统中来。第二,反对模仿与复制,而是要吸收先进的异质文化。文化传统具有历史性,也有民族性,历史性的文化传统作为特定时期基本的、本质的文化精神,不是抽象的存在,而是依附于具体的民族群体的生活方式上,表现出其特有的心理素质、审美意识、民族性格等。为此,在引入异民族文化传统时,不可直接照搬和复制其具体的文化形态,否则会与我们的生活方式产生排异,影响先进文化的有效吸收。要依据我们的具体情况作改良与转化,能够将历史性的文化传统转变成我们自己的民族性文化传统。第三,关注民族主体需求,传承本民族文化传统。优秀的文化传统不仅存在于其他民族,本民族也有适应现代生产方式的优秀文化传统。为此,要基于对民族主体需求的关怀,善于挖掘民族性文化传统中适应现代生产方式的元素,并主动传承给下一代,最终促进现代生产方式的发展,以推动教育现代化的高水平发展。

(三)转化教育传统适应现代生产方式

虽然随着生产方式的发展,生活方式由低级到高级类型的演变是一个必然性的过程,但是也需要人们自觉努力地去积极实现。在教育现代化过程中,面对阻碍教育的文化传统,我们常常说要"实现文化传统的现代转化"。这一转化过程,一方面要依赖主体的自觉的能动作用,另一方面这种能动作用不是随意的,不是照搬他人的,而是受到一定客观条件制约的。要实现文化传统的现代转化,就是使文化传统与新生产方式相适应、相协调、相促进,发挥文化传统对教育现代化的作用。

1.文化传统的现代转化是主体的自觉能动过程

文化传统的现代转化是指文化主体根据一定的客观条件自觉自愿地改变旧的生活方式,以适应新的生产方式的过程。文化传统作为主体生活方式的精神观念,影响主体的生活目标及其能动的活动方式,其变革必须经由主体的自觉调节,包括主体的自我认识、自我选择、自我改变过程。因而,有时外部条件发生了变化,但主体的生活方式未必发生变化。例如,社会的经济条件改变了,但有的人仍然可能保持原来的生活方式。甚至在社会形态发生了根本变化的情况下,有的人仍然千方百计地固执旧的生活方式不变。不仅如此,在主体因素发生了某些变化的情况下,如身体健康受到了影响,有的人也一如既往地按照旧有的生活方式生活。这一切都表明,个体生活方式的任何改变都需要主体的自觉自愿,即使是生活方式上的细小变革,也是主体自我认识和自觉活动的结果。

中外历史可例证,企图依靠外力强制改变人们的生活方式,很难取得成功。人们经常可以看到,即使是强有力的"天然权威"的父母,如果企图强制子女采取他们并不心甘情愿的生活方式,也往往是徒劳的。比如西双版纳的傣族聚居区在现代学校教育介入之前,傣族群众都是利用寺庙教育传承文化;在现代学校教育介入之后,绝大多数的规章制度都是为了确保傣族的"和尚生"能接受现代学校教育。但是政策并没有起到好的作用,傣族群众依旧习惯自己独特的民族文化传承方式。他们通过寺庙教育可以学习傣文、礼仪规范,也满足民族身份认同的需要,所以当地学校教育"留住学生""控辍保学"的目的难以实现。①因此即使是教育这种精神生活方式的变革,也与社会政治制度的变革不同,不能依靠行政命令和暴力行动,而要使其成为文化主体的自觉。

可见,由于文化主体根深蒂固的生活方式和生活习性具有惰性的力量,要改变整个社会的风俗习惯绝非易事,文化传统的现代转化或演变具有渐进性的

① 陈荟.西双版纳傣族寺庙教育与学校教育共生研究[D].重庆:西南大学,2009.

特点。生活方式的任何改变都需经过主体的自我认识、自我调节,这就必须经历主体的心理、思想逐渐变化的过程。同时,作为生活方式的文化是分为器物、制度和精神层的,各层次的变化不是同步的,这也决定了社会生活方式的变革不可能是突变的。

在社会生活方式的历史发展中,当然会出现质变,但新质的社会生活方式代替旧质的生活方式,如社会主义生活方式取代资本主义生活方式,不是也不可能以爆发的形式实现,而是在量的逐渐积累的基础上实现的,它必然是个长期的、逐渐的过程。一般来说,变革社会生活方式的呼吁,往往在新的社会形态出现以前就由先进分子提出,并呈现为社会生活方式的局部演变。但是,社会生活方式的根本变革又总是整个社会变革的最后一个环节,即在经济的、政治的、文化的变革实现之后,才能完成社会生活方式的整体变革。

这种社会生活方式变革的渐变过程,一般是先进影响落后的逐步扩散过程。生活方式的变革过程多是由少数先进分子改变旧习俗形成新风尚开始,逐步影响和波及更广泛的群众。因而,这种生活习俗的变化,通常是先由城市开始,然后波及乡村。这是因为城市历来是社会经济文化中心,社会生活的变化总是以经济文化的发展为基本条件。城市的经济发展变化走在前面,城市的人群面对新的生活方式时在思想、心理上接受度更高,主体自我调节能力更强,因而主动变革生活方式的速度也自然走在乡村的前面。

2.主体能动调节文化传统受生产方式的制约

文化主体可以自觉、能动地调整和改善传统的生活方式,但这不意味着社会对人们的生活方式无能为力。个体生活方式的能动调节、改善过程,主要受到内外因素的共同影响,内部因素主要是个体需求变化、心理状态变化,外部因素主要是环境。这些内外因素的作用,最终要受到生产方式的影响。

一方面,个体能动调节、改善生活方式受到内部因素的影响。

首先,个体主动改善生活方式,是源于个体需求的改变。人的需求是个人生活方式最基本的动因。正是人们的这些内在需要,促成了人们以一定的方式从事活动,个人生活方式也是这些内在需要的外在表现形式。需要是个人生活方式的基本动因,个人需要改变,生活方式也随之改变。在社会主义社会,人的需要越丰富,活动内容也越多,活动形式越新颖,生活方式的文明程度越高。然而,人的需要不是任意产生和任意发展的,是被社会客观条件所决定的。正是社会客观条件给人们提供了满足需要的对象和可能,并用对象的内容填满需要,决定着需要的数量、性质和内容,成为影响人的生活方式的最终基础。

其次,个体主动改善生活方式是由于心理状态的变化,主要是指情趣、智力和观念等的变化。情趣是指人们在日常生活中带有指向性、持续性的心理倾向。人的情趣会影响人对事物的兴趣、爱好和选择倾向。当一个人的情趣发生改变,他执着追求的事物或目标就会改变,他的生活方式也随之改变。如一个从不运动身体不健康的人,通过运动开始养成爱好体育的情趣,他的生活方式则通常洋溢着运动、健康的韵味与特色。智力和观念对人生活方式的调整起着引导作用。智力是个体有目的的行动、合理的思维以及有效地适应环境的综合能力。智力能够帮助人们适应环境,建立适合社会发展需要的生活方式。一般来说,随着智力水平和知识水平的提高,个人的生活方式更加趋向于文明、健康、科学。不过,无论情趣还是智力,虽然它们都是个人的心理特点,但它们的改变不是完全主观的,依旧受到社会历史条件的制约。这些心理特点的改变和升级,往往与经济发展水平、教育水平相关。在经济落后的地区,个人温饱都难以满足,自然也无暇考虑生活的情趣和个人爱好;而在教育欠发达的地区,由于缺乏相应的知识支撑,个人智力方面的提升也受到限制,也不利于改善生活方式。

另一方面,个体生活方式的能动调节、改善过程,还会受到外部环境因素的影响。个人生活方式的改变,容易受到个人微观外部环境的影响,主要是指个人所在的社区环境的影响。这是因为,社区是与个人生活紧密相关的。不必说,社区的自然条件肯定会直接影响人的生活方式。正如马克思所说,人们"在各自的自然环境中,找到不同的生产资料和不同的生活资料,因此,他们的生产方式、生活方式和产品，也就各不相同"。同样地，"靠山吃山、靠水吃水"也是个人的生活方式对自然依赖的体现。不过，社区的自然条件对个人的生活方式的改善有时候是有限的，只能说对生活方式的形态有所影响，但在生活方式的水平提升和性质改善上则表现不明显。如一个常年生活在山区的人迁移到海边，他的个人生活方式可能依旧延续过去山区的生活方式，比如爱吃山珍甚于海鲜，习惯行走甚于行船。但是，社区的社会条件容易改变个人的生活方式的性质和方向。例如，一个常年生活在农村的人迁移到大城市生活，要适应城市的生活，他会主动改变自己过去的生活方式，像加快工作生活的节奏、增强时间观念、加快收集和处理信息的速度、重视现代科学知识的学习等。虽然并不是说城市的生活方式就一定优于农村的生活方式，城市的生活方式也存在糟粕，但是相对而言，城市生活的文明程度总体要高于农村，更适合社会现代化发展的趋势。也就是说，个人活动领域的物质条件、周围的人、精神观念，通过个人的心理和思想活动，会改变个人的价值观，从而使个人在生活中做出新的选择，调整自己的行为方式和活动方式，改善个人的生活方式。显然，这些生活的微观条件的提升，也离不开整个社会宏观条件的改善，离不开社会生产力的发展和政治经济制度的改良，离不开生产方式的发展所带来的宏观经济的发展。

可见，即使是文化主体自觉、能动地调节和改善传统的生活方式，其内外部因素最终还是受到生产方式的制约。因而，人们在引导和干预生活方式的过程中必须认识到，真正现实的生活方式的变革，归根结底要通过生产方式的变革来实现。为此，在我国实现教育现代化 2035 目标的过程中，为了改造人们现存的某些阻碍教育现代化的文化传统，想要通过传统教育观、人才观的现代转化来实现，是难以成功的。因此，即使是与个人、子女的教育有关的文化传统的调整，也要与当地的生产方式相适应。例如，笔者在西南民族地区调研时发现，不少民族如水族、藏族群众长期从事农耕或畜牧业，劳动活动简单，科技知识含量不高，以前都秉持"读书无用论"，不重视送子女进入学校接受教育。现在，在周围人的影响下，尤其是看到邻居、亲戚、朋友的子女接受学校教育之后能够进入政府做公务员、进入学校当教师、进入医院当医生,可以端上"铁饭碗"的正向反馈之后,家长于是主动地改变过去不重视教育的观念,开始重视子女的教育,甚至搬到县城学校旁边租房陪读,这是自觉自愿地在改变传统的教育观念,重视接受现代学校教育。但是良好的教育愿望并不符合当地的经济发展条件,培养出来的学生不可能都当公务员、教师、医生,"铁饭碗"岗位是有限的。因为经济落后,产业、企业数量少,就业岗位不足,不需要人才,大部分学生没有适宜的岗位,毕业就"失业",或者继续从事那些没有读书也一样可以做的工作,使得家长普遍感觉沮丧,出于教育成本付之东流的心态,又产生新的"读书无用论"观念。可见,自觉自愿更新、调整的教育观念,因为缺乏生产方式、经济的支撑作用,难免又会退回到原有的传统教育观念中去。

二、正视科技在文化传统作用发挥中的引领作用

现代科技是教育现代化发展的驱动力,若要发挥文化传统对教育的促进作用,就要注重科技的引领作用,教育要顺应现代科技所带来的文化传统的整体变革,同时要传承文化传统里的民族科技元素,并实现现代科技的民族化。

(一)顺应现代科技带来的文化传统变革

科学技术是第一生产力。受到人的生存发展需要的驱使,不管是什么国家、什么地区、什么民族的人,都需要科学技术,不管是在生产生活中不断地创造,还是通过对他人的借鉴学习,人们都不排斥科技甚至想方设法地得到最先进的科技。各个国家都在努力进行科技创新、科技发明,或者通过复制、学习他人最先进的科技,把它引入自己的物质生产中以提升生产力。现代科技能够跨越国家的界限、穿越民族的壁垒,进入各个国家、民族的物质生产中,成为现代生产的动力。然而,现代科技革命不仅带来社会生产的变革,也带来人类生活方式的变革。现代科技的传播,也会带来与之相应的生活方式和文化传统的传播。历史证明,只接受科技的变革,不改变社会文化传统是不可能的。以我国

的洋务运动为例,洋务运动始于器物层面的革新,魏源提出"师夷长技以制夷"之后,清政府逐渐转变"天朝上国"的虚骄心理,发展现代科技以增强国力。短时间内,洋务运动在科技层面的现代化进程中取得了一批重要的成果,创建了中国的现代军事工业、民用企业,还兴办了新式学堂培养现代科技人才。但是"师夷长技"只停留在"船坚炮利"的器物、科技层面,国家终不能自强,随后中日甲午海战中北洋水师的战败就快速地证明了清政府"政制不良"对现代科技的限制。随后发生变法运动和辛亥革命,推翻了君主专制制度,实现了制度层面的深刻变革。此时,科技的变革带来制度的改革、社会秩序和风俗习惯的改观。然而,后来袁世凯与张勋的复辟闹剧,使得先进的知识分子最终意识到,民族振兴的关键在于国人思想的解放,因而以"五四"新文化运动为始,开启了在思想文化领域的一系列论战,对深层的文化思想进行重构。以上中国现代化发展的历史证明,先进科技的传播,必然产生"鼓民力、开民智、新民德"的结果,引发制度的变革、民俗习惯的改观及思想的转变,最终冲击文化传统产生变革。

　　作为发展中国家的中国,在引进与学习发达国家先进科学技术的同时,需要应对现代科技可能带来的文化传统的整体变革。马克思主义的社会有机体思想告诉我们:"每一个社会中的生产关系都形成一个统一的整体",整体性发展要求社会机体各要素都得到发展。社会要发展,主要依靠科技引擎推动生产,但又不能仅仅依靠科技发展,科技创新要与理论创新、制度创新、文化创新以及其他各方面的创新有机衔接起来,整体推进社会的发展。回顾历次科技革命,每一次科技和产业革命都深刻改变了世界发展面貌和格局。一些国家抓住了科技革命的机遇,如英国以第一、二次科技革命为契机,德国、美国凭借第三、四次科技革命带来的机遇成为世界发达国家。显然,这些国家的发展不只是科技变革的结果,更是科技革命引领的整体的社会变革的结果,英国工业革命之后的宗教改革、德国的理性哲学文化改革、美国的新教伦理改革,为科技革命的发展提供了文化的支撑,才使得它们成为当时世界的头号强国。另外,随着现代科技本身社会功能的增强,更能促进传统生活方式与文化传统的变革。现时代常常被称为"互联网+"时代、"人工智能时代""5G 时代",说明现代社会已进入了科技主导社会发展的时代。这是因为现代科技不仅在工农业生产中发挥重要作用,也在社会管理、文化艺术等方面突显出重要作用。科技与生产、科技与社会日益紧密联合,人们的生活也离不开计算机、手机及各种现代通信系统与互联网技术,现代科技的社会功能远超出以往科学技术社会功能的总和。因而,科技对生产方式与文化传统的变革作用更加明显,教育要实现现代化,就要主动顺应与拥抱科技革命带来的文化传统的变革,为科技发展与科技创新提供强大的支撑,推动社会的进步。

(二)传承文化传统中的民族科技

在各种文化传统的传承中,传统的器物民俗、传统的艺术形式、传统的精神观念、传统的知识经验等内容非常丰富,恰恰是传统的科技内容往往被遗漏,因而需要挖掘文化传统中的科技因素。

民族传统科技是指民族群体根据自然科学原理、生产实践经验,为某一实际目的而协同组成的各种工具、设备、技术和工艺体系。可见,民族传统科技的范围非常广泛,它在人民群众生产生活的各个方面发挥过或仍在发挥重要的作用,要善于挖掘其潜在的价值。

民族传统科技是文化传统中的重要组成部分,它不仅在过去的生产过程中发挥过积极作用,也应该成为现代化的内发力。教育传承民族科技的一个重要方法,是将民族传统科技内容引入现代教育体系。主要体现在两个方面:一是将民族传统科技引入教育内容,融入现代教育的课程体系;二是利用教劳结合实现现代科技与传统科技的结合。

1.将民族传统科技引入现代教育课程体系

我国民族传统科技的现代转化面临两大难题:一是民族传统科技面临传承断裂的危机。民族传统科技很多都是在独特的地理环境、特有的生产生活中形成的,随着全球化的推进,农业的生物多样性、知识技术和景观逐渐消失,独特的传统科技也随之消失。由于缺乏有效保护,很多重要的传统科技正面临被遗忘、抛弃的境遇,处于濒临失传的境地。例如我国先民创造的梯田耕作、桑基鱼塘、间作套种、坎儿井等,都极具地域、民族特点,是无法复制的传统科技在生产中的运用模式;还有曾在我国南方多民族中盛行的"饭稻羹鱼"的传统生产模式,利用生物循环保护生态,具有极高的技术价值,李约瑟在《中国的科技史》中多次提及并给予高度评价。[①] 但是由于工业化的推进,传统生产、耕作模式的摒弃,以及大量农药化肥的使用,这些本身可以利用生物循环的传统技术只能被丢弃,传统科技正面临消失的危机。二是民族传统科技面临工艺落后、缺乏创新的问题。传统生产是慢节奏的、重复式的,难以跳出原有的、习以为常的思维模式,难以有超越和突破的思维。同时从事传统生产的人才拥有的传统技艺大多是家族、师徒传承的,知识水平有限,缺乏科技理论支撑,难以提出科技创新或发明创造的思路与方法。

以上是民族传统科技现代转化的两大难题,也是现代教育可以助力民族科技现代化的两个突破口。因此,将民族传统科技引入现代教育内容,其价值也很明显。一是通过现代教育传承传统的智慧。把传统科技的内容提炼、总结之后,教给当地的学生,能够让更多的后代了解、学习和领会本民族的传统科技,为有意识地去传承、创新民族传统科技打下基础。二是通过现代教育来激发传统科技的创新。正如费孝通先生曾指出,人们认识自己乡土文化的最终目的不是保护它,"重要的是为了改造它,正所谓推陈出新"[②]。只有将传统科技引入现代学校的教育内容中,将其科学理论、技术工具进行系统的分析和剖解,才能够激发学生的创新意识。

具体而言,主要通过以下三个方面的措施将民族科技引入现代教育内容:一是落实三级课程,完善地方、民族传统科技内容。按照国家制定的中小学课程发展总体规划,切实落实国家、地方、学校的三级课程,尤其是地方教育行政部门在开发适应本地区的地方课程时,要把传统科技的内容补充进来,根据本

---

① 李明,王思明.农业文化遗产学[M].南京:南京大学出版社,2015:80-86.
② 费孝通.关于"文化自觉"的一些自白[J].学术研究,2003(7):5-9.

地的传统科技资源开发、编写教材。二是补充师资,促进传统科技师资队伍建设和人才培养。传统科技知识进入课堂的保障是师资队伍建设,应采取"走出去"和"请进来"的方式,聘请具有一技之长的掌握民族传统科技的人士为学生授课。三是改革教育方法,鼓励创新。对于传统科技的教育,可采用实地考察、现场展示、声像示范、动手操作等多种体验式教学方法,鼓励学生创新创造。

2.通过教劳结合实现现代科技与传统科技的结合

教劳结合是指教育与现代生产劳动相互影响、相互作用、相互渗透。教劳结合的前提是教育与生产劳动要相互独立,根源是现代生产,关键是现代科学技术。前文提及,教劳结合是教育现代化的实现路径,因为现代生产劳动里往往蕴含着最先进的科学技术,教育与生产劳动结合,就是教育与最先进的现代科技结合,必定能促进最先进的科技在教育中广泛运用,带动教育的现代化。不过,在一些地处边远、经济落后的民族地区,教育与生产劳动结合的作用方向则是相反的。由于这些地方的教育在现代化上先行于经济,教育内容中已经有了丰富的现代科技,包含了大量现代科技知识和现代生产原理,但其生产方式还比较传统,当地的生产劳动主要还是运用传统科技的模式。因而,民族地区教育与生产劳动相结合,就是教育中的现代科技与生产中的传统科技相结合,是教育要发挥主导作用,积极带动生产劳动中现代科技的发展。

鉴于我国广大农村地区与民族地区存在教育与经济发展的高低差这一实际情况,这些地方教劳结合的主要形式应与发达地区有所区别。首先,是基础教育要引入一点职业教育的因素,能够使教育教学与当地的生产实际相结合。可以在中小学普通教育中,通过劳动技术课、课外活动和社会实践活动,培养学生的就业思想、职业意识,其中可以涉及本地的传统科技内容,使得学生掌握一定的从事当地生产和家庭致富的技能技巧;还可以在中学的高年级根据升学与就业的流向实施分流,对于中学毕业不再升学的学生,主要开展职业教育课程,辅以普通教育课程,一来能有效缓解升学与就业矛盾,二来可以培养学生在本地就业的适应能力,强化教育为当地经济社会发展服务的功能。关于分流的问题,很多学者表示现在发达国家的发展趋势是办综合中学,过早的职业教育不利于学生的发展。这是因为发达国家已基本普及了高中教育,所以趋向于办综合中学。但是我国的国情与发达国家不同,在未来较长的时期内,我国受办学条件限制,高中和高校能够容纳的学生有限,因而需要将接受完义务教育的学生分流,引导一部分进入职业教育,这是教育展到一定时期的一个必经阶段。实际上,世界很多发达国家的教育发展历史上也都实行过初中、高中分流。其次,实行"农科教统筹",熔"产—教"和"教—产"双向结合于一体。农村各级各类学校积极开展农业生产的实用技术、传统技术提升、管理知识等教育,推广当地实用技术培训、试验示范、信息服务等活动,帮助农民增加吸收现代科技的能力,促进农业发展。当前,信息服务对农村经济发展最为突出的促进作用体现在,现在有不少来自农村的职校学生、大学生利用"互联网+"平台开发小程序,帮助本村的农民卖农副产品增收。据新闻报道,在 2019 年 1 月,福建惠安的职校生利用网络平台,采用"互联网+新零售"的形式,用 2 天的时间帮农民卖出去6 000 多斤的水果、蔬菜、大米;还有河北柏乡县的"90 后"大学生,帮助本村乡亲网售蔬菜几十吨。这样的报道在去年还是新闻,而现在利用网络平台进行助农直播带货就已经成为日常生活状态。可见,教育与生产劳动相结合,能够有效地促进教育与经济协调发展。

(三)重视现代科技教育的民族化

　　文化传统对科技教育的影响,不仅仅体现在传统科技的现代化过程,现代科技的民族化过程也能发挥重要的作用。

1.文化传统影响现代科技民族化的过程

　　首先,文化传统会影响现代科技在不同地区、民族的应用形式。为什么相同的科学技术具有不同的现代化应用形式? 这是因为文化传统的形成原因之一是自然环境,文化传统对现代科技应用形式的影响,其实就源于地域环境形态对劳动方式的制约作用。许多民族的形成,就是由于地域的限制,比如在西南民族地区,同一民族的先民迁徙到一地,但由于大山、大河的阻隔,经历长时间的独立繁衍以及语言、信仰、风俗、习惯等不同,往往形成了不同的民族。当然,这不是说不同的地域环境就一定造就不同的民族,事实上,也有很多同一民族分散在不同地域的情况。一般地,自然环境对文化传统的影响是这样产生的:独特的自然环境形态要求人采用不同的劳动方式,导致人群产生不同的生活方式,经历长时间的积淀,进而形成地域特有的文化传统。现代科技的民族化,首先体现在现代科技的地域化。同样是现代科技在农业生产中的运用,因为地域不同,科技的应用形式就不同。如电气化在广袤的平原地区可以转化为犁地拖拉机、收割机,开展大规模、一体化的犁地、施肥、收割活动;而在山区,电气化的应用则不能与平原地区一样,必须要根据特有的地形进行本土化,如利用电气化的传输设施,将山上的农产品快速送到山下,或者利用压榨机、去皮机,在山上实现农产品的简单加工,就地制作成半成品再运输到山下。

其次,文化传统建构了不同民族的文化心理和价值观念,以及各种独特的社会结构和制度形式,这是不同民族运用现代科技必须考虑的社会文化背景。虽然文化心理、宗教信仰、社会制度由生产方式决定,但是它们一经形成便会对生产力产生巨大的反作用。也即是说,现代科技在民族化、本土化的过程中,要注意转换的社会文化条件。若是违背文化传统随意照搬其他地区、民族的现代科技的应用产品、形态,会造成不良的后果。甘孜藏族聚居区就有这样的问题,在调研时援藏干部反映,当地利用现代科技改善供电不足的问题,建造了大型水电站,但是水电站却并未得到当地群众的认可。这就是现代科技违背民族文化传统的实例,当现代科技与文化传统相冲突时,会影响当地群众的幸福感和自尊心,反而收到不良的效果。其实,当地不是不能运用现代科技,而是应该转变现代科技的运用方式,可以用风力发电、地热发电或太阳能发电来取代水能发电。因而,现代科技要在民族地区立足并产生持久的生命力,首要的是必须与民族文化相互适切,才能最大限度地提高劳动生产率,产生明显的经济效应。

教育与科技是相互促进的关系,可以说,教育现代化的最终目的是实现现代科技的民族化,通过现代科技实现民族复兴,同时,现代科技的民族化也是实现教育现代化的重要力量。为此,要重视现代科技教育与民族文化传统教育的结合,使得现代科技得以顺利地传播、应用和本土化,转化为现实生产力,促进教育的现代化。一是加强本土的地情、民情教育,重视地方课程建设。我国地域辽阔,各地群众处于不同的地理系统,并在长期的历史发展与环境适应中形成独特的、完整的文化体系。应该建设和完善地方课程,重视本土民情、地情的教育,把风土民情的内容,包括自然的、生态的、社会的所有内容,以及历史、文学、艺术、科学和生活方式等,系统地教授给学生,这能够在增加文化认同、建立文化自信的同时,构建一个接受现代科技的良好人文生态体系。二是中小学校要结合本土实际情况传授现代科技知识。将世界先进的现代科技与本土的实际情况相融合,能使现代科技与本土文化有机渗透,使普适性的现代科技与学生的生活经验、环境相结合,这贴近学生的生活经验,可以培养学生现代科技本土化、民族化的意识。三是强化高等学校、科研院所的科学研究与本地经济的结合,促进科技成果的本土转化。在面向服务全国的同时也要以为本地经济建设服务为重点,根据本地区的地域特点、产业发展情况,实施科技成果的转化。

2.充分利用文化传统解决科技发展的现代性弊病

在现代化的过程中,受科技现代化热潮的影响,易形成一股重实用科技而走向极端工具理性的时代风气,这是不少国家正普遍面临的现代性弊病。当前资本主义社会内部因为现代性本身不可调和的弊病,使得自己不断陷入难以自拔的理论与实践困境。作为现代性原驱力的理性,在资本主义制度下走向了极端工具理性,最终走向了现代性的反面,导致了理性的毁灭。劳动与资本矛盾对立趋势的无止境扩大,导致资本主义现代性走向自身无法克服的内在困境。最终造成了人与人之间关系的异化,使得人与人之间沦为了赤裸裸的利害关系和自私自利的纯粹商品关系,也造成了人与自然关系的异化,生态危机随着对自然的掠夺和索取、资本现代性的发展而日益深化。面对全球化带来的现代性弊病的蔓延,我国的文化传统对克服与解决现代性弊病具有一定的作用。

首先,我国文化传统中的道德精神力量,能够一定程度上规约人的驱利行为。文化传统作为价值观念具有重要的道德精神力量，能够发挥稳定作用，使得个人在巨变的社会中仍有所守、有所信，使其行为保持在固定性的行为模式之中。以儒家思想为中心的中华文化传统，以伦理道德作为核心价值，倡导"现义后利""君子爱财，取之有道""以义制利，则利不变害"等现代商业伦理观，能够有效规避以个人利益为先而忽视社会责任的不良行为，可利用伦理精神扭转道德失序的利益格局。

其次，我国文化传统的价值合理化理念，能够缓冲人的工具理性行为。工具合理性行为是一种重行为结果的行为，功利目的是工具合理性行为的唯一目的。而价值合理化是指不以某种可见的利益为目的，在深思熟虑及信念的基础上形成的较恒定持久的对意义和终极关怀的追求。价值合理性行为更关心行为本身和行为结果的意义，而不是行为的结果。工具合理性之所以是合理的，在于其目的合乎理性，而价值合理性之所以是合理的，则在于其价值合乎理性。① 中国文化传统中的价值合理化，能够有效地缓冲、规避人的工具理性行为。通过发扬文化传统并与现代科技的飞速发展相辅而行，能够在现代性弊病弥漫的时代，塑造一个能够用文化包容新兴科技的安定社会。

再次，我国文化传统的整体论思维，能够弥补还原论的思维局限。人类社会目前所面临的一系列问题，诸如工业化体系中人的边缘化和工具化、环境恶化、拜金主义等，都与还原论的思维局限息息相关。还原论思维是一种把复杂的系统、事物、现象化解为各部分之组合来加以理解和描述的思维，这一思维具有割离性，把联系的事物隔断了，使活生生的东西简单化、粗糙化和僵化。我国儒家文化中的整体论、有机论思维，能够有效弥补还原论思维的不足。中国统一性、整体性的文化传统基质与西方工业革命以来分门别类进行解析、还原的认知方式不同，更加侧重研究各种事物之间的联系，显示出从整体上来认识事物和解释事物的特点，形成了一种整体有机的世界图景。② 这一整体有机的自然观，

① 叶赋桂.现代化：合理化与本土化[J].清华大学学报（哲学社会科学版），1998（1）：16-21.
② 林坚，马建波.论中国文化传统对科技发展的双重作用[J].自然辩证法研究，2006（11）：95-98.

在缓解现代性弊病中的环境恶化、生态危机等问题上，具有重要的启示作用。

因此，在现代教育中不仅要传授先进的现代科技，也要强化我国传统的伦理教育与思维教育。具体而言，主要包括以下两个方面的教育措施。

一是实施传统伦理教育，培植传统伦理道德观念。首先，要更新传统伦理教育的内容，使得其理论体系、生活实例、精神观念都能够适应时代和现代生活，满足学生道德生活的实际需要。由于传统伦理总是给人以一种过时、保守的错觉，学生心中对其产生反感，因而应更新传统伦理的教育内容，合理地解释传统伦理，促进学生看到传统伦理的积极意义，形成对传统伦理的认同意识。其次，改革传统伦理的教育方式，用现实具体的德性教育方式来替代抽象原则的德育模式。改革传统的以说教为主的德育方法，用个体人性、品德修养的塑造来取代宣传抽象道德原则规范的教育方式，使得学生在认知、情感、意志和行动中增强道德伦理教育的内化力。再次，要建立家庭、学校和社会三位一体的伦理教育场域。学校是学生培育道德品质的主阵地，它通过德智体美劳的有机统一，为传统伦理的德性教育提供充分的施教条件、教师和工具，具有开展德智统一、艺礼结合的德育教育模式的优势。但家庭和社会对人的道德教育作用更广泛、更持久、更深远。因而，实施健康的家庭伦理教育、传统家风教育，开展社会舆论引导、典范榜样宣传等都是有效的传统伦理教育手段，形成全社会的传统伦理教育体系。

二是重视学生传统的整体思维的培养。其一，在理念上重视整体思维的地位。现代主流的科学思维是一种还原论思维，它是将复杂的研究对象不断分解，还原为最原始、简单的状态进行考察的思维方式，在科学研究和人类生活方面占据了重要的地位。这一思维是现代教育中学生学习、应用的主流思维，要对这一思维进行改造，培养与其互补的整体思维，需先让学生认识到还原论思维的问题，了解中国古人整体思维的重要价值，重新认识整体思维的当代价值，以培养学生整体、全局的视角，能够用整体、系统的思维方法来解决实际问题。其二，将整体思维的培养渗透到所有的课程中。整体思维能力的培养目的在于知识的应用,各学科进行整体思维教育,能使学生在不同的学科反复操练整体思维模式,正确运用整体思维的方法来处理各个学科、社会生活、未来工作中的问题,把整体思维固化成为行为模式,自觉运用整体思维方法思考和解决问题。其三,采用科学的高阶思维培养方法。高阶思维是指发生在较高认知层次上的心智活动或认知能力,具体包括科学分析思维、综合应用思维、合理评价思维和创造性思维等,体现了思维分析性、批判性、创造性的活动水平。高阶思维能力的培养,需要主体探究式、提问引导式、案例分析式等教学方式,激活学生思维,引导学生学会全面、质疑、创新地思考。

三、理清文化传统对教育现代化个性的生发作用

当下谈及发挥文化传统对教育现代化的促进作用,多是主张弘扬文化传统以促进教育现代化,或者是摒弃落后的文化传统以摆脱其阻碍作用,最终促进教育现代化水平的提升。但是有关文化传统对教育现代化形态生成、发展模式、个性生发的作用却认识不足,导致这方面的作用被忽略。实际上,文化传统对于教育现代化的积极作用,不仅在水平上可以促进教育现代化,在形态上也有助于教育生发特色,促进教育多元化发展。因而,我们要注重文化传统对教育现代化个性的生发作用。

(一)实现历史性文化传统的民族性转化

文化传统中不仅民族性文化传统可以生发教育个性,历史性文化传统也是教育现代化个性生发的前提。因而,发挥文化传统对教育现代化个性的生发作用,首先,要主动学习优秀的异质教育文化传统。实现教育现代化的个性,要认识到历史性文化传统在教育现代化个性发展中的重要作用——教育现代化水平是教育现代化个性的前提。教育现代化越是发达、越是高水平,就越是有特色、有个性。这是因为:一是教育现代化水平越高,现代教育各方面的基本发展已经完成,才有足够的条件来发展自己的教育特色;二是个性是事物独立存在

的条件,没有个性的事物,则会成为其他同类的附庸。教育也一样,一个国家的教育要想立于世界民族之林,必须要有自己的个性特征。没有个性特征的教育,会淹没于其他国家的教育洪流之中。在教育高水平发展的背景下,各个国家只有更加发展自己的个性,才有资本与筹码和他国相互交换资源,实现优势互补。三是随着经济全球化的发展,教育现代化发展水平越高,各国教育之间的交流也越多,利用交流的机会,各国可以更好地吸收他国教育的优点来发展自己的优势,使得个性更加突出。可见,要发展本国教育现代化的个性与特色,首要的前提是提升教育现代化的水平,历史性的文化传统在这一过程中功不可没,并且发挥重要的前提作用。因而,应主动学习他国的教育文化传统中的历史性部分,尤其是借鉴他国先进的教育理念、教育经验,提高我国教育现代化水平。

其次,在教育中实现历史性文化传统的民族性转化,即将普适性的教育理论、教育经验融入本土教育。虽然他国、他民族的历史性文化传统是具有普遍价值的教育理论,但我们引入国外的教育理论,绝不是复制与照搬过来套用,而是需要实现历史性文化传统的民族性转化过程。具体而言,第一,国外教育传统民族性转化的关键是把握其合理内核。文化传统的合理内核是指蕴含反映民族性和人类发展规律的内容,可以跨文化、跨民族,代表了整个人类的发展方向。教育传统也具有其合理内核,是指可以跨越各种民族、文化的教育,符合人的发展规律、教育规律的东西,能在不同国家的教育现代化潮流中焕发出旺盛的生命力。因而,实现教育传统现代转化,要注意以动态、联系的视角去探索和寻找国外教育中的永恒教育规律和教育智慧,使其能在我国教育中发挥促进作用。第二,注重国外教育传统与本土教育实践的"体""用"融合。教育文化传统的转化是系统性和全方位的,不仅与教育传统的物质、知识、制度、观念各个层次有关,也与教育系统的四个要素(人员、财物、结构、信息)密切相关,并且这四个要素与各个层次之间具有相互依赖、相互影响、相互制约的关系。表层的"用"与深层的"体"共同组成了整体的教育规律和教育智慧,"体""用"是不能分离的、始终关联在一起的。因而,我们在转化的过程中,不能只引入表层的教育制度、教育方法而忽略其所依托的教育观念,否则将影响教育理论与教育经验的借鉴效果。

再次,实现民族文化传统与本土教育的融通。从民族性文化传统中汲取教育现代化的资源与营养,要明确教育现代化的个性最终要从民族性文化传统中生发出来。历史性文化传统影响教育现代化的发展水平,民族性文化传统才决定教育现代化的独特性。这是因为,民族性的文化传统决定了文化传统的独特性。这一独特性,也是教育现代化个性的生发点。针对我国当前教育现代化的发展来说,就是要改变我国教育学的"双重依附"问题以及与本国文化传统的断裂的生存状态。我国的现代教育理论与实践,从诞生起就带有"进口"的印记,我国的教育学先从日本引进,然后通过英美留学生从美国引进,解放以后又从苏联引进,改革开放后则从东方和西方同时引进。导致中国的教育学长时间受外国教育理论左右,沿用他人的思维方式,转述他人的话语体系,使得中国的教育理论失去个性,缺乏"中国特征"。对此,必须认清自己文化传统的独特价值,实现本土教育与文化传统相结合、与现实实践相结合,增加我国教育理论与实践的中国印记。一是要纠正对我国文化传统教育实质的认识偏差,改变把传统当作过去和历史的误解,树立"传统即现实"的正确观念,从而改变在教育实践中复兴文化传统就是背诵典籍、复制制度、展演仪式的错误做法。正如叶澜老师对我国教育中民族文化传统复兴存在的问题的批判:"我们传统的当代新生,不是复古,不是简单地办私塾、念《三字经》、写半文不白的近代汉学家之文,或穿汉袍、拜孔庙。这些好做,说实在,更有借此而大发文化财的人在。这些都是表演式地,甚至是嬉戏式地表达对传统的态度。历史不必要,也永远不可能回转重来。"①实际上,文化传统的真正力量蕴藏在日常中,要实现本土教育与民族文化传统的融通,就要重新认识民族文化传统的内在精华与独特性,将文化传

---

① 叶澜,罗雯瑶,庞庆举.中国文化传统与教育学中国话语体系的建设:叶澜教授专访[J].苏州大学学报(教育科学版),2019(3):83-91.

统内化到教育主体的生存方式、中国文化的教育精神中去。二是推进民族教育传统的公共化。教育现代化个性的发展，最终也是为了民族教育传统的弘扬与传播。哈贝马斯认为，现代社会区别于传统社会的根本标志是社会结构的公共化。为此，"中国现代化的目的，就是使中国古典文化彻底更新，是中国古典文化能在未来的世界文化中扮演重要的角色"①。在我国教育现代化过程中，民族文化传统与本土教育的融通，既要继承中华文明的恒久价值，又要转化为现代文明的核心价值，推进民族教育传统走向世界舞台，为全球教育发展贡献中国智慧。具体对当代社会而言，要把握教育中的本质关系，不断超越国家、民族、地域的差异，树立人类命运共同体的视野和立场，实现教育传统转化的包容性机制，打通教育互动交流的开放性通道。如我国的孔子学院、新儒学在海外的兴起，就是全球化视野下中华优秀教育传统现代转化的世界价值体现。

（二）区分文化传统的个性与落后性及其教育影响

在挖掘文化传统的特色以促进教育现代化的特色发展中，存在一些乱象，其实质上是因为没有区分文化传统的个性与落后性。

1.文化传统的个性与落后性对教育的不同影响

文化传统的个性是指文化传统是以多样化的形式存在的，不同国家、不同民族的文化传统有各自的内涵、形态和特点。文化传统的多样化是教育现代化多元化发展的源泉。在特有的文化传统基础上，生成了教育现代化的独特个性。并且，教育现代化的个性与教育现代化发展水平并不矛盾。因为现代化就其本质而言，是要超越在地的具体，去追求一个抽象的普遍性。② 在教育现代化的过程中，趋同性是难以避免的，统一性与个性之间的矛盾一直是一个重要的问题。在我国的教育现代化发展过程中，多样性正被趋同性所取代，现在所谓的"千校一面"正是如此。这是因为，随着工业化的发展，现代科学技术迅速发展并在全世界普及开来，科学技术带来了经济和贸易的全球化，导致了全世界

---

① 金耀基.中国现代化的终极愿景：金耀基自选集［M］.上海：上海人民出版社,2013:24.
② 王铭铭.王铭铭自选集［M］.桂林：广西师范大学出版社,2000:146.

对经济发展、商品消费的趋同性需求，导致了社会对教育需求的趋同，进而导致各国、各地区的教育在人才培养方向、教育内容、教育模式方面的整体趋同。同时，为经济发展服务的社会运行机制也在呈现趋同性。为此，新制度理论认为，随着效率机制对社会控制作用的加大，各种组织制度也呈现趋同的情况并不断强化，有强制同型、规范同型和模仿同型三种趋同机制。

但是，对于教育而言，不同国家、地区、民族的教育是不可能完全趋同的。这是因为教育作为一种精神的生活方式，虽然受到经济、政治的制约，但是也受文化传统与精神信念的强大制约。经济与制度的趋同和模仿是相对容易的，文化与精神则不易模仿，需要长时间的渗透和涵养才能改变，因而对教育的影响也更深远，使得教育现代化水平的提升，往往是伴随着教育的个性化发展的。教育的个性发展与高水平发展并不矛盾，两者相互促进。一个国家的教育越是现代化，各民族发展其教育个性的机会也越多。只有教育水平得到提升，亦即越是现代化，各民族凭各自的优势去发展民族特色教育的机会才越大。因而，教育的现代化有赖于各民族教育在相互交流和沟通中的创造性发展，各民族基于本民族文化传统的多元化的教育现代化模式，才能共同构建我国整体的教育现代化格局。然而，有的地区为了实现教育现代化的高水平发展，却抹杀了教育的个性。如有学者谈到自己参加会议的心得："以 2019 年 3 月西部某省教育发展 2035 规划在北京进行的专家论证会为例，该省是西部少数民族自治区，属于经济欠发达地区，但在其教育规划中看不到任何民族地区的特色，只见一些冷冰冰的数据指标，如入学率、保持率、普及率、增长率、投入条件等，而且指标都定得很高，很多比例在 90% 甚至 95% 以上，用该省教育主管领导的话说，就是该省教育发展水平要在 2035 年之前超过全国平均水平。……该省未尽之言是，这个自治区最终的教育发展目标就是在各个指标维度上都实现 100%，显然这既无必要也无可能。"①

① 阎凤桥.反思教育现代化[J].河北师范大学学报(教育科学版),2020,22(4):1-5.

　　要与文化传统的个性相区别的,是文化传统的落后性。文化的落后性不是滞后性。与其他发达国家相比,我国文化事业的发展具有滞后性。但滞后性不是落后性,滞后性是与他者文化比较而言的,文化水平的发展是有先后之分的。而落后性是文化传统自带的缺陷,是指文化传统与人类生存发展的客观要求相冲突。文化传统是有先进落后之分的,并且有科学的衡量标准。关于这一标准,有学者认为主要看文化是否符合社会生产力发展的客观要求,是否符合人类文明演进的客观规律,是否符合社会发展趋势的必然要求,是否体现了文化自身价值,是否符合最广大人民的根本利益。①

　　值得一提的是,尊重文化传统的个性与特点,不代表文化传统没有衡量标准,更不能把文化的落后性当个性。在当前某些民族地区的特色文化复兴实践中,尤其是在一些民族地区的旅游场所,存在把民族地区的落后文化作为其文化特色进行展示的乱象。因为落后文化往往带有神秘感,能满足人的猎奇心理。路易莎在《少数的法则》一书中也提到,在中国西南地区的苗族文化旅游资源开发中存在这样一种现象:"苗族的展演者是在一个中国民族博物馆里扮演苗族,只要观众喜爱,他们就可以模仿落后来自我嘲弄,以一种奇怪的方式再生产落后的形象,反衬大家都需要的现代化感受。"②同样地,因为错把文化传统的落后性当个性,我国的教育实践中也存在把"落后"作"特色"的现象。当前中小学文化传统教育兴起了一股复古风潮,什么"古老"则教什么,一些陈词滥调沉渣泛起,在所谓"传统文化"的包藏下卷土重来。如将历史中的"三从四德""三纲五常"、占卜、风水、算命等封建糟粕当作特色传统;将封建社会奉为孝道典范的"二十四孝"作为传统,选取了一些如"郭巨埋儿"等荒诞、愚昧的实例,否定自由、平等的社会主义核心价值观,宣扬违背文明社会的道德风尚;还有如屡禁不止的"女德班",针对5岁至18岁的小女孩讲"女德",宣扬"男为大,女为小""打不还手、骂不还口、逆来顺受、坚决不离婚"等令人瞠目结舌的荒谬论

---

① 刘建军.论先进文化的衡量标准[J].社会主义研究,2002(6):48-50.
② 路易莎.少数的法则[M].舒晓炜,译.贵阳:贵州大学出版社,2009:178.

调,与现代社会价值观格格不入。这些落后的文化传统引入教育,必定阻碍教育现代化的发展,更别提促进教育现代化的个性发展。

2.认清文化传统的历史性与民族性,促进教育现代化

为了避免落后的、不良的文化传统对教育现代化产生消极影响,要在认识文化传统的历史性基础上,保留文化传统的多样性。

一是要认识文化传统的历史性,挖掘个性也要体现时代精神。在教育现代化的过程中,由于文化传统具有保守性和稳定性的特点,常常使吸取的现代因素被文化传统所同化、异化,使之变形。因此,教育主体在挖掘和选择文化传统的特色时,必须警惕莫使民族个性变成落后性,要体现时代精神,要认识到文化传统的历史性。文化传统的形成过程是历史性的,其作用也是历史性的,处于不同的历史时期会产生不同的价值。除却与人类生存与发展相冲突的落后文化传统,一种文化传统对现代化是动力还是阻力,并不是由其本身决定的,而是要看这一传统在整个历史进程中所处的位置,看其存在于什么样的历史时期。同一传统因素在现代化的不同历史时期的功能不尽相同,甚至会由动力变为阻力;在不尽相同的文化体系中,文化传统的功能、意义亦会不同。因此,在评价文化传统与现代化的关系时,绝不能脱离一定的历史与文化背景。

为此,在教育现代化的过程中,要挖掘文化传统的个性与特色,同时也要挖掘文化传统的时代精神,找到文化传统与现代文化的交汇点,促进文化传统对教育现代化发展产生积极作用。有人会疑问:文化传统是过去的、保守的,与现代相对立的,是否存在现代的时代精神呢? 其实,文化传统不是凝固的,而是与现代精神不断交叠的。某些人所理解的那种"纯而又纯"的文化传统,实际上是不存在的。在时间上,文化传统与现代精神是交织的、共时的,人们无法用哪个分界点来确定之前是传统之后是现代。传统作为一种流变体,不属于历史而属于现实,过去、现在和未来以共时态的功能性联系呈现在传统中。因此,传统并不是一种对象性存在物,而是历史到现代的延传变体链,传统内在于现代性本身之中。在空间上,人们也很难机械地划定出传统和现代的明确界限,即我们不能笼统地说西欧的文化是现代文化,中国文化是传统文化,也不能说发达国家的文化是现代文化,发展中国家的文化是传统文化。每个国家、民族、地域的文化都是传统与现代性的交织。

教育史告诉我们,企图颠覆自身传统并通过移植他国的教育现代化路径来实现教育现代化的历程,最终都会因外来的现代化模式缺少与本国文化传统相融合的生长点而收效甚微。只有通过外来现代文化与本土文化传统的沟通与交融,才能创造出教育传统更新和创造性转化的契机,促进教育现代化。这是因为,一个国家的民族文化传统是教育现代化的"土壤",无论外来的现代教育是多么优良的"种子",也只有扎根于民族的土壤才能萌芽、生根、开花、结果。外来的现代教育不能直接照搬、叠加进文化传统,而要找到"生长点",才能被接受与融合,进而成为文化传统的新的营养和有机成分。如日本明治维新时期提出的"和魂洋才"理念正是找到日本文化传统与外来现代文化的融合点,为日本教育现代化提供了理论基础。那么,何为文化传统与现代文化的交汇点? 这个交汇点就是民族文化传统的合理内核。顾明远先生认为,民族文化传统中的一些内容是反映民族性和人类发展规律的内容,代表了这个民族乃至整个人类的发展方向,能在现代化潮流的冲刷下焕发出更加旺盛的生命力。[①] 民族文化传统中的这些普遍性的内容,就是现代文化容易与之结合的交汇点,也是现代化容易基于斯长于斯的生长点。例如,中国本土的儒家教育传统,以其卓著的人文主义教育观念和研读经典的方法,在当前的教育领域依然保有旺盛的生命力。甚至在全世界发挥重要的教育影响,研究显示有近 1/4 的哈佛大学在读本科生选修儒家伦理课程,中国的教育传统为现代陷入道德危机的大学生重新建立自我道德认同与生活意义。[②]

二是要保留文化传统的多样性,构建多元一体化的教育格局。我国地域广袤,从东到西具有平原、丘陵、草原、高原等不同的地理形态,从南到北具有热

---

① 顾明远.民族文化传统与教育现代化[M].北京:北京师范大学出版社,1998:22.
② 丁钢.全球化视野中的中国教育传统研究[M].桂林:广西师范大学出版社,2009:156.

带、亚热带、温带不同的气候特点,各地群众在不同的地理系统中生产生活,在生产方式和生活方式上具有极大的差异性和独特性,形成了多样性的民族文化传统。在几千年的历史发展过程中,由于各民族的文化传递与民族间的文化交流,各民族相互吸收他族的文化,尤其是在全球化的背景下,各民族相互尊重、团结合作,形成文化上的"多元一体格局"。各民族文化共生共存、各美其美、美人之美、和而不同,形成了多元一体的命运共同体。

构建中华民族多元一体的教育格局是我国教育现代化的必然走向。第一,多元一体的教育格局肯定建立在多元化的少数民族教育的基础上。为此,要保留少数民族文化传统的多样性,并形成少数民族教育的多元性。因为中华民族"一体"的教育与各民族"多元"的教育之间是存在内在联系的,"一体"要建立在"多元"的基础上。"一体"不是一致的整体,而是多元复合体,是差异的一致。第二,多元一体的教育格局建立在文化平等、民族平等的基础上。要认识到任何一个民族的文化都有其存在的价值。主体民族不能因少数民族地处偏远、生产方式落后导致教育的发展受限,就抱有"拯救"少数民族教育的想法,把少数民族教育的特点抹去,建构单一模式的教育。第三,多元一体的教育格局不是隔离、孤立的,而是多民族文化的交流与融合。这是因为促进民族文化的繁荣与发展,要通过其他民族文化的视野才能更加全面深刻地理解本民族的文化。因此,要谋求各民族文化在尊重不同文化的特殊性、独立性的基础上形成的统一。既要认识到"多元"之间、"多元"与"一体"的差异性,又要认识到"多元"之中的共性和"一体"性,也就是"一体离不开多元,多元也离不开一体"。可见,多元化的教育现代化模式不是本民族的中心主义或者自我封闭,而是以开放的胸襟、兼容的态度,对外来的多元文化进行科学的分析、审慎的筛选和辩证的综合,创造出既有本民族特色又体现时代精神的教育。从笔者调查的西南民族地区各民族教育现代化的现状中可以看到,一所民族中学有几百或成千的民族学生,每年仅有百分之几或十几的民族学生考入高中和大学。考上大学的学生又有几人能够回到本地区为当地的经济建设服务?笔者不禁思考,这样的教育现代化是为了谁？如此的教育现代化是单纯为了少部分人的发展，还是为了当地社会的发展？可以说，抹去民族地区教育个性的统一的教育现代化之路是不合理的。西南民族地区的教育现代化应当立足于民族地区的经济、社会、文化发展的要求，建立相应的特色教育现代化体系以培养相应的人才。

（三）发掘民族特色文化传统以促进教育个性化发展

寻找特色的文化传统，生发教育的独特性，找到发挥文化传统促进教育现代化特色化发展的策略。

1.发掘文化传统中的特色需要，制定教育的个性化目标

当前我国教育现代化中存在指标整齐划一的情况，虽然从理论上说，全国采用同一套教育现代化的评价指标是保证评价客观、公正的前提。然而，我国地域广大，区域间经济社会发展不均衡，教育发展的差距也较大，若用同一把"尺子"进行衡量，而不顾各地教育差异的事实，同样也有失公正。不仅如此，统一的指标评价体系也会有错误的引导效果，带来教育的不良后果，如"千校一貌"以及像"切砖机"一样的人才培养模式。关于教育的公正与差异之间的矛盾，民粹主义、平等主义的观点认为，让所有学生有相同的机会上大学才是公平的教育；自由主义观点认为，为所有儿童提供同等同质的教育才是公平的。但越来越多的人开始质疑一元文化观下的教育公正问题，认为教育应该以承认个体差异、多元文化的合理性为前提，为儿童提供促使其天赋、个性得以发展的不同的教育，帮助他实现自我、差异的公平才是真正的公平。对此，《中国教育现代化2035》中明确了实现教育现代化的实施路径是"总体规划，分区推进"，要求"在国家教育现代化总体规划框架下，推动各地从实际出发，制定本地区教育现代化规划，形成一地一案、分区推进教育现代化的生动局面"。文件正视了我国各地区客观存在的教育现代化发展差异，具有较强的指导价值，要求我们在设定教育现代化的目标时，摒弃"一把尺子"量到底的做法，应兼顾不同区域、不同民族教育发展的水平和特点，坚持共性目标与个性目标相结合。

教育现代化的个性化目标要根据人的个性化教育需要来制定，而教育需要

则受到文化传统的制约和影响。教育是有目的地培养人的活动,教育的社会职能是传递生产经验和社会生活经验,促进下一代的成长。下一代有什么样的教育需要,不是由其主观愿望或思想所决定的,而是由其所处的时代所决定的,归根到底是由生产力的发展和政治经济制度决定的。但是每一时代中每个人的教育需要还是有所不同,这主要受到社会中的文化传统因素的影响,如教育价值观、人才观、职业观等价值观念的影响。人的教育需要不可避免地打上了文化传统的烙印,体现出文化价值、意识形态、民族地域的差异性。

因而,要促进教育现代化的发展,首先要从确立个性化的教育现代化目标开始。其一,个性化的目标是阶段性的目标。教育现代化是一个过程,具有动态发展性,教育现代化的不同阶段具有不同的发展要求和目标。我国幅员辽阔,东西部地区经济社会发展不平衡,导致教育现代化的发展也不可能同步,是处于不同的阶段的。因而,不同地区教育现代化的发展目标也要呈现出阶段性的个性特点,要贴合本地区近阶段的教育现代化实现程度,只有体现阶段性的个性目标,才能实现目标对教育实践与变革的引领与推动作用。其二,个性化的目标是质性化的目标。虽然现在大部分的目标都量化成了可测量的指标,但可测量并不是判定指标是否重要的唯一依据,有些目标是只能用定性的语言来描述的。教育作为培养人的活动,教育现代化的根本目的是培养现代人。当前我国教育现代化的重心正由"物"的现代化转变为"人"的现代化,指标更应聚焦于人的现代化上。每个人都是差异化的,因而教育目标也应该是质性化的,例如培养人的民主、科学、法治素养等现代人的品质,这些都不能用统一的标准来衡量,而是要根据地方经济社会发展的需要和群体的文化传统的需要来决定。

2.发掘文化传统中的特色知识,构建教育的个性化内容

知识作为传统中的一个重要因素,主要是指知识类型、方式、方法、特性、风格、旨趣、规则、形态等。文化传统中的知识系统是传统思维外化的结果或凝聚,它本身就构成一种思维模式。例如我国的传统知识体系就体现了我国文化传统的精神、心理和气质,偏重经验性与规范性的知识,缺少技术型与方法型的知识。这种类型的知识体系表现出内向型、经验型的特点，有助于中国人在经验和理论、技术和科学等矛盾中获得协调与统一，反映了中华民族独具特色的"中和"精神。

可见，文化传统中的知识体系中包含着能够彰显民族个性与特色的内容，要传承民族的特色精神，必须要将其引入到教育内容当中，同时也能为教育现代化所用。为此，我们要挖掘本民族文化传统中的特色知识，将其引入到教育内容中，构建个性化的教育内容。一方面，要从文化传统中挖掘能够适应现代社会的特色知识体系并将其引入教育内容。文化传统虽然包含历史性、民族性两种成分，但是两种成分是可以有交叉的。随着时代的发展，文化传统的民族性成分可能会成为时代性、先导性的成分。因而，我们要善于挖掘民族性中的历史性成分，发挥其对现代化的重要作用。例如我国的文化传统中具有独特的审美知识体系，中国古代的书法、插花、盆景艺术，虽然是中国古代贵族的生活方式，但是它体现了中华民族独特的"向往自然"的民族审美旨趣和自然主义的民族精神，是我国特色文化传统的组成部分。这一传统的贵族生活方式，在生产力水平较低的封建社会时期，难以成为普罗大众的生活方式。不过，随着现代生产力的发展和社会财富的增加，人们具有更多的闲暇时间，逐渐在繁忙的工作学习之余，开始重视修身养性的生活方式，以上的审美知识体系可以更好地适应于现代生产方式，成为既有民族特色，又适应于时代发展的文化传统。另外，中国一直以来具有"崇尚自然、天人合一"的传统精神，这是在生产力不发达的小农经济基础上形成的，当时由于科学技术不发达，人们对自然缺乏改造的力量，只能被动地形成"依附自然、崇尚自然"的精神。然而，随着现代生产的发展，科技的工具性弊端逐渐显现，现代生产对自然的过度开采与破坏，产生了严重的生态问题。在这一历史背景下，后现代思潮开始注重自然，主张回归自然生态，中国"崇尚自然、天人合一"的文化传统又从历史幕后走到了时代前台，文化传统中民族性的精神开始发挥时代性的先导作用。类似这样的能够适应现代社会的特色知识体系，就是我们在教育中需要深入挖掘、展示、传承的内容,以此促进教育内容的个性化发展。

另一方面,将异文化传统的先进部分吸收,转变成本民族文化传统中的民族性形式,与民族文化中的个性融会贯通。世界上不同民族、地域的人们有各具特色的文化传统的内涵及其表现形式,如中国中庸、中和的儒家文化传统,日本矛盾融合的合金文化传统,美国实用主义的文化传统;再比如我国地域的差别形成了各地鲜明的文化传统,有浪漫的荆楚文化、热烈的巴蜀文化、细致的吴越文化等。异文化传统中有先进的成分,可以吸收到自己的文化传统中来,与本民族文化传统相融合,将其改造成本民族文化传统的特色形式,可以为发扬自己的特色作贡献。因此,可以在我国教育内容中注入异文化传统中的优秀成分,并将其转变为中华民族文化传统的民族性形式。例如,同样是理性知识,中国与西方具有不同的理性逻辑。中国文化传统具有实用理性的知识趣味,决定了中国知识论的方法论具有直观性、经验性的特征。中国传统知识形态表现为意象概念、直觉判断、类比推理,这种特征偏重于处理人生的辩证法,以求得事物与系统的动态平衡和相对稳定。西方的理性知识则不同,其知识形态表现为抽象概念、理性判断、逻辑推理,他们重视抽象、严密的逻辑构造,具有对自然科学理论及实验体系的浓厚兴趣,热衷于探求世界构造与本原。为此,需要将西方的形式逻辑引入我国的教育,将这种高度抽象、纯粹思辨的概念辩证法与我国经验类推、直觉判断的思维模式相结合,使得西方的形式逻辑与我国的实用理性相弥补,更好地发挥我国理性的实用特征。

3.发掘文化传统中的特色精神,激发教育的个性化动力

文化对教育发展的促进作用之一体现在文化对教育活动主体的主观精神方面产生影响。有文化理论学者认为,由于长期受贫困文化的影响,贫困地区的人们往往形成悲观、消极的精神与态度,常表现出自私自利、目光短浅等性格劣根性,阻碍了这些地方的经济发展;相反地,积极向上、求真务实、诚信合作的民族精神与民族性格则更具经济发展的生命力。正如亨廷顿在分析韩国于20世纪60年代经济迅速发展的原因时,肯定韩国民族文化对经济腾飞的重要贡献:"韩国十分重视教育,注重勤俭节约、具备较强的组织性和纪律性,这使其在竞争中获得优势。"①也即是说,文化传统中的文化精神对文化主体的行为与活动具有重要的影响。

这种文化传统的精神动力作用是具有地域或民族特色的,大别山精神、井冈山精神、苏区精神等地方文化精神,主要就是指文化传统的精神动力、精神支柱的作用。例如,大别山精神是指大别山军民"坚守信念、胸怀全局、团结一心、勇当前锋"的精神,虽然是红色革命精神,但大别山精神中坚定的信仰和民族气节等内核,为当地面对工作困难和阻力的百姓提供底气和信心,是当地经济欠发达革命老区人民发展经济、建设家乡的重要精神品质和不竭动力。

在教育活动中也一样,文化传统的价值可以体现在对教育主体的价值体系塑造和精神动力支撑上。民族文化传统是民族成员整体生活方式及其价值系统的凝结,会内化为民族成员的心理过程和心理尺度,对民族全体而言,文化传统可综合成一种精神图腾和心灵家园。正如有学者指出,传统的重要性不仅在于"可以为人们提供广阔的空间感和本体论上的安全感,而且在于它是不可再生和不可重复的价值观的财富积聚,能使得个人和集体体验更加深厚和丰富"②。因而,文化传统作为维系民族精神的内在纽带,可以为教育现代化追逐者提供文化归属和精神鼓舞。

文化传统作为重要的精神动力,在后发型现代化国家中尤其突出。在后发型现代化国家中,为了强力推进现代化,必须以国家的力量和权威强势进行深刻的社会变革,还要想方设法控制这种变革带来的紧张局面。并且,后发型社会的劣势是易于陷于依附性发展,可能出现集权专制风险及社会问题并发症。追求现代化成果的过程往往伴随着代价的付出,充斥着混乱与痛苦。这些问题的解决以及痛苦情绪的安抚,都需要后发型国家从自身的文化传统中寻找精神的动力,抱有强烈的民族复兴自觉,最终克服困难,寻找出实现现代化的路径。

---

① 亨廷顿.文化的重要作用:价值观如何影响人类进步[M].程克雄,译.北京:新华出版社,2010:7.
② 姚新中.传统与现代化的再思考[J].北京大学学报(哲学社会科学版),2015(3):51-59.

　　在教育中也是如此,后发型教育现代化不仅面临更加突出的内外文化冲突,也面临更为激烈的古今矛盾。这些传统与矛盾造成了许多特殊的问题,增加了教育现代化的难度。如双重发展效应带来的两难目标易导致的困境、高速效应导致的低水平发展甚至回弹现象、公众教育期望超前与教育水平相对滞后导致的不稳定因素、经济发展与教育发展的错位导致的教育浪费后果等,都是后发型教育现代化的特殊问题。在这种内忧外患的情况下,要实现后发型教育现代化,就必须充分发挥文化传统的凝聚功能和激励功能,提高民族自信心和自豪感,提升民族成员应对挑战的主观能动性和群体凝聚力,为教育现代化提供强大的精神支撑。

参考文献

1.著作类

［1］马克思恩格斯全集［M］.中共中央马克思恩格斯列宁斯大林著作编译局,译.北京:人民出版社,1972.

［2］马克思恩格斯选集［M］.中共中央马克思恩格斯列宁斯大林著作编译局,译.北京:人民出版社,2012.

［3］卡扎米亚斯,马西亚拉斯.教育的传统与变革［M］.北京:文化教育出版社,1981.

［4］英格尔斯.人的现代化［M］.殷陆军,译.成都:四川人民出版社,1985.

［5］张立文,王俊义,许启贤,等.传统文化与现代化［M］.北京:中国人民大学出版社,1987.

［6］C.E.布莱克.现代化的动力［M］.段小光,译.成都:四川人民出版社,1988.

［7］庞朴.文化的民族性与时代性［M］.北京:中国和平出版社,1988.

［8］А.И.阿尔诺利多夫.文化概论:文化的实质及其运动发展的一般规律［M］.邱守娟,译.北京:中国人民大学出版社,1989.

［9］张立文.传统学引论:中国传统文化的多维反思［M］.北京:中国人民大学出版社,1989.

［10］王玉波,王雅林,王锐生.生活方式论［M］.上海:上海人民出版社,1989.

［11］王元化.传统与反传统［M］.上海:上海文艺出版社,1990.

［12］E.希尔斯.论传统［M］.傅铿,吕乐,译.上海:上海人民出版社,1991.

［13］费正清,赖肖尔.中国:传统与变革［M］.陈仲丹,等译.南京:江苏人民出版社,1992.

[14] 三都水族自治县志编纂委员会.三都水族自治县县志[M].贵阳:贵州人民出版社,1992.

[15] 罗荣渠.现代化新论:世界与中国的现代化进程[M].北京:北京大学出版社,1993.

[16] 亨廷顿.现代化:理论与历史经验的再探讨[M].上海:上海译文出版社,1993.

[17] 黄济,王策三.现代教育论[M].北京:人民教育出版社,1996.

[18] 杜维明.现代精神与儒家传统[M].北京:生活·读书·新知三联书店,1997.

[19] 顾明远.民族文化传统与教育现代化[M].北京:北京师范大学出版社,1998.

[20] 刘之侠,石国义.水族文化研究[M].贵阳:贵州人民出版社,1999.

[21] 王铁军.教育现代化论纲[M].南京:南京师范大学出版社,1999.

[22] 巴登尼玛.文明的困惑:藏族教育之路[M].成都:四川民族出版社,2000.

[23] 吉登斯.现代性的后果[M].田禾,译.南京:译林出版社,2000.

[24] 邬志辉.中国教育现代化新视野[M].长春:东北师范大学出版社,2000.

[25] 郑金洲.教育文化学[M].北京:人民教育出版社,2000.

[26] 冯天瑜.人文论丛:2000年卷[M].武汉:武汉大学出版社,2000.

[27] 丁钢.历史与现实之间:中国教育传统的理论探索[M].北京:教育科学出版社,2002.

[28] 黄济,郭齐家.中国教育传统与教育现代化基本问题研究[M].北京:北京师范大学出版社,2003.

[29] 顾明远.中国教育的文化基础[M].太原:山西教育出版社,2004.

[30] 史朝.中日民族传统文化与教育现代化的比较研究[M].保定:河北大学

出版社,2004.

[31] 余英时.文史传统与文化重建[M].北京:生活·读书·新知三联书店,2004.

[32] 潘朝霖,韦宗林.中国水族文化研究[M].贵阳:贵州人民出版社,2004.

[33] 陈赟.困境中的中国现代性意识[M].上海:华东师范大学出版社,2005.

[34] 高瑞泉.中国现代精神传统:中国的现代性观念谱系[M].上海:上海古籍出版社,2005.

[35] 梁漱溟.东西文化及其哲学[M].上海:上海人民出版社,2006.

[36] 黄林芳.教育发展机制论[M].上海:上海财经大学出版社,2006:56.

[37] 石国义.水族村落家族文化[M].贵阳:贵州民族出版社,2007.

[38] 钱民辉.多元文化与现代性教育之关系研究:教育人类学的视野与田野工作[M].北京:民族出版社,2008.

[39]《水族简史》编写组.水族简史[M].北京:民族出版社,2008.

[40] 钱穆.文化与教育[M].北京:生活·读书·新知三联书店,2009.

[41] 何传启.现代化科学:国家发达的科学原理[M].北京:科学出版社,2010.

[42] 胡卫,唐晓杰.中国教育现代化进程研究[M].北京:教育科学出版社,2010.

[43] 钱乘旦,刘成,刘金源.世界现代化历程:总论卷[M].南京:江苏人民出版社,2012.

[44] 衣俊卿,胡长栓,等.马克思主义文化理论研究[M].北京:北京师范大学出版社,2012.

[45] 张凤阳.现代性的谱系[M].南京:江苏人民出版社,2012.

[46] 褚宏启.教育现代化的路径:现代教育导论[M].2版.北京:教育科学出版社,2013.

［47］金耀基.中国现代化的终极愿景：金耀基自选集［M］.上海：上海人民出版社,2013.

［48］郗戈.现代性的矛盾与超越：马克思现代性思想与当代社会发展［M］.北京：中国人民大学出版社,2014.

［49］冯增俊,等.教育现代化论［M］.广州：广东高等教育出版社,2014.

［50］衣俊卿.文化哲学十五讲［M］.北京：北京大学出版社,2015.

［51］丰子义.现代化的理论基础：马克思现代社会发展理论研究［M］.北京：北京师范大学出版社,2017.

2.期刊类

［1］成有信.现代教育的特点及其本质［J］.中国社会科学,1984(6):109-128.

［2］甘阳.传统、时间性与未来［J］.读书,1986(2):3-10.

［3］黄济.试论传统教育与现代教育［J］.北京师范大学学报,1986(5):66-73.

［4］李兆良.浅谈传统教育与教育传统［J］.河南师范大学学报(哲学社会科学版),1988(3):80-83.

［5］楼宇烈.论传统文化［J］.北京大学学报(哲学社会科学版),1989(3):9-11.

［6］李子文.论文化的民族性［J］.吉林大学社会科学学报,1991(1):68-74.

［7］丁钢.略论教育传统与变革［J］.中国教育学刊,1992(2):5-8.

［8］史万兵.现代教育同现代生产相结合的特征与趋势［J］.复旦教育,1992(1):13-17.

［9］杨东平.教育现代化：一种价值选择［J］.中国教育学刊,1994(2):19-21.

［10］顾明远,高益民.现代化与中国文化传统教育［J］.北京师范大学学报(社会科学版),1995(5):1-8.

［11］裴娣娜.中国传统教育现代化发展的方法论思考［J］.北京师范大学学报(社会科学版),1995(5):39-43.

[12] 包也和.传统概念探析[J].哲学动态,1996(4):30-33.

[13] 朱德生.传统辨[J].北京大学学报(哲学社会科学版),1996(5):4-11.

[14] 潘懋元,张应强.传统文化与中国高等教育现代化[J].清华大学教育研究,1997(1):19-25.

[15] 段作章.关于教育现代化的理论思考[J].煤炭高等教育,1997(2):23-26.

[16] 顾明远.关于教育现代化的几个问题[J].中国教育学刊,1997(3):10-15.

[17] 叶赋桂.现代化:合理化与本土化[J].清华大学学报(哲学社会科学版),1998(1):16-21.

[18] 朱旭东.教育现代化的几个理论问题初探[J].比较教育研究,1998(2):2-7.

[19] 冯增俊.论教育现代化的基本概念[J].教育研究,1999(3):12-19.

[20] 褚宏启.教育现代化进程中的教育传统与教育现代性[J].北京师范大学学报(人文社会科学版),2000(3):31-36.

[21] 李文军.教育传统与传统教育辨[J].山东师范大学学报(人文社会科学版),2002(3):103-107.

[22] 李健宁,潘苏东.关于教育现代化指标体系设置的构想[J].现代大学教育,2004(1):11-16.

[23] 李艳.文化传统与教育现代化[J].理论导刊,2005(11):87-88.

[24] 程亮.论教育传统[J].教育发展研究,2005(12):54-58.

[25] 张传燧,周卓莹.论教育传统与教育创新[J].大学教育科学,2007(3):14-19.

[26] 王雅林.社会发展理论的重要研究范式:基于马克思社会理论的"生活/生产互构论"[J].社会科学研究,2007(1):104-112.

［27］顾明远.试论教育现代化的基本特征［J］.教育研究,2012(9):4-10,26.

［28］曾天山.教育现代化是引领教育事业科学发展的先导旗帜［J］.中国高等教育,2013(8):3-7.

［29］褚宏启.教育现代化的本质与评价:我们需要什么样的教育现代化［J］.教育研究,2013(11):4-10.

［30］郭法奇.论现代教育与教育传统［J］.华中师范大学学报(人文社会科学版),2014(1):155-161.

［31］杨小微.教育现代化的再理解与再出发［J］.教育发展研究,2014(6):1.

［32］黄书光.教育现代化动变中的传统元素及其开掘［J］.高等教育研究,2014(12):13-17.

［33］高伟.论中国教育的现代化:基于文化现代化的视角［J］.陕西师范大学学报(哲学社会科学版),2015(6):133-140.

［34］姚新中.传统与现代化的再思考［J］.北京大学学报(哲学社会科学版),2015(3):51-59.

［35］孙振东.人的国民性、世界历史性与教育［J］.教育学报,2016(6):3-9.

［36］胡金木,栗洪武.在"延传变体链"上思考中国教育现代化［J］.华东师范大学学报(教育科学版),2017(2):92-98,124.

［37］黄书光.中国教育现代化变革的文化透视［J］.教育发展研究,2017(4):22-26.

［38］张权力,杨小微,张良.教育现代化的文明本义及多元性特质［J］.教育理论与实践,2017(22):21-25.

［39］庄友刚.论马克思的"现代"观［J］.苏州大学学报(哲学社会科学版),2018(4):8-14.

［40］谭亲毅,么加利,陈荟,等.加快推进教育现代化(笔谈)［J］.教育研究,2018(11):131-143.

［41］汤书波.教育现代化 2035：民族教育的理性思考与实践路径［J］.现代远
　　　距离教育,2019(4):56-67.

［42］叶澜,罗雯瑶,庞庆举.中国文化传统与教育学中国话语体系的建设:叶
　　　澜教授专访［J］.苏州大学学报(教育科学版),2019(3):83-91.

［43］袁利平.教育现代化的现代性向度及其超越［J］.陕西师范大学学报(哲
　　　学社会科学版),2020(1):159-168.

［44］张旸,张雪.中国文化传统在教育学中国话语体系构建中的价值与创生
　　　［J］.教育科学研究,2020(3):5-11.